الثقافات الموسيقية في الشرق الأوسط

فرهنگ موسیقی در خاورمیانه

中東世界の音楽文化

うまれかわる伝統

西尾哲夫／水野信男［編著］
飯野りさ／小田淳一／斎藤完／酒井絵美／
谷正人／椿原敦子／樋口美治／堀内正樹／松田嘉子［著］

Ortadoğu'da Müzik Kültürleri

Music Cultures in the Middle East

Stylenote

日本における中東音楽研究のパイオニアであった
小泉文夫先生（一九二七〜一九八三）に本書を捧げる

——編者

目次

まえがき

西尾哲夫・水野信男

1. 本書の趣旨

本書は、中東世界[1]の音楽文化[2]をめぐる伝統の変容とその現代的展開に焦点をあて、民族音楽学・文化人類学の視点から考察した論文集である。周知のように中東世界は、エジプトやメソポタミアなど世界文明の源流を擁している。ここで生まれはぐくまれてきた音楽文化は世界音楽のルーツを保持する一方で、宗教や民族をめぐる歴史とからみあいながら革新をくりかえしてきた。

本書を執筆した十一名はそれぞれに異なった研究領域を専門としているが、現地でのフィールド調査をとおして得られたデータをもとに、中東世界における音楽の現在のすがたを鳴り響くかたちのまま記述しながら、音楽をめぐる文化的伝統の現代的動態を描こうとしている。

人間は声による言語だけではなく、身体、道具、楽器などによる音を通じて何かを伝達している。音楽もふくめた文化という側面から人間と音の関係を考える視点が「音文化《おんぶんか》」である。音を主体としながら感性と身体性に依拠する音文化という枠組をとおして、アラブ・イスラーム文化を中心とする中東世界の音楽を分析し、西洋音楽の音楽概念を相対化しようとしたのが、本研究に先行する成果、西尾哲夫・堀内正樹・水野信男編『アラブの音文化――グローバル・コミュニケーションへのいざない』(二〇一〇年、スタイルノート)である(3)。

同書での研究成果を発展させた結果、わたしたちはひとつの問題意識を共有するようになった。なぜ音楽という現象は、内的にも外的にも不断に越境しながら異文化と接触し、変容していくのだろうか? 前著の姉妹編ともいえる本研究の主たる目的は、以下のように要約できる。まず、中東世界に暮らす人びとがはぐくむ多彩な音楽文化の現状を民族誌的に記述すること、次に、音文化という視点からみえてきた文化的越境を考察することのふたつである。この考察においては、境界の解体と再構築の様相、つまり境界の構築性や可変性(=以下、両特性を包括的に境界性と呼ぶ)に着目し、個々の人間が世界とつながっていく社会的(空間的)あるいは歴史的(時間的)位相のなかに、動態的な文化現象としての音文化を布置し直すことになる。

この意味において、本書は編者の西尾と執筆者の堀内が先に共同研究の成果として刊行した堀内正樹・西尾哲夫編『〈断〉と〈続〉の中東――非境界的世界を游《およ》ぐ』(二〇一五年、悠書館)において考察した、中東世界における「世界のつながり方」をめぐって提出した分析概念としての「非境界的世界」(あるいはそれに対峙《たいじ》する境界的世界を生成する境界的思考へのアンチテーゼ)と同じアプローチを音楽文化というテーマに特化して試みたものともいえる。

中東世界では国家・宗教・宗派、民族・部族、言語などのさまざまな社会的・政治的・文化的な境界が一致することなく、複雑にからみあいながら存在している。それにもかかわらず、中東に暮らす人びとは幅広い人間関係を世界中に広げている。同書では、なぜそのような人間関係の構築が可能なのかという問いへのひとつの解答を提示した。つまり、一見強固にみえるさまざまな政治的・社会的・文化的・宗教的な境界が後景にしりぞいて、新たな人間関係がとりむすばれる際に前景に出てくる状況に着目し、これを「非境界的世界」と表現した。そして中東世界における非境界的世界を析出するために、個々の人間の生活世界から重層的に成立する世界のつながり方を描出した。

本研究は、アラブ文化圏を中心におきながらも、隣接するトルコ、イランなどの文化圏、さらにはベルベル人など先住民の文化圏も対象としており、中東世界の全体が調査範囲となっている。したがって空間的には中東世界のほぼ全域をあつかっており、宗教文化との関係ではイスラーム文化、キリスト教文化、ユダヤ教文化などが広く研究の対象となる。

一般に一民族のもつ固有の文化は生成当初の範疇《はんちゅう》を逸脱し、多様かつ柔軟に他の文化と衝突し、交わり、融合することで、まったく異なる新たな文化となっていく。境界の構築性や可変性を前提とする非境界的世界という分析枠組からながめると、中東世界の音楽文化は、内側で混淆《こんこう》と離反をくりかえしながら外側の周辺地域へと越境していき、豊かな展開を見せることになった。

本研究では、内的・外的に重層的な境界が解体あるいは再構築されていく非境界的な音楽空間としての伝統音楽の現代的変容をテーマとし、アラブ音楽、ユダヤ音楽、東方教会音楽などが相互に保持する境界性、フォークロア、伝統音楽、ポップミュージックなどの音ないしは音楽ジャンルのあいだの境界性、音楽生産社会と音楽消費社会が同時にかかえる新メディア化やグローバル化にみられる境界性、さらにイスラーム復興運動のなかの音楽伝統の地域性と境界性などにかかわる現代的動態を明らかにする。

中東世界の音楽文化は、その長い歴史を通じて世界音楽の源流の位置をかたくなにたもちつづけてきた。なかでも民俗音楽、芸術音楽、表演芸術（民俗舞踊）などは、過去の遺産にとどまるどころか、活発な創造活動にささえられている一方、たびかさなる民族の移動と動向に翻弄《ほんろう》されながら変革の道をたどってきた。「音楽の世界化」「地球音楽」「世界音楽」などというキーワードにみちびかれる近年の音楽動向の傾向に着目すると、中東世界の音楽文化の分析と体系化は、音楽伝統が国民国家や民族統合の象徴として機能するという近代主義的なイデオロギーを解体するだけではなく、「音楽に国境はあるか？」という普遍的かつ未解決の命題の解明にもつながっていく。

中東世界にかかわる個別の問いかけではなく、人間普遍に通じる問いかけに答える思考枠組のなか以外に、現代中東世界が直面している問題解決を志向する手立てはない。民衆や大衆という無標の人びとの生活空間における文化伝統を公共文化として再構築し、これが国民国家形成の基盤となり得るのかどうかという問題と対峙しなくてはならない。中東地域の民主化運動の文化的側面を解明するには、このような作業が必須かつ急務であると確信する。

2. 本書の構成

本書では、中東世界における音楽文化が近代以前の音楽伝統といかに連続しているか、あるいは切断されているかについて、音楽伝統の変容に関与する四つの観点からフィールド調査による具体的な事例研究によって音楽文化の現代的動態を解明する。

「伝統を繋ぐ――大衆音楽という公共空間」と題する第一部では、ラジオやテレビ等の登場によるマスカルチャーとしての文化の大衆化とそれに伴う公共性の獲得という観点から、大衆音楽としてのウンム・クルスームの歌のなかの伝統の問題（水野論文）、民衆音楽から新たな公共性を獲得しつつあるイランのポピュラー音楽のジャンル問題（椿原論文）、グローバル資源化された民衆文化としてのベリーダンスの民族性の問題（西尾論文）に関してそれぞれ考察を加える。

「伝統を継ぐ――共鳴する個性」と題する第二部では、総体としての演奏手法やジャンル形式が問われてきた伝統的な民衆音楽や古典音楽のシーンにおける個々の演奏家やパフォーマンスの独創性の重視とそれに伴う芸術性の評価という観点から、イランの楽器サントゥールをめぐる演奏家の身体技法の独創性と伝統の問題（谷論文）、東アラブ地域の音楽シーンに導入された西洋楽器ヴァイオリンをめぐる演奏家の個性と伝統の変容の問題（酒井論文）に関してそれぞれ考察を加える。

「伝統を紡ぐ――包摂する感性」と題する第三部では、グローバル化による人間移動や異文化との邂逅のなかで音楽伝統の内省的な文化的アイデンティティの分節化とそれに伴う象徴性の萌芽《ほうが》という観点から、パリに移住したモロッコ・スース地方の人びと（北アフリカの先住民であるベルベル人）による民衆文化としての伝承歌が伝統文化として資源化されることによる、集団的アイデンティティの再生の問題（堀内論文）、同じく北アフリカの先住民であるベルベル人の吟遊詩人の曲が伝統文化にかかわる特殊な感性を内包しながらも音楽と人間の関係性にかかわる普遍な感性を胚胎していることによる、文化的アイデンティティの創発に伴う間テクスト性の問題（小田論文）に関してそれぞれ考察を加える。

「伝統を創る——民族音楽学という音楽空間」と題する第四部では、中東世界の近代化に呼応するかたちで伝統的な学問風土に導入された「民族音楽学」という西洋的な音楽概念の制度化とそれに伴う境界性の形成という観点から、日本における民族音楽学のパイオニアであった小泉文夫の音楽観と中東世界の音楽文化へのまなざしが有する学問的境界性の問題（斎藤論文）、ヨーロッパにおける中東世界の民族音楽学的研究のパイオニアであるデルランジェ（デルロンジェとも）の思想につながるチュニジアの伝統音楽研究所における研究活動と音楽伝統の創出の問題（松田論文）、シリアにおけるマイノリティ集団であるシリア正教徒の人びとのあいだでの音楽伝統と集団的アイデンティティ確立における音楽史観の影響の問題（飯野論文）に関してそれぞれ考察を加える。

また以上の論考を補う資料として、日本では参考文献がまったくないオマーンの音楽文化の現状に関する報告ならびに、本書では十分に議論できなかった音楽伝統をめぐる西洋世界と中東世界の交流について特に芸術分野での検討をおこなったラウンドテーブルの記録を掲載しておく。

注

（1）本書のタイトルにもある「中東世界」という地域概念には、北アフリカ地域もふくまれる。アラブ世界の人びとがもつ伝統的な地域概念では、エジプトを基軸に東アラブ世界をマシュリク、西側地域をマグリブと呼んで区分するが、北アフリカの全域は歴史上、アラブ化あるいはイスラーム化した地域であり、文化的にもこれを中東から分離して考えることはできない。なお、本書の各論文においては、「中東世界」という用語とともに、分析対象や記述枠組と関連する呼称として「西アジア」「中東地域」「アラブ世界」「イスラーム世界」等を必要に応じて用いる。

（2）本書でいう「音楽」は「舞踊」ないしは「舞踏」をもふくみ、その総体は、むしろ「歌舞音曲《かぶおんぎょく》」と呼ぶほうが適切かもしれない。

（3）同書は、音文化という視点から「アラブ音楽の紹介や解説にとどまることなく、言語も音楽も多様な中で共通の価値基準や感受性がどのようにはぐくまれるのか、という独自の視座で問題設定」をおこなっていることが高く評価されて、東洋音楽学会による第二十八回田邉尚雄賞を受賞した。

本書を理解するための序章

水野　信男

中東世界の音楽文化に関する日本語の概説的著作が少ないという事情もあり、本書は学術的な研究書であると同時に、中東世界の音楽シーンに関心のある一般読者に対しても最新の研究情報を提供することを目的としている。そのため以下では中東音楽の主流となってきたアラブ音楽を中心に、その音楽伝統がどのように形成されてきたかについてイランやトルコの音楽文化、さらには西洋音楽との交流という視点から概説的に記し、本書の中核部分である研究論文を理解する上での基本的情報を確認しておきたい。したがって中東音楽についての専門的知識のある読者は、本書の各論文に進んでもらっても問題がない。

中東世界における音楽伝統の形成
――アラブ音楽を中心として

1. ジャーヒリーヤ時代（六二二年以前）

詩の民、ベドウィン

イスラーム誕生以前のいわゆるジャーヒリーヤ時代（日本語では無明時代と訳される）、アラブ人の活動の舞台はアラビア半島とその外縁部にかぎられていた。そこでは、中央アラビアの遊牧民、半島南部・北部の定住民が、族長をいただいて暮らしていた。彼らはそれぞれに独自の生活パターンを維持しており、隊商がそのはしわたしとなっていた。こうした状況下で詩歌が発展し、アラブ人の好む叙情の世界が形成されていった。

このような詩歌はアラビア語と同じセム語系の諸文学にすでに登場しており、ヘブライ語の旧約聖書・詩編などがその典型例となっている。セム語系の詩は、一対のフレーズからなる行を次々とつらねていき、物語詩になると行数も増えて数百行に達することがある。

この形態をもつアラブの古い詩形には、カシーダ（叙情的頌歌、生活情景詩）、フダー（またはヒダー＝キャラバン・ソング）、ナスブ（フダーより広範な素材を含み、洗練度も高い）などがある。

ベドウィンの伝承歌から想像されるジャーヒリーヤ時代の音楽

当時、これらの詩はインシャード（朗唱）のかたちで、声にだしてとなえられるか、旋律をつけてうたわれたと推測できるが、実際にはどのような様式になっていたのだろうか。アラブ音楽に関する現存最古のアラビア語文献が九世紀のものであることを考えあわせると、ジャーヒリーヤ時代のアラブ音楽を明確にすることは絶望的といわざるをえない。したがって当時の音楽の実体については想像の域を出ないのだが、今日も砂漠に住むベドウィンの歌――愛歌、ほめ歌、ひぼう歌、武勇伝、挽歌《ばんか》、教訓歌、自然描写の歌、仕事歌など――から、古歌の要素を感じとることは可能であろう。当時の歌は単声でうたわれており、話しことばに多少の抑揚をつけた程度の短三度または完全四度内の音程による旋律であったとおもわれる。リズムも単純であり、基本的には詩の韻律そのものに支配されていたと想像される。

これらの歌はおおむね男声によってうたわれたが、奴隷の少女たちのうたい手であるカイナ（複数形はキヤーン＝「女性歌手」「歌妓《かぎ》」）もおり、彼女らは娯楽歌を専門にうたった。そのギナーゥ（歌）には、重厚で装飾豊かなシナードと、軽やかで楽しげなハザジュの区別があった。ちなみにナウフ（挽歌）は、当時も、もっぱら女声によってうたわれたようだ。なお、ここでいうカイナは、以後のアラブ音楽史においてその性格をかえながらも生きつづけ、歌謡史に重大な影響をあたえた。

また、ベドウィンの音楽には、長短のフレーズと強弱のアクセントからなる、大勢でうたうリズミカルなダンスや祈祷《きとう》のための厳粛な歌があり、これらもジャーヒリーヤ時代から存在したとおもわれる。ジャーヒリーヤ時代の楽器には、キラーン（リュート族）、ムワッタル（リュート族）、ミズマール（ショーム系管楽器）、ダフ（わく太鼓、タンブリン）などがあったことがわかっているが、残っているのは名称のみであり、個々の詳細は不明である。

2. 初期イスラーム時代（七〜八世紀前半）

アラブ芸術音楽の発生

イスラームの成立（六二二）にともない、ヒジャーズ地方のメッカとメディナはアラブ芸術音楽生成の舞台となった。この時代にはフォークロアから芸術音楽への脱皮がはじまった。イスラーム以前のアラブ人が身につけていた行動パターンは、イスラームという新規範によって不断の緊張を強いられることになり、音楽もイスラーム思想との確執を余儀なくされた。

イスラームは音楽を忌避した宗教だったため、アラブ人は自ら音楽を奏でるというより、アラブ周辺の人びとにその行為を託すようになった。こうしてペルシア音楽やアフリカ音楽をはじめとするする当時の国際的な音色がアラブの地で混淆《こんこう》し、新しい音楽が誕生していく。実際にも当時、音楽活動の主役を演じたのはシリア人、トルコ人、ペルシア人、アフリカ人など、奴隷や解放奴隷の身分の人たちだった。彼らはメッカやメディナを舞台に、それぞれの出自であるペルシア、ギリシャ、シリア、アレクサンドリアなどの音楽を演奏し、アラブ人の好みにあうように音楽や楽器を改造していった。

今日、イスラームのコーラン朗唱やアザーン（祈りの時をつげる呼び声）からは、メロディアスで音楽的な印象をうけるが、歴史的にはできる限り音楽性を忌避して単調な朗唱法が推奨された。イスラームのなかで、歌舞音曲に積極的に関与したのはスーフィー（神秘派）だけだった。彼らは旋回舞踊を儀礼にとりいれ、トルコのメヴレヴィー教徒はネイ（アシ笛）の音色を珍重した。

アラブ芸術音楽の生成期には歌の技法が熟達の度を増し、新しい楽器であるバルバトによる弾きうたいのスタイルが生まれた。バルバトはペルシア伝来の木製撥弦《はつげん》楽器であり、アラブ圏に入ると、やはり木製の撥弦楽器であるウードと合流した。またこの当時すでに、ペルシアやビザンチンの影響から生まれた八種の旋法が旋律型へと発展しており、うたい手の即興による旋律が奏でられていた。

歌の様式には、サキールと呼ばれる重厚なものと、カフィーフと呼ばれる軽快なものがあり、前者は芸術的に深められ、後者は通俗的な評価を得るようになっていった。

なお、この時代には男性のカイナも登場し、当初はムハンナト（複数形はムハンナトゥーン）と呼ばれていた。これらの女装した男性歌手たちはおもに身分の低い非アラブ人だった。

宮廷音楽への道程

以上のような七世紀前半のイスラーム誕生時のアラブ芸術音楽は、ウマイヤ朝（六六一〜七五〇）の成立にともなってダマスカスの宮廷に入っていく。そこでは、メディナをはじめとするヒジャーズ地方の諸都市と並行して、多彩な音楽絵巻がくりひろげられた。

ウマイヤ朝に仕えた有名な音楽家としては、イブン・ミスジャフ（七一五頃没、黒人奴隷、メッカ生まれ）、イブン・ムフリズ（同年代没、ペルシア人、メッカ生まれ）、イブン・スライジュ（六四〇〜七二六、トルコ系奴隷、メッカ生まれ）の三人が挙げられる。三大歌手と称せられた彼らは、おのおのがペルシアやビザンチンに旅行し、当地の新しい音楽要素をアラブ音楽に導入することにつとめた。

またウマイヤ朝には、ウード、ラバーブ、サントゥールなどをはじめとする数々の楽器（またはその古形）が各地から伝わり、随時アラブ風に改良されていった。とくに撥弦楽器のウードは、表情豊かな楽器に生まれ変わってアラブ音楽の中心的存在となった。

こうしてウマイヤ朝の宮廷音楽は、次代のアッバース朝に向けて発展していく。七世紀から九世紀にかけてのアラブ芸術音楽は、ペルシア音楽の強烈な影響のもとで大輪の花として開花し、名実ともに「アラブ古典音楽」と呼ぶにふさわしい音楽が誕生するにいたった。

3．アッバース朝前期（八世紀後半〜一一世紀前半）

アラブ古典音楽の大成

イラクのバグダードを都としたアッバース朝（七五〇〜一二五八）は、それまでのヒジャーズ地方とダマスカスの伝統をさらにおしすすめることになった。とりわけ初期の宮廷音楽が、アラブ古典音楽として結実したことは特筆に値する。アッバース朝時代には、バグダードという地の利もあって、ペルシア文化との関係が濃厚となった。この時代はアラブ史やアラブ文化史でも、「黄金時代」と呼ばれており、この呼称はアラブ音楽史にもあてはまるだろう。当時の宮廷音楽は一般民衆の世俗音楽からの乖離《かいり》が進み、きわだって洗練されたものとなった。

栄華をきわめたバグダードの宮廷では、音楽家のあいだでアラブの文化的優越性に関して大きな論争がもちあがった。論争の担い手となったのは、怒涛《どとう》のようなペルシア文化の流入現象のもとでアラブの伝統を守ろうとする音楽家と、ペルシア伝来の斬新な音楽様式をとりいれてアラブ音楽の刷新と改革をはかろうとする音楽家だった。旋法に関していえば、前者は八種の全音階的旋法による古来の様式に依存しようとしたのに対し、後者は微小音程（微分音）を導入して繊細なニュアンスをだそうとした。

アラブ伝統支持派の旗頭《はたがしら》は、ハールーン・アッラシード（七六三〔七六六〕〜八〇九、在位七八六〜八〇九）の宮廷に仕えた音楽家イスハーク・アルマウスィリー（七六七〜八五〇）だった。対する改革派の旗手は、イブラーヒーム・イブン・アルマフディー（七七九〜八三九）だった。（この間の事情は、アルイスファハーニー〔八九七〜九六七〕の大著『歌の書』にくわしい。）

以上のようなアッバース朝初期の宮廷音楽（古典音楽＝都市古典流行歌）の形態は、今日バグダードにつたわる古典歌謡、イラキ・マカーム（マカーム・アルイラーキー）にかいまみることができる。

いまひとりの名音楽家であるジルヤーブ（「黒い鳥」、本名はアブー・アルハサン・アリー・イブン・ナーフィゥ、八五〇頃没）は、イスハーク・アルマウスィリーの弟子でありながらその潜在的ライバルだった。ジルヤーブは新境地をもとめて、単身、後ウマイヤ朝（七五六〜一〇三一）の地、イベリア半島へおもむき、そこで演奏家、音楽教師として成功し、師と並び称せられる大家となった。ジルヤーブはコルドバに音楽学校をつくって後進をそだてるかたわら、アラブ芸術音楽を改革して、いわゆる「アラブ・アンダルシア音楽」を樹立した。

音楽理論研究の展開

九世紀から一一世紀にかけては宮廷音楽がその最盛期を築いたが、これと並行して音楽理論研究の面でも顕著な進展があった。すなわち「ギリシャ古典注釈派」といわれる哲学者たちの研究である。これは知識人の教養の一端をになう「科学としての音楽」の研究であり、西洋中世の大学でのクアドリヴィウム(1)におけ る音楽研究に匹敵するようなものであった。研究の中心となったのは古代ギリシャの音楽理論をめぐる考察だったが、同時に中世アラブ固有の音楽理論も編み出していくことになった。こうして彼らの研究は壮大な成果をもたらしたのみならず、宮廷で活躍した音楽家たちの実践とあいまってアラブ芸術音楽の確立に大きく寄与することになった。

これらの理論家としては、アルキンディー（八〇一頃〜八七三、宇宙論、音律論、リズム論）、イフワーン・アッサファーゥ（＝「純粋なる兄弟たち」一〇世紀、宇宙論）[2]、アルファーラービー（九五〇没、トルコ系アラブ人、『音楽大全』を著す）、イブン・スィーナー（＝アヴィケンナ　九八〇〜一〇三七、ペルシア系ムスリム、『〔精神の〕治癒の書』を著す）、イブン・ザイラ（一四〇八没、リズム論）、アルハサン・イブン・アフマド（一〇世紀後半頃？　リズム論）らの名を挙げることができる。

ウードの改良

中世アラブの音楽理論家たちは、芸術音楽の楽器についてほとんど言及していない。アルファーラービーの『音楽大全』も楽器については音律論のみを記しており、構造や調弦法、奏法などは何も述べていない。同書中では、ウード、ミズマール、ラバーブ、ジャンク（ハープ属）などが例示されているのみである。しかしこの時代にはすでにナーイ、カマーンジャ、カーヌーン（アルファーラービー自身の発明になるとされる）、ダッフ、ダラブッカ、ナッカラートなどの楽器が使用されていたことが知られており、歌の伴奏のために合奏による音楽もあったらしい。

中世アラブの中心的な楽器はウードであり、有名なウード奏者であるマンスール・ザルザル（七九一没）によって根本的な改変が加えられた。古いかたち（二弦？）のウードを改良し、四弦のウードにしたのは、おそらく彼であろう。指盤の指のおさえ方の工夫を通し、ペルシア音楽の影響もあって微小音程（四分の一音、四分の三音など）が導入された。このような改変は、その後のアラブ音楽の性格を大きく特質づけるものとなった。

このようにウード改良の過程は、中世アラブ音楽の様式の展開と軌を一にしているといえる。ウードは中世アラブ音楽とはきってもきれない縁をもっており、象徴的な楽器であった。ウードをさらに改良して第五弦を加え、飛躍的に音域を増大させたのが、先述のジルヤーブだった。（なお、最初期のウードにフレットがあったかどうかについては議論の余地があるが、音律論を展開する上でアルキンディーをはじめとする音楽理論の学者が一時的にフレット装着を試みたことがあったらしい。しかしながら、その後のウードにはフレットはみあたらない。）


ここで、中世イベリア半島のアラブ音楽についてつけ加えておこう。アラブのスペイン支配は、英主アブド・アッラフマーン三世（八八九～九六一、在位九一二～九六一）を頂点とする後ウマイヤ朝（七五六～一〇三一）からナスル朝（一二三〇～一四九二）までつづき、ここでも宮廷音楽がさかえた。これは前述のジルヤーブがもたらしたアッバース朝初期のアラブ古典音楽をうけついだものだった。やがてイベリア半島では、歴史家のイブン・ハルドゥーン（一三三二～一四〇六）が記しているように［イブン・ハルドゥーン（森本公誠訳）二〇〇一：第四巻、二八三］、アラブ・アンダルシアの歌曲形式、ムワッシャフ、ザジャルなどが創案された。これらの歌曲形式は、ヌーバ（またはナウバ＝組歌）を構成する楽章として普及した。

ヌーバは、一四九二年のレコンキスタを境とするアラブ人のアンダルシア地方撤退にともなって、モロッコなど北アフリカの諸都市へ移った。現在、ヌーバは、チュニジア、リビアではマルーフ、アルジェリアではグルナーティー、モロッコではアルアーラなどの名のもとに、それぞれ継承されている。

音楽の西流

このころのスペインは「音楽の西流」の窓口のひとつとして、中東・西アジアの音楽様式や楽器を西洋へと伝える役割をはたしていた。H・G・ファーマーは、西洋音楽のソルミゼーション（ドレミ唱法）のルーツが、アラビア語にあることを指摘している［Farmer 1930：77］。また、当時のスペインでは、イブン・クズマーン（一〇七八［一〇八〇］〜一一六〇）のような吟遊詩人がウードやジャンクを手に諸国をうたい歩いており、彼らが西洋音楽史に登場する南フランスのトゥルバドゥールの誕生をうながしたとする説もある。この説では、アラビア語の ḍrb（＝「打つ」「演奏する」）をその語源に想定している。

アンダルシアにおける西欧とアラブは高度に混淆し、互いに大きな刺激を与えあった。その結果、西欧（キリスト教）とアラブ（イスラーム）の両世界において多くの実り豊かな音楽遺産が生み出された。とりわけ西欧は、古い中世の殻をぬけ出して近代へと歩をすすめるきっかけの一端を与えられたのである。

4．アッバース朝後期以降（一一世紀後半〜　）

ペルシアとアラブの文化的統合

アッバース朝後期になるとペルシアとアラブの文化的統合は一層強まり、両体系のフュージョンが完結した。その時期は一〇五〇～一二五〇年とされ、一三世紀から一六世紀にいたるペルシアとアラブの芸術音楽は、ほぼ同質のものとみなされている。この時代にはパレスチナやエジプトから東部ペルシアにかけて文化の相互交流が継続したため、全域にわたって似通った芸術様式が生まれることになった。

音楽理論研究の分野では、イブン・ザイラ（一〇四八没）の後、ペルシアの高名な神学者であるアルガザーリー（一〇五八～一一一一）とその弟マジド・アッディーン・アルガザーリー（一一二六没）がスーフィズムの立場から、イスラームにおける音楽の法的許容性を論じた。

この後、一三世紀後半から一五世紀にかけて、「体系学派」と呼ばれる一群の学者たちがあいついであらわれた。サフィー・ウッディーン・アルウルマウィー（一二三〇頃～一二九四、ペルシア人、『音楽比に関するシャラフへの論文』『周期〔旋法〕の書』を著す）、クトゥブ・ウッディーン（一二三六～一三一一、シーラーズ生まれ）、アブドゥル・カーディル（一四三五没）、アッラディーキー（一四九五没）、アッシルワーニー（一五世紀）らの体系学派は、音律、音階、旋法、リズム、形式など、アラブ音楽固有の様式を深く論究してこれを体系づけた。

歌物語の流行

アッバース朝以降、民間では歌物語が流行し、ラーウィー〔語り手〕がラバーブのひき語りを演じた。とくに好まれた物語には、『アンタル物語』『ライラとマジュヌーン』『アブー・ザイド武勇伝』『バイバルス武勇伝』『デルヘンマ物語』『バヌー・ヒラール物語』などがあった。

アッバース朝の崩壊後、アラブ文化の展開の舞台はエジプトのマムルーク朝（一二五〇〜一五一七）などに移るが、一五一七年のオスマン帝国の中東支配の開始以降（一六世紀初頭から二〇世紀初頭）、アラビア語圏の大半は帝国の勢力下に入ることになった。こうして東方アラブ（マシュリク）は、長期にわたってトルコ文化の影響をうけることになり、アラブ音楽の新たな発展の道はとだえた。アラブ音楽にとってこの時期は、無力感に支配された長い停滞期だった。

5. 近・現代（一九世紀〜）

オスマン帝国からの開放と文化的目覚め

近代になるとオスマン帝国の崩壊（一九一八）にともなってアラブ民族は長期にわたるその支配から解放され、アラブ音楽にも新しい時代が訪れた。当時のアラブの音楽家としては、アブドゥー・アルハームーリー、ムハンマド・ウトゥマーン、サラーマ・ヒジャーズィー、ミーハーイール・ミーシャーカ、ラフマッラー・シルターグ、アフマド・ザイダーンらの名を挙げることができる。

この時代でも音楽といえば、ギナーゥ（歌）が中心だった。これはいわゆるタラブ（歓喜、有頂天、恍惚《こうこつ》状態＝アラブ的情調）とむすびついたものだった。つまりギナーゥとタラブ――このふたつのキーワードが、アラブ音楽を語るすべてだったといえるだろう。ギナーゥには伴奏がつくため、伴奏楽器のウードなども技法や音響をはじめとする演出のすべてがギナーゥの範疇《はんちゅう》に含められた。（ムーシーカーという用語は、音楽の実際にではなく、音体系、楽器、音楽美学など、音楽理論についてもちいられたにすぎない。）

こうして、一九世紀におけるアラブ人の音楽生活は、歌手とその伴奏を担う器楽合奏に集中した。茶店のような日常娯楽の場所や宗教上の祭日には演奏がともなっていた。

当時のアラブ諸国には、イラク、シリア、エジプト、湾岸（アラビア湾岸）、北アフリカなどのいくつかの音楽センターがあった。これら地域の諸都市は、歌い方、ウードなど楽器の奏法、音階・旋法構成、リズム・パターン、詩の構造と内容などではっきり区分され、それぞれにことなる音楽様式をもっていた。この傾向は今日なお継承されている。

一九世紀にいたってもアラブはトルコ音楽やイラン（ペルシア）音楽と密接な関係を保った。これは一〇世紀からえんえんとつづいてきた相互交流といえるものだった。一九世紀には、形式の構造や歌詞などもふくめてトルコ音楽やイラン音楽の影響が顕著になった。たとえば、本来はトルコ音楽の形式であったペシュレヴやセマイなどがアラブ音楽に浸透し、アラブ音楽そのものになりきってしまった。楽器でいえば、サントゥールやタンブールをはじめとするイラン音楽の楽器がアラブ音楽でもしばしばもちいられるようになった。

音楽理論の面でアラブ音楽に真のリヴァイヴァルをもたらしたのは、ミーハーイール・ミーシャーカ（一八〇〇～一八八九）だった。彼は一オクターヴを二十四の平均律に分割した。このアラブ音楽の画期的理論が、その後のアラブ音楽の新しい動向を強力に支えることになる。

アラブ音楽のいま

伝統音楽の立場からながめるならば、アラブ音楽史にとって二〇世紀から現代までの道のりは疎外期間と位置づけられよう。二〇世紀初頭にオスマン帝国が崩壊すると、アラブ民族は解放感を味わったが、第一次世界大戦後にアラブ諸国の大半はイギリス、スペイン、イタリア、フランスなどによって植民地化ないし保護領化された。ヨーロッパ音楽が浸透した結果、アラブ音楽には内容的にも形式的にも決定的かつ根本的な変化がもたらされ、文化的カタストロフ（大異変、破局）を経験することになる。この変容は、「ヨーロッパ文化はアラブ文化に勝る」という、近・現代の主導的アラブ知識人の信念に負うところがおおきい。当時は、アラブ文化への蔑視の念さえまきおこった。このような状況を打破して真正のアラブ音楽を見出すには、今日から未来へとつづく長く困難な道のりが予想される。現在、大半のアラブ人にとってアラブの伝統音楽は疎遠な存在になってしまった。

しかしながらいくつかの地域には、伝統的な地位を確実に保持している音楽がある。その例としては、イラキ・マカーム（バグダードの伝統歌謡＝イラク、バグダード）、ウンム・クルスーム（歌手、一九〇四？～一九七五＝エジプト、カイロ）、ムワッシャフ（伝統歌謡＝シリア、アレッポ）、アンダルシア音楽（器楽と歌謡＝モロッコなどマグレブの諸都市）などが挙げられよう。

なお、アラブ音楽は、近・現代に行われた若干の記譜例をのぞけば、その全歴史を通じてもっぱら師匠から弟子へと口頭によって伝えられてきた。このことは記憶されて然るべきであろう。

◆注

（1）クアドリヴィウム Quadrivium　西洋中世の教育の四科、四学（自由七科中、上位の算術、幾何、音楽、天文）。

（2）イフワーン・アッサファーゥ。直訳すると「純粋な兄弟たち」「純正同盟団」。個人名ではなく、イスマーイール派のなかの一部の思想結社的集団の名前。「ラサーイル・イフワーン・アッサファーゥ」、つまり「純粋な兄弟たちの書簡集」（リサーラ＝複数形ラサーイル＝とは、書簡形式の論考、報告）という彼らの思想による一種の百科事典を残している。彼らの思想は、アッバース朝カリフによって禁止され、弾圧されたが、上記の本だけが後世に残った。その本のなかの一部分が音楽をあつかっている。

◆参照文献

イブン・ハルドゥーン（森本公誠訳）二〇〇一『歴史序説』全四巻（岩波文庫）岩波書店。

Farmer, Henry George 1929 *A History of Arabian Music to the XIIIth Century*. London: Luzac & Co.（Reprint 1973）

Farmer, Henry George 1930 *Historical Facts for the Arabian Musical Influence*. London: Ayer Publishing.（Reprint 1970）

Jargy, Simon 1971（1988^3）*La musique arabe*.（Que sais-je?）Paris: Presses Universitaires de France.

Touma, Habib Hassan 1975 *Die Musik der Araber*. Wilhelmshaven: Heinrichshofen.

Touma, Habib Hassan 1995 *The Music of the Arabs*. Portland/Cambridge: Amadeus Press.

I

伝統を繋《つな》ぐ

――大衆音楽という公共空間――

1 歌に読み込まれた「千夜一夜」(1)
――ウンム・クルスームのレパートリーにみる

水野　信男

1. 伝説の大歌手　ウンム・クルスーム

ウンム・クルスーム Umm Kulthūm（一九〇四?〜一九七五）は、二〇世紀が輩出した伝説の大歌手のひとりにかぞえられる。一九七五年二月三日、彼女が他界したとき、世界中のマスメディアが、彼女の死亡記事を写真入りで、一斉に、しかも大々的に配信したことでも、それと知れる。

このようないきさつから、ウンム・クルスームは生国のエジプトを悠々と越境し、世界の音楽界に羽ばたいたかの感がある。しかし実際の彼女は、晩年の一時期をのぞけば、終生、エジプトの首都カイロにとどまり、もっぱらそこを活躍の舞台とした[2]。もっとも彼女の歌声は、ライブのままカイロ放送局の強力な電波にのり、中東・北アフリカのアラブ文化圏のすみずみにまで、くまなくとどいたのだが。それはともかく彼女自身は、歌をとおしてひたすら祖国を愛しつづけた、根っからのエジプトの、そしてアラブの歌い手だった。

ウンム・クルスームがその生涯にうたった歌は、優に三百五十曲を超す。これらの膨大な数の歌は、初期の比較的小規模の室内歌曲、中期の映画用ミュージカル、そして後期のコンサート用の大声楽曲というように、種々のジャンルにまたがり、顕著な変遷をたどった。一方、歌の形式も、カシーダ **qaṣīda**[3]、舞曲（タクトゥーカ **taqṭūqa**、ダウル **dawr**、マウワール **mawwāl** など）、叙唱（ナシード **nashīd**）、モノローグ **monologue**（＝独白ふうの無拍の歌曲）、ウグニーヤ **ʼughniyya**（大小の歌曲）などと、多彩をきわめる。

これらの歌の歌詞はすべてアラビア語で、しかもその大半はアーンミーヤ **al-ʻāmmiyya**（方言、ここではカイロ方言）だが、ときにはフスハー **al-fuṣḥā**（古典アラビア語等の文語）で書かれた詩もふくまれる[4]。とくにフスハーによるカシーダ形式の歌曲は、あたかも屋台骨のように、彼女の全レパートリーをつらぬいて出現する。

なおこれらの歌の大半は、二〇世紀にエジプトや中東諸国で流行した、アラブ近代音楽に属するが、その音楽は、あたらしい伴奏形態を採用したことをのぞけば、旋法・旋律も、またリズムや形式も、基本的にはアラブの古典的音楽伝統の法則に準じるものだった。ウンム・クルスームはそうしたアラブ近代音楽の音楽家群[5]のなかでも、とびぬけて傑出した存在だった。

ウンム・クルスームの歌は、その最初期の二十歳代から、中期・後期を経て最晩年まで、すべてライブ録音された。彼女をとりまく音楽的環境は、録音機の発達とまさに軌を一にしていて、初期にはディスクに録音され（したがって一曲が六分程度）、のちにはカイロ放送局のマスターテープによって長時間録音が可能となった。

カイロ放送局のレコード会社「ソノ・カイロ」の一括管理のもとで、保存され備蓄されたウンム・クルスームの歌の音源は、やがてLP化・カセットテープ化され、さらに現在にいたって、そのほとんどすべてがCD化され、世界中の音楽ファンに供されてきた。今日、私たちは、CD化されたその音源を試聴することで、彼女の歌の全貌を、容易に、しかもパノラミックにとらえることができる。ちなみに、彼女のコンサートのライブ映像（ビデオテープ、DVD）に関しては、晩年期のデータがいくらかあるにすぎない。

2. 後期の作品群とウグニーヤ《千夜一夜》

ウンム・クルスームが自身の歌手生活の後期（一九六〇〜七〇年代）にうたった歌は、そのいずれをとっても、永遠の生命を宿した、記念碑的な名曲にかぞえられる。

一九六〇年代、ウンム・クルスームはいくつかの難事件に遭遇した。というのも一九六七年、エジプトとイスラエルとのあいだに六日戦争がおこった。さらにそれに追い討ちをかけるように、一九七〇年には、彼女が全面的に信頼をよせていた、ときのエジプト大統領、ガマール・アブド・アンナースィル（日本語では「ナセル」と表記）が急死した。これらを契機に、彼女の歌はある種の決定的な転機をむかえたといえる。当時のウンム・クルスームのレパートリーには、長大でシリアスな愛歌にまじって、比較的みじかい宗教歌や愛国歌が顔をだす。

この時期にウンム・クルスームがうたった一連の歌についてながめると、二十～三十歳代、それに中年期にうたってきた、小歌曲、舞曲、モノローグ、映画用ミュージカルなど、さまざまのジャンルの歌が、ウグニーヤというオーケストラ伴奏つき大声楽曲のなかに、期せずしてとうとうとながれこんだ感がある。

ウンム・クルスームがその後期にうたったウグニーヤをながめると、《あなたはわが人生 inta ʿumr-ī》（一九六四、アーンミーヤ）、《遠いあなた baʿīd ʿann-ak》（一九六五、アーンミーヤ）、《わが人生の希望 ʾamal ḥayāt-ī》（一九六五、アーンミーヤ）、《廃墟 al-aṭlāl》（一九六六、フスハー）、《これぞわが夜 hādhihi laylatī》（一九六八、フスハー）、《その夜は近づきぬ ʾaqbal al-layl》（一九六九、フスハー）など、不朽の名作がめじろおしである。

アラブ音楽特有の情調については、しばしば「タラブ ṭarab」という用語で語られる。タラブとは、アラビア語で「喜び」の意で、音楽的に醸成される美的喜悦をさす。これらのウンム・クルスームの後期のウグニーヤには、そのいずれをとりあげても、タラブの情調が縦横にみなぎっている。

さてその後期の大声楽曲群のなかに、《千夜一夜 alf lēla w-lēla》という表題をもつウグニーヤがある。このウグニーヤは、一九六九年二月六日にカイロで初演された。

3. ウグニーヤ《千夜一夜》の歌詞

《千夜一夜》の歌詞は、ムルシー・ジャミール・アジーズ Mursī Jamīl ʻAzīz の詩で、それはアーンミーヤによる恋愛詩（ラブソング）である[6]。

全四節の各節のおわりには、リフレーン（反復句）がつく。このリフレーンのなかに、「千夜一夜 alf lēla w-lēla」のフレーズ（詩句・旋律句）が登場する。

以下に全詩文（＝歌詞）を訳出し、載せる[7]。

第一節

一　おお、わが恋人よ！　夜、空、星、月、目覚め。

二　あなたと私。おお、わが恋人よ！　あなたはわが命！

三　愛が悲痛なことでは、私たちみんな似通っている。

四　愛は目覚めていて、私たちに幸福を味わわせる。そして言う、「乾杯！」と。

五　おお、わが恋人よ！　私たちは夜の眼のもとで生きていこう。
六　太陽に言おう「一年後に昇って。それまでは昇らないで」と。
七　なぜなら今宵は、愛の夜だから。そして、千夜一夜のように甘美だから――
八　完璧な人生のように。だったら、そんな夜のない人生って、いったい何だろう。
（リフレーン）

第二節
九　おお、わが恋人よ！　私はあなたに何と言ったらいいの？　あなたに会う前、私はどんなだったか？
一〇　私はきのうのことをおもいださないだろう。そして待つべき明日をもたなかった。
一一　私は私の日を生きることさえなかった。
一二　そのとき、あなたはたちまち、私を愛に目覚めさせた。
一三　そして私に、人生がいかに甘美かをおしえてくれた。
一四　まったくさびしかった夜は、あなたによって、安寧《あんねい》のなかに向かった。
一五　砂漠のようだった人生は、草地となった。

（リフレーン）
五　おお、わが恋人よ！　私たちは夜の眼のもとで生きていこう。
六　太陽に言おう「一年後に昇って。それまでは昇らないで」と。
七　なぜなら今宵は、愛の夜だから。そして、千夜一夜のように甘美だから——
八　完璧な人生のように。だったら、そんな夜のない人生って、いったい何だろう。

第三節
一六　おお、わが恋人よ！　夜にも勝るよいものは何か?!　私たちのような恋人どうしよりすばらしいものは?!
一七　私たちはあてどもなくさまよい、年月の流れからは何も気づかない。
一八　私たちが感じるすべては、私たちが愛しあっていることなのだ。
一九　夜と愛のためにのみ生きる。
二〇　おお、わが恋人よ。愛は私たちの人生であり、家であり、パンなのだ。
二一　だれもが彼自身の世界をもつ。私たちもまた、私たちの世界をもつ。
二二　もし、愛が渇望の火のなかに溶け去ると言うのなら——
二三　その火は私たちのパラダイスなのだ。
二四　愛はけっして人を傷つけない。愛の庭園は果実をもたらさない——
二五　幸福と喜びの果実を。おお、わが恋人よ！　夜の眼のもとで生きていこう。

（リフレーン）
五　おお、わが恋人よ！　私たちは夜の眼のもとで生きていこう。
六　太陽に言おう「一年後に昇って。それまでは昇らないで」と。
七　なぜなら今宵は、愛の夜だから。そして、千夜一夜のように甘美だから——
八　完璧な人生のように。だったら、そんな夜のない人生って、いったい何だろう。

第四節
二六　私の夜の月。私の日々の影。あなたはわが愛！　おお、わが幸せの日々。
二七　私はあなたに、もっともうつくしい贈り物を用意した。
二八　「愛」ということば——それによってあなたは、世界とそれがふくむすべてのものを所有するだろう。
二九　そのことばで、あなたは世界のすべての宝の扉を開けることができるだろう。私に言って。
三〇　鳥たち、木々に、すべての人びとに言って。
三一　愛は贈り物であって、過ちではない、と。
三二　神は愛だ。幸せは愛だ。光は愛だ。
三三　おお神よ。最初の握手の甘美を、私たちの手に残してほしい。
三四　はじめての出会いの喜びを、私たちのまわりに蝋燭《ろうそく》のように照らしめよ。
三五　時が私たちのそばを過ぎ、私たちの上に安らぎを被せてくれるように。
三六　にがい別れの杯に、私たちはけっしてふれないように。

三七　私たちがどこにいて、どこからきたか、愛はけっして知らないように。
三八　私たちの夜が、喜びの蝋燭以外の何も見ないように。おお、わが恋人よ！
　　おお神よ。

（リフレーン）
五　おお、わが恋人よ！　私たちは夜の眼のもとで生きていこう。
六　太陽に言おう「一年後に昇って。それまでは昇らないで」と。
七　なぜなら今宵は、愛の夜だから。そして、千夜一夜のように甘美だから――
八　完璧な人生のように。だったら、そんな夜のない人生って、いったい何だろう。

4. ウグニーヤ《千夜一夜》の音楽

さて、このムルシー・ジャミール・アジーズの詩『千夜一夜 alf lēla w-lēla』には、どのような音楽がつけられたのだろうか。

この曲の作曲者はバリーグ・ハムディ Balīg Ḥamdī（一九三一〜一九九三）である。バリーグ・ハムディがウンム・クルスームのために書き下ろした作品には、《千夜一夜》のほかに、《愛の奇跡 sīrit il-ḥubb》（詩：

譜例1

マカーム・ナハーワンド nahāwand の音列

マカーム・ラースト rāst の音列

ムルシー・ジャミール・アジーズ Mursī Jamīl ʻAzīz　一九六四）、《遠いあなた baʻīd ʻann-ak》（詩：マアムーン・アッシナーウィー Maʼmūn al-Shināwī　一九六五）、《約束の時は過ぎた fāt il-mīʻād》（詩：ムルシー・ジャミール・アジーズ　一九六七）、《愛は私たちを統《す》べる ḥakam ʻalay-nā al-hawā》（詩：アブド・アルワッハーブ・ムハンマド ʻAbd al-Wahhāb Muḥammad　一九七三）などがある。いずれも、ウンム・クルスームの後期のウグニーヤだが、とくに《愛は私たちを統べる》は、ウンム・クルスームの没する二年前にうたわれた、最晩年をかざるウグニーヤとして名高い。

まず、ウグニーヤ《千夜一夜》のマカーム maqām（旋法）に注目してみよう。この曲のマカームはナハーワンド nahāwand である。これは西洋音階の短調（短音階）に該当する。途中、間奏部二で一時的にラースト rāst に転調する。ラーストはナハーワンド音列の第三音を（半音でなく）四分の一音下げることで生まれる。

ここではスコアにしたがって、g音を主音（終止音）とした、マカーム・ナハーワンドとマカーム・ラーストの音列を示す（**譜例1**）。

次に、曲のながれを分析する。

ここでまず、ひとつのウグニーヤが完成するまでのプロセスにふれておきたい。ウンム・クルスームが新曲を発表する場合、作曲家と演奏家と詩人に、彼女自身がくわわり、初演のはるか以前から、打ち合わせをかさね、曲をねりあげていく。こうして曲のかたちがうかびあがったところで、初演のステージをむかえるわけだが、その初演のステージでも、曲にはいっそうの改良がくわえられる。そこでは歌詞の各行、各フレーズは、行きつ戻りつしながら、何度も反復されながらすすむ。さらには聴衆の反応にこたえるように、各節《せつ》全体を自身納得のいくまでくりかえしうたうことで、ようやく曲は最終的に完成の域にたっする。結果として、一曲うたい終えるのに、二〜三時間を要してしまう。その音楽の全体像は、平面芸術のアラベスクにたとえられる(8)。

こうしてウンム・クルスームのウグニーヤのコンサート会場での演奏時間は、つねに常識をはるかにこえたが、そのようなライブ演奏を、オリジナル・マスターテープからおとしたLPやCDは、コンサートの実際とはことなり、各節の反復が割愛され、全体の歌詞のながれにしたがって、コンパクトに編集されているのがふつうである。このためウンム・クルスームのCDには、どのウグニーヤもほぼ一時間程度の曲として、収められている。

本稿では、CDはジェッダ盤（41分56秒）を分析対象とする(9)。

まず、前奏について。

ウンム・クルスームのウグニーヤの伴奏はつねにフィルカ firqa とよばれるオーケストラ（合奏団）がうけもつ。フィルカでは複数のヴァイオリンとチェロ、コントラバスなど、西洋の弦楽器を主体とするアンサンブルに、ウード ʿūd(10)、ナーイ nāy、カヌーン qanūn(11)、ダラブッカ darabukka、リック riqq などのエジプトの伝統的民族楽器がくわわる。ときとしてこれらにさらに、アコーディオンやエレキギター（エレクトリック・ギター）など、いくつかの西洋楽器がはいることもある。フィルカによる前奏は、曲全体にゆきわたるマカームの雰囲気を、演奏家や聴衆に徹底的に印象づけ、同時に歌い手（ウンム・クルスーム）のうたいだしを誘発する役目をもっている。

フィルカの前奏部は、いずれも数分間（ときには一〇分ちかく）つづく長いもので、それはいわば、序曲（オーヴァチュア）の色合いが濃い。

ウグニーヤ《千夜一夜》の前奏部は8分12秒である。冒頭の合奏につづいて、ヴァイオリン、クラリネット、エレキギター、アコーディオンの独奏が次々と挿入される。合奏およびソロの各部分はそれぞれ二回から四回反復される。

フィルカの奏でる旋律は、作曲家にとって腕のみせどころでもある。それはふつう、魅惑的な旋律を配しながら、入念につくられる。ウグニーヤ《千夜一夜》の前奏部や間奏部の旋律は、ことのほかよく知られている。それはしばしば、ベリーダンスにも応用され、その伴奏音楽として独立して演奏されるほどである。

前奏部の全体のながれを次にしめす。（合奏および独奏楽器の各部分は、個々に反復されるが、それは省略した。）

> 合奏↓ヴァイオリンソロ↓合奏↓クラリネットソロ↓エレキギターソロ
> ↓合奏↓アコーディオンソロ↓合奏↓（第一節のうたいだし）

さて、《千夜一夜》の全曲は四節からなる。形式はウグニーヤだが、内容的には全四節のうち、第一～三節は舞曲（タクトゥーカ）ふうで、リズムは軽快感に満ちている。最後の第四節はモノローグで、冒頭部分の拍節的でリズミカルな進行は、徐々に無拍で荘重な調べにうつっていく。つまり第四節では、「神は愛だ **allāh maḥabba**」（三十二行目）の詩句とともに、それまでの恋人への愛は、いつしか神への愛へと収斂《しゅうれん》する。そこでは「おお神よ！ **yā rabb**」という投入句が頻繁にあらわれ、歌詞を神妙にしかも鮮烈にふちどる。「おお神よ！ **yā rabb**」は、詩文そのもののほかに、単独に投入されるものをあわせて、計十七回唱えられる。

次に、ウグニーヤ《千夜一夜》の全曲のながれを記す。

0分00秒 前奏部↓8分12秒 第一節↓11分15秒 リフレーン（12分01秒 alf lēla w-lēla 六回）
↓（拍手）↓
13分27秒 間奏部一↓14分51秒 第二節↓18分57秒 リフレーン（19分44秒 alf lēla w-lēla 六回）
↓（拍手）↓
21分02秒 間奏部二↓23分01秒 第三節↓27分35秒 リフレーン（28分18秒 **alf lēla w-lēla** 六回）
↓（拍手）↓
29分24秒 間奏部三↓30分58秒 第四節↓39分50秒 リフレーン（40分40秒 alf lēla w-lēla 六回）
↓（拍手）↓41分56秒 終

譜例２

この曲のなかで、フレーズ「千夜一夜 **alf lēla w-lēla**」は、リフレーンのなかごろにあらわれ、そのつど六回反復される。その旋律は、一回目→二回目（長二度下降）→三回目（さらに長二度下降）というように、いわばたたみかけるように、たくみにうたわれる。四～六回目は、一～三回目の繰り返しである。

リフレーンは全部で四回（第一、二、三、四節）登場するので、フレーズ「千夜一夜 **alf lēla w-lēla**」は、全曲で都合二十四回くりかえされることになる（**譜例２**）。

5. フレーズ「千夜一夜」

ムルシー・ジャミール・アジーズの詩『千夜一夜』は、他のエジプト近代詩と同様、易しいようで、じつは難解である。ウンム・クルスームの初演の舞台にたまたま居合わせた聴衆が、ただちに聴きとり、解釈し、必然的に感動し熱狂する、というような内容からはほどとおい。それが聴衆のあいだでつねひごろ話されているアーンミーヤによる口語詩であるにもかかわらず。むしろその詩は、聴衆の聴覚に、彼女の歌の音声がかもしだす情緒をとおして、直接うったえかけるかのようである。

エジプトの近・現代詩には、遠くジャーヒリーヤ時代から、ベドウィン（アラブ遊牧民）のあいだに連綿と受け継がれてきた伝統的なアラブ詩の壮大な潮流が脈うっている。たとえばフスハーによるカシーダはその代表的なものである。筆者はかつて、シナイ半島のオアシスで、みずからラバーブ[12]を弾きながらアラブ詩をうたう古老にであった。彼らが伝承するそれらの詩は、あたかもアラビアンナイトをほうふつさせるような、しかしそれでいてベドウィンの生活誌をもまきこんだ、生々しいバラードだった。

エジプト近代の詩人たち[13]は、音楽的才能にめぐまれた稀有《けう》の天才歌手、ウンム・クルスームのためにこぞって詩を書いたが、その詩たるや、アラブ詩固有の特質をそなえていて、ストーリーがあるようで、ないような、一見平易な物語のようにみえても、そこには確たる筋書きがみあたらない。その内容は半ば直喩的だが、また半ば暗喩的でもある。たとえば愛歌の場合、愛の対象は、恋人であったり、異性であったり、ときには国家（エジプト）や、はたまた神であったりする。男女間さえも詩の中途で転換することがある。実のところ、その詩がうたう愛の対象に、はっきりした境界線を引くのはむずかしい。『千夜一夜』でも、（前項でふれたように）愛の対象は恋人からやがて最終節《せつ》で、神に移行する。またこの詩には、アラブ詩が好む愛にちなんだことばが散見される。「命」「恋人」「神」などにくわえ、「夜」「眼」「星」「月」など、象徴的なことばも——。

ウンム・クルスームがこのようなエジプト近代詩を、聴衆にむかって深く豊かな音楽的情調をたたえながら披瀝《ひれき》することで、彼らの深層にねむっていた詩精神を啓発し、ひいてはアラブの大衆芸術音楽という新ジャンルを質的に高からしめたのはたしかである。

さて、詩人ムルシー・ジャミール・アジーズは、詩（歌詞）『千夜一夜』に挿入したリフレーン（反復句）に、「千夜一夜のように」と書き（前掲の訳詩の傍線部分を参照）、アラブ人ならだれでも知っている千夜一夜物語に描かれた甘美で官能的な夜を、比喩的におもいえがこうとした。つまりこの愛歌はもともと千夜一夜物語を直接の主題としたものではなく、人口に膾炙《かいしゃ》した用語「千夜一夜 **alf lēla w-lēla**」そのものを、いわば愛のかたちとして引用し、リフレーンのクライマックスに置いたのである。

一方でウンム・クルスームは、ムルシー・ジャミール・アジーズがこの詩に託した意図に的確に反応し、フレーズ（旋律句）「千夜一夜 **alf lēla w-lēla**」を反唱し強調することで、愛歌としてのウグニーヤ《千夜一夜》を究極の完成へと導いた、といえる。

◆注

（1）本稿のテクニカルターム、千夜一夜については、用語の場合は「　」、文学作品や詩をさす場合は『　』、楽曲の場合は《　》というように、使い分けて記述した。

（2）ウンム・クルスームはたしかに、エジプトの首都カイロがもっぱらその活躍の中心舞台だったが、晩年の一九六〇～七〇年代にいたって、おもにアラブ諸国に演奏旅行を開始したことも事実である。当時の彼女の旅行・公演先は、以下の国々である。

スーダン、モロッコ、クウェイト、チュニジア、レバノン（以上一九六八年）、リビア（一九六九年）、アブダビ（一九七一年）。

なお非アラブ圏には、一九六八年、パリに一度だけ出向き、オランピア劇場で公演した。じつは彼女は、一九七〇年九月、モスクワとタシュケントで演奏すべく旅立ったが、モスクワ到着三日後に、時の大統領ナースィルの急死の報をうけ、予定していた演奏をすべてキャンセルし、急遽《きゅうきょ》カイロへ帰ってしまった。したがってかつてのパリ公演が、彼女にとって非アラブ圏での、唯一の公演となった。そのときのライブ録音は、DVDで試聴することができる。

（3）カシーダ（頌詩《しょうし》、称讃詩、オード）。十数行〜百行以上の長詩。イスラーム以前にまでさかのぼるアラビア語の詩型・声楽。その後、地域によっても、時代によっても変化をとげながら、現代まで途絶することなく、創出されつづけてきた。単リズムと単韻が特徴。全体をとおしておなじ韻律、脚韻をくりかえす。二行連句。三部分構成：①恋人の去った廃墟にたたずむ詩人の嘆き、過去の失恋・喪失への追憶と憧憬《しょうけい》、恋人へのおもいいれ・非難・哀悼、②砂漠の旅、ラクダの困難な体験（②＝中間部は、アッバース朝のころから欠如しはじめた）、③（マドフ、マディーフ）支配者・パトロン・統治者への称讃。カシーダの詩のなかの男女は、しばしば転換する。イスラームのヴィジュアル・アートの忌避は、一方でカシーダを嗜好《しこう》する傾向をうんだ。

（4）アーンミーヤ **al-ʿāmmiya** ＝アラビア語方言。ここではカイロ方言、エジプトの話し言葉、口語。フスハー **al-fuṣḥā** ＝正則アラビア語、標準語、共通語、古典北アラビア語、文語。クルアーンはフスハーで書かれている。

（5）エジプトで活躍したアラブ近代音楽の音楽家（作曲家）には、サイイド・ダルウィーシュ Sayyid Darwīsh（一八九二〜一九二三）、ファリード・アルアトラシュ Farīd al-Aṭrash（一九一五?〜一九七四）、ムハンマド・アブド・アルワッハーブ Muḥammad ʻAbd al-Wahhāb（一九一〇〜一九九一）、アブド・アルハリーム・ハーフィズ ʻAbd al-Ḥalīm Ḥāfiẓ（一九二九〜一九七七）らがいる。彼らは自身、歌手や器楽奏者で、しかも作曲もした。その作風はアラブの古典的音楽の理論、様式、器楽奏法（とくにウード）などに依拠し、しかも伝統的な発声が持ち味だった。

（6）この曲はアーンミーヤの歌詞なので、それに従い、以下 alf lēla w-lēla と表記する。なお正則アラビア語では、alf layla wa-layla である。

なお、ウンム・クルスームの歌にはおおかた、表題（タイトル）らしい表題がついていない。ほとんどの歌は、そのうたいだしのことばを、表題にかえる（《ねむれやねむれ、わが天使 nāmī nāmī yā malākī》一九三七、《私にすこしずつうたって ghannī-lī shwayya shwayya》一九四五、《明日お目にかかれる? a-ghadan alqā-k》一九七一など）。ごくまれに表題でよばれる歌がある（たとえば、《あなたはわが人生 inta ʻumr-ī》一九六四、《廃墟 al-aṭlāl》一九六六、《千夜一夜 alf lēla w-lēla》一九六九など）。

（7）アラビア語歌詞を掲載した資料のうちのいくらかは、第二六〜三五行を第四節とし、第三六〜三八行を第五節としている。その場合は、第四節にはリフレーンがないことになる。ＣＤを聴いてみると、第二六〜三五行と第三六〜三八行のあいだには、確たる間奏もなく、「ヤーラッブ」yā rabb（おお神よ）を幾度か挿入しながら、前者は後者によどみなくながれこむ。しかも後者はきわめてモノローグふうである。そこで筆者は、第二六～三八行をひとまとめにして、第四節とした。

＊リフレーンの訳出について：「なぜなら今宵は、愛に満ちた甘い夜だから。そして、千夜一夜のように甘美だから――」

詩文中の **bi alf lēla w-lēla** の **bi** は、「とおなじほど」「に値するほど」「よりももっと……」の意。ここでは「千夜一夜のように」としたが、「千夜一夜に値するほど」とも訳せる。

(8)［水野　二〇〇四］を参照。

(9)筆者の手元にある《千夜一夜》のCDについて。

９４ＳＤＣＤ０１Ｂ４９（ジェッダ盤）41分56秒

ＳＯＮＯ１０６（ソノ・カイロ盤）58分17秒（＝第二節と第三節を、それぞれ反復）

(10)リュート系の撥弦《はつげん》楽器、ウード **ʿūd** は、アラブ音楽のもっともベーシックな楽器で、アラブ音楽史をつうじて、不断に弾かれてきた。ウンム・クルスームのコンサートでも、ウードはカヌーン（注11参照）とならんで、伴奏楽器として重要なパートをになった。ウンム・クルスームの歌曲を数多く作曲しているムハンマド・アルカサブギー **Muḥammad al-Qaṣabjī** は、その伴奏楽団でいつもこのウードをうけもっていた。

(11)チター系撥弦楽器、カーヌーン **qānūn** は、エジプトでは「カヌーン **qanūn**」と発音する。本稿では以下、カヌーンと表記する。

カヌーン奏者はフィルカの最前列中央（歌手のすぐわき）に座し、そこでつねに歌手の指示をうけ、その指示をフィルカの全メンバーにつたえる重要な任務をになった。たとえば前奏がひととおりおわり、歌いだしの部分に到達したというのに、歌手がまだどうしてもその気にならない場合、また歌手が一節《せつ》をうたいおわったとき、再度同節《せつ》をはじめからくりかえそうとする場合など。なおウンム・クルスームのひきいたフィルカでは、ムハンマド・アブドゥ・サーリフ Muḥammad 'Abduh Ṣāliḥ が、つねにカヌーン奏者をつとめたという記録がある（ウンム・クルスームの演唱写真には、ムハンマド・アブドゥ・サーリフがカヌーンを弾いている姿が、しばしば写っている）。

(12) リュート系擦弦《さつげん》楽器。ふつうは二弦だが、ベドウィンのラバーブは一弦。

(13) ムルシー・ジャミール・アジーズのほか、アフマド・シャウキー Aḥmad Shawqī（一八六八～一九三二）、アフマド・ラーミー Aḥmad Rāmī（一八九二～一九八一）、マフムード・バイラム・アットゥーニシー Maḥmūd Bayram al-Tūnisī らがいる。

◆参照文献

水野信男　二〇〇四『音楽のアラベスク——ウンム・クルスームのうたのかたち』世界思想社。

2 イランにおける「ポピュラー」音楽の変遷
――高尚／低俗の二項対立を超えて

椿原　敦子

1. 新しい時代の音楽

一九二四年にテヘラン・グランド・ホテルにて、ガマル・アル＝ムルク（一九〇五～一九五九）が歌った事は、イラン音楽にとって新しい時代の幕開けだった。ガマルは女性として初めて、公衆の前でヴェールを被らずに歌った。そして一九二七年からは一連のレコード録音を行い、初期の国営ラジオ放送でレギュラーを務めた。彼女は、複製技術の発展、ジェンダー関係の変化、世俗と宗教、公と私の境界の再編など、近代化に伴う音楽を取り巻く状況の変化を体現する存在だった。宗教儀礼での朗誦者《ろうしょう》ロウゼハーンとして、ガージャール朝の後宮で朗誦を行ったこともある彼女は、古典音楽家でタール奏者モルテザー・ネイダーヴード（一九〇〇～一九九〇）に見出されて声楽を学び、古典音楽を改変した新しい様式の音楽の歌い手となった(1)。

ガマルの公演は、音楽鑑賞の形式としても目新しいものであった。かつて音楽家たちは異なる活動の場を持っており、音楽が演じられる場は不特定多数の聴衆へと開かれたものではなかった。一八世紀までのヨーロッパと同じく(2)、イランでも音楽は宮廷、教会、市場、家族といった社会的制度や場と結びついていた。宮廷で催される宴、割礼や結婚式などの祝祭、十二イマーム・シーア派(3)の宗教行事など、人々の集いには音楽が用いられてきたが、音楽自体を聴くために集まる音楽会が開かれたのは二〇世紀以降のことである [Chelkowski 1991; Chehabi 1999]。

コンサートやラジオ放送など公共の場での音楽鑑賞の機会を推進したのは、西洋で音楽教育を受け、イランにおける音楽の地位向上を目指す音楽家たち、たとえばイラン初の音楽学校を設立したアリー・ナギー・ヴァズィーリー（一八八七～一九七九）やその弟子のルーホッラー・ハーレギー（一九〇六～一九六五）などであった。イランの音楽エリートたちが企図したのは、近代的な音楽を聴く国民の創出だった。他方、民俗音楽の担い手たちもまた西洋音楽を取り入れながら、二〇世紀以降に普及した都市下層民向けのカフェやキャバレーで活動を続け、次第にテレビや映画へと進出した。エリートによる公共放送と非エリートによるカフェの余興として分けられていたこれらの音楽の境界は、後に新しいメディアの発展により曖昧になっていった。

イランで「ポピュラー mardomī」音楽という呼び名は、一部の人口に膾炙《かいしゃ》してきたことが示唆されるものの［e.g. Shay 2011］、ジャンルとしては定着していない。一方、「ポップ pāp」は一つのジャンルであるが、その意味内容は時代と共に変化してきた。本論では国家政策の中で、後進性や質の悪さを理由に批判や禁止を受けてきた音楽を「ポピュラー」音楽とし、その一つの典型として「ポップ」に焦点をあてる。そして、メディアの発展と音楽ジャンルの関係を辿りながら、かつて伝統にも近代にも属さない質の低いものとされてきた音楽が、革命後の政府による禁止、ロサンゼルスの亡命音楽家からの逆輸入を経て、ふたたびイランの若者の間で定着してゆく過程を明らかにする。

2. ラジオの時代

イランでの本格的な複製技術時代は一九四〇年代に始まる。ドイツから軍事目的で一九一五年に導入されたラジオ放送の技術を用いて、イランでは一九四〇年から本格的に一般向け放送が開始された。ユネスコの報告によれば一九四〇年には二万台のラジオが普及しており、その十年後の一九五〇年には六万台、三百人に一人が所有していた［Sreberny-Mohammadi et al. 1994］。同じ時期に映画もトーキーへと移行し、かつてなかったほどの音の氾濫の幕開けとなった。

パフラヴィー朝の近代化政策の中でマスメディアの発展は重要な課題の一つであった。放送の中で積極的に用いられた音楽は、タスニーフ tasnif と呼ばれる、タールなどイランの楽器と、ヴァイオリンやオーケストラなど西洋の楽器の伴奏にのせて、古典詩をシラブルごとに区切って歌う声楽曲が中心であった。近代以降のタスニーフは伝統音楽に見られる伸縮性や即興の要素がなく、演奏時間が固定されていたために、ラジオやテレビなどの放送枠に適した音楽だったといえる。先に触れたガマル・アル＝ムルクやモルテザー・ネイダーヴードを初めとする著名な音楽家がラジオでの生放送に参加し、これまで古典音楽や古典詩になじみのなかった聴衆がこれらの音楽に親しむ機会が作られた。

初期のテレビ・ラジオに出演していた歌手がタスニーフのような古典音楽の素養を持っていたのに対し、同じ頃に都市部で増加したカフェやキャバレーで演じる音楽家たちは、もともと割礼や結婚式などの場で歌や踊りを披露していたモトレブ motreb と呼ばれるパフォーマーが中心だった。ガージャール朝期に古典芸術音楽家と区別するため付けられたモトレブという呼称には侮蔑《ぶべつ》的なニュアンスがある。二〇世紀初頭よりテヘラン南部のラレザール通りには西洋風のカフェが林立し、バーザール商人や官僚などの富裕層と露天商などの下層民が共に出入りする新しい社会空間となった。しかし、ほどなくして富裕層がテヘラン北部に移住すると、ラレザール通りのカフェの主な客は都市下層階級の男性たちとなった。カフェは酒を飲みながら歌手が歌い踊るのを見るという、新しい娯楽と音楽の消費形態を提供していた。これらの場で演奏される音楽は「カフェ風 kafeī」と総称される。国営ラジオの製作者たちはモトレブ出身の音楽家によるカフェ風音楽を決して放送に採用しようとしなかったが、後になって軍のラジオ放送や、映画へ登用されたことでカフェ風音楽は多くの聴衆を得るようになった［Hemmasi 2010; Breyley and Fatemi 2016］。

一九四〇年代に活躍していた二人の女性歌手、デルキャシュ（一九二四〜二〇〇四）とマフヴァシュ（一九二〇〜一九六一）の経歴を比べてみると、エリート主導の近代的な音楽と、後進的で退廃的とのレッテルを貼られたカフェ風音楽の違いをうかがい知ることができる。デルキャシュはカスピ海沿岸の商家に生まれ、父が死去した後にテヘランの姉の下で暮らし、近代教育を受けた。彼女は初等教育を修了することなく中退したが、国営ラジオ局の関係者に音楽の才能を見出され、伝統的な声楽教育を受けることになる。一九四五年から一九五二年までは毎週ラジオでの生演奏を行った。国営ラジオ局の音楽ディレクター、メフディー・ハーレディー（一九一九〜一九九〇）の作曲による、シンプルで軽快な音楽に合わせた溌剌《はつらつ》とした歌声は、新しい時代の音楽として聴衆の人気を集めた。

一方のマフヴァシュは幼少期に家族と共にテヘランに移民し、ほどなくして母を亡くした。最初は売春婦として、後にモトレブの一員として歌や踊りを披露して生計を立て、キャバレーのエンターテイナーとして有名になった。知識人やエリート音楽家たちがキャバレーやカフェの音楽を、「新町風 shahr-e nouī（新町とは赤線を指す）」[Hemmasi 2010: 53] と呼んでいた理由も、マフヴァシュのような歌手の経歴からうかがい知ることができる。音楽は、単に歌詞やメロディー、技量だけではなく、パフォーマーの服装や来歴、演奏の場などによって高級／低俗の線引きが行われていた。

3．テレビと映画の時代

一九五〇年代になると、カフェ風音楽の中からアラブ音楽の影響を受けた音楽が出現し、カーヌーンやウードなどのアラブ由来の楽器を取り入れたバーザール小路風と呼ばれる音楽が流行した［Hemmasi 2010］。やがて、カフェ風・バーザール小路風音楽が映画のシーンに登場するようになる。もっぱら都市での生演奏が中心だったこれらの音楽が、映画を通じて小都市や農村にも届くようになったのである。

映画の中でも「フィルム・ファルスィー（ペルシア映画）」と呼ばれる大量生産の娯楽作品では、アメリカのミュージカル映画を踏襲して歌や踊りが多用された。映画産業の発展により、カフェやキャバレーのパフォーマーはイラン流のスター・システムの中で歌手、兼俳優として活躍した。国営ラジオでは放送されることのなかったマフヴァシュのような歌手と、既に広く知られていたデルキャシュのような歌手の両方が、映画に出演することで多くの聴衆の耳目に触れることになったのである。デルキャシュは『恥』（一九五〇年）など多数の映画に出演して人気を集めた。観客は高級ナイトクラブに行くより映画のチケットの方が安いとして、彼女の歌を目当てに映画館に押し寄せたという［Issari 1989］。人気歌手を登場させた娯楽映画の製作は、革命の前まで続いた。

キャバレーの様子は、最も人気のあるジャンルの一つであった任侠《にんきょう》映画の中で、ヒーローたちの男らしさを引き立たせるためにも用いられた。マスード・キミヤーイー監督の大ヒット作『ゲイサー』（一九六八年）

では、人気歌手スーサン（一九四二〜二〇〇四）の曲〈ヴェルヴェット帽〉にあわせて女優シャフラザード演じるパフォーマーが露出度の高いドレスで歌い、踊っている。ダフ（太鼓）とタールやケマーンチェ（弦楽器）、ネイ（笛）とヴァイオリンのアンサンブルに合わせて、歌詞や体の動きで性的にアピールする。観客は若干の同伴女性以外は全て男性で、酒や煙草を喫しながら彼女をじっと見て、時折にやりと笑いを浮かべる。このように映画によって、キャバレーという都市の密室空間で行われてきたことが、不特定多数の観客の前に現前することとなった。

一九六九年には、私設のテレビ局ＴＶＩ（Television of Iran、一九五八年設立）が国有化され、国営テレビ放送が本格的に開始された。テレビではアメリカから輸入されたポピュラー音楽に加え、ポップ pāp、ジャズ jāz と呼ばれる、西洋化されたイラン音楽の歌い手たちが登場した。ラジオの時代にはカフェ風音楽が排除されたのに対し、テレビの時代には主にナイトクラブを活動の場としてきた歌手たちが最新のファッションに身を包んで歌い、踊るようになった。

イランのポップやジャズといったジャンルは、欧米のそれとは異なる独特のものである。一九五〇年代以降、富裕層向けのナイトクラブやキャバレーが増加し、テレビやラジオで人気の音楽家や世界各国から集まるエンターテイナーによるショー、そしてイラン各地の伝統的な歌と踊りのショーが行われていた。こうした場でポップやジャズを歌っていたのがヴィゲン（一九二九〜二〇〇三）や、三歳の頃からステージに立っていたグーグーシュ（一九五〇〜）などの後の大スターたちである。

イランで初めてギターを用いたことで「イランのエルヴィス・プレスリー」と呼ばれることもあるヴィゲンの曲は、ドラムやヴァイオリンなど西洋の楽器のみで構成されるバックバンドが伴奏している。それまでのイランの「ポピュラー」音楽が、イラン音楽を西洋化すべくアレンジを加えてきたのに対し、ヴィゲンの時代にはイラン音楽の要素が積極的に取り入れられるようになった。ポップと呼ばれる音楽は、ジャズよりイラン音楽の要素を多用していた。古典音楽の旋法や、モトレブの音楽に典型的なリズムが、西洋の楽器によって演奏されていた [Hemmasi 2010: 65]。

テレビのパフォーマンスには、映画と異なり、猥雑《わいざつ》な歌詞や過度にセクシーな踊りは見られない。家庭で視聴されるテレビには西洋化された先進的な男性・女性像が映し出され、CMは家庭用耐久消費財や化粧品の広告で占められていた。一方、映画館の主な客層は若い男性で、CMは煙草と車の広告が中心だった [Sreberny-Mohammadi et al. 1994]。テレビと映画の普及はイランの近代化に伴う家族、ジェンダー関係の再構成と関わっており、新しく登場した音楽は、こうした社会的諸関係の変化を反映していた。

かくして、都市の音楽はテレビや映画によって、華やかな都市文化を伝えるものとして小都市や農村へ到達した。テレビや映画は西洋化されたイラン都市部の消費文化を映し出すことで、人々の間に都市と農村、富める者と貧しい者といった二項対立的な社会構造を認識させるのに重要な役割を果たした [Beeman 1982]。また、歌や踊りを用いて性や暴力を描く映画に対しては、社会に頽廃《たいはい》や堕落をもたらすものとして批判が高まった。革命の機運が高揚した一九七〇年代後半には映画館の焼き討ちが相次いだ。一九七八年八月には南部の都市アバダーンの映画館が放火され、若者たちを中心におよそ三百人の犠牲者を出した。この頃には映画関係者や歌手などが、革命の混乱を避けて国外へと向かい、事態が沈静化するのを待っていた。しかし、イラン革命後は映画よりも音楽が厳しい規制の対象になり、それまで共に発展してきた映画と「ポピュラー」音楽は明暗を分かつことになる。

4. イラン革命後の断絶と変化

革命前より一部のイスラーム法学者の間では、映画が宗教的に問題含みであるとの見方があったにもかかわらず、一九七九年のイラン革命後、最高指導者の座についたアヤトッラー・ホメイニーは映画を禁止しなかった。「我々は映画に反対するのではない、映画の堕落に反対するのだ」[Issari 1989: 247] として、映画全てが不道徳で冒涜《ぼうとく》的であるとはみなさなかった。

これとは対照的に、音楽は概して悪しきものとみなされた。革命後の政府系新聞紙では次のように述べられている。「音楽は麻薬のようなもので、これを習慣とする者はもはや大切な営みに身を捧げることができなくなる。音楽は、もっぱら音楽の世界の悪徳や先入観の言いなりになるほど人々を変えてしまう。音楽は我々の国と若者を裏切る故、我々は完全に音楽を撲滅しなければならない」(4)。その後もたびたび議論されてきたように、音楽は「若者」と結びついて問題視されていた。

音楽家は主として三つの道を辿った。音楽の職を手放して他の職に就くか、わずかに残された限られたジャンルの音楽に従事するか、あるいは国外で活動を続けるか。革命前にテレビや映画、ナイトクラブやキャバレーで活動していた歌手は活動の場を失い、多くの者がイランを出た。このことによってイラン音楽の拠点が国外に形成された。

革命後のイランの音楽をめぐる状況は、大別して三つの時期に分けられる。第一の時期は革命直後からイラン・イラク戦争（一九八〇〜一九八八）の間の厳しい制限、第二の時期は戦争終結後の一九九〇年代における一部の音楽の奨励、第三の時期は一九九七年のハータミー大統領の選出以降の大幅な自由化である。いずれの時期でも音楽の全てが禁じられ、消されていったのではない。禁じられた音楽と推奨された音楽の間を分ける軸はいくつもあり、その線引きは時代と共に変動していた。

革命政権の樹立によってイラン国内の公共の場やメディアの音環境は大きく変化した。ラジオやテレビで流れる音楽はもっぱら、ソルードと呼ばれる革命歌や愛国歌と、ノウヘと呼ばれるリズミカルな宗教的朗誦になった。イランに残ったポピュラー歌手たちの中には、ソルードの歌い手に転じた者もいた。ホメイニーによれば、これらの音楽は教義上「人を現実から引き離す」のではなく、むしろ「目下の事柄に集中できる」ようにするものであり、革命や戦争に人々を集中させる役割を果たすと解釈されたのである［Beeman 1982: 207］。

イラン革命後はポピュラー音楽が禁止されたというのが通説だが、禁止対象となる音楽はいかに定義されてきたのだろうか。民族音楽学者ファルザーネ・ヘンマシーはジャン・デュリンの議論を要約しながら、禁止対象となった音楽（家）がどのようなものであったかについて説明している［Hemmasi 2010］。第一の禁止対象は、「軽音楽」もしくはモトレブの音楽である。第二に、録音されたものも含めて、男性は女性の声を聴いてはならず、女性の踊りを見ることも禁止となった。第三に、特定の歌手と演奏者は、過去の評判が新しい倫理的・政治的価値に合致しないため、公的に活動することを禁止された。音楽ソフトの制作許可やコンサート上演許可などの統制を行ってきた主要な機関は文化イスラーム指導省である。実際のところ、同省が行ってきたのは、特定のジャンルの音楽を禁止することではなく、イランの「真正で古典的な文化」を守ることであり、「低俗、陳腐なmobtazal」音楽を取り締まることであった。

一九八九年のイラン・イラク戦争終結後に、ホメイニーは「しかるべき目的」のために楽器の売買を行うことは許されると発言し、一九九〇年代以降は単なる検閲ではなく音楽への「支援、指導、監督」が制度的に行われた。音楽の流通（上演・録音・販売）許可、音楽祭の開催、音楽教育の推進が行われ、禁止と推奨の制度が整えられていったのである。一九九五年からは、全ての音楽ソフトにジャンルを表す文字が付けられ、その中にはポップも含まれている［Youssefzadeh 2000: 44-45］。また、ジャンルに加えて製品の質を表す1から4の数字が付与されている。このように、文化イスラーム指導省が規制を行うのは、少なくとも建前としては質の悪い音楽の流通を防ぐためであり、特定のジャンルに対する規制ではなかった。

ここでいうポップとは、かつてジャズと共に出現した狭義のポップではなく、革命後に禁止されたより広い範囲の音楽を指す。ひとたび俗悪な音楽の総称とされたポップが、良いポップと悪いポップに分けられていったのである。こうした言説の中で、悪いポップの代表格とされたのが、以下に述べる「ロサンゼルス風」音楽だった。

5.「ロサンゼルス風」音楽

テレビやラジオ、コンサートなど公的な場での音楽活動が政府の統制を受ける中で、音楽のカセットやビデオは海外から非合法に流入を続けていた。イランの音楽ソフト市場は政府の認可の下に生産された正規版、そのコピーである正規版の海賊版、認可されていない商品を輸入して製造された海賊版という三つの形態が存在する。統計によれば一九八八年に政府に生産を許可されたカセットのタイトル数は八十一だったが、それをはるかに超える量のカセットやビデオが消費されていた。その多くが、主としてロサンゼルスのイラン人によって作られたものだった。

革命期から革命直後の混乱状態の中で、多くの音楽家やメディア関係者がヨーロッパやアメリカへと出国した。最初は様子を見るためのしばらくの滞在と考えていたが、戦争が始まり状況改善の見込みがなくなると、これらの人々は長期逗留《とうりゅう》の場所としてアメリカのロサンゼルスに向かった。移住した音楽家には、革命前のあらゆるジャンルの担い手がいた。たとえばタスニーフの歌い手であるハーイェデ、代表的なバーザール小路風歌手であるスーサン、そしてジャズの創始者ヴィゲン、社会・政治的な歌で革命前にも発売禁止の扱いを受けてきたダリユーシュや、西洋クラシックの声楽教育を受けた後にポップ歌手になったエビーなどである。また、ロサンゼルスに渡った後に音楽活動を開始し、頭角を現した一・五世代の歌手には、アンディー、モイーン、シアヴォシュ・ゴメイシー、シャキーラやマンスールなどがいる。

ロサンゼルスで最初期に地元のローカルテレビでペルシア語の番組を開始したのは、イランでレコード会社を経営していたマヌーチェヘル・ビービーヤンや俳優のパルヴィーズ・カールダンなど、革命前のメディア関係者だった。次第に、かつてのスター俳優や歌手がロサンゼルスに集まった。革命前のフィルムや音源がロサンゼルスへと持ち出されてTVで放映されたり、ビデオやカセットとして販売された他、ロサンゼルスで新たにレコーディングも行われた。多言語放送局の放送枠を買って始められた放送は、技術を持つ人材や企業からの広告による資金を得て発展し、ロサンゼルスはペルシア語メディア産業の中心となっていった。カセットテープやビデオテープは、イラン本国を含む世界中のイラン人の間で流通した。

ロサンゼルスで作られる音楽は、「ロサンゼルス風 los angelesī」と総称されることがある。その中にはバーザール小路風音楽や、バンダリーと呼ばれるイラン南部特有のテンポの速い舞踊音楽、西洋的なロックなど、多様な音楽が含まれる。ロサンゼルス風という呼び名は、低俗であるという侮蔑のニュアンスが含まれる他称だが、その担い手の中には、モトレブの音楽との連続性を強調する者も少なくない。

ロサンゼルスの音楽関係者が重要な要素としてしばしば言及するのは「八分の六拍子」である。このリズムはモトレブの音楽や、カフェ誕生以前の伝統的なコーヒーハウスのパフォーマンスである「劇遊び」に見られる［Shay 2011］。劇遊びは語呂合わせによる押韻、歌手と聴衆の掛け合いからなる歌詞と、打楽器による八分の六拍子のリズムを特徴とする。これらの要素を取り入れ、電子楽器による打ち込みを用いたものが典型的なロサンゼルス風音楽である。キーボードを用いれば歌手一人だけで上演が可能なため、結婚式やレストラン、キャバレーの余興として用いられる。

ＴＶに出演してＣＤを発売する歌手たちも、ローカルなキャバレーやコンサートで上演を行うが、結婚式などもっぱらローカルな集まりの場だけで活動するパフォーマーも多い。かつてのモトレブが楽器演奏者、歌手、俳優やダンサーからなる楽師団を形成して巡業を行っていたのに対し、ロサンゼルスのパフォーマーは楽器演奏と歌、時にはスタンドアップコメディまでも一人でこなしている。こうしたパフォーマーによって革命前のテヘランのカフェやキャバレーの雰囲気はロサンゼルスへと継承されている。

6. 国産ポップと地下ロック

一九九七年にモハンマド・ハータミーが大統領に選出されると、イラン国内の音楽をめぐる状況は大きく変化した。人口の三分の一が三十歳以下という状況と、若者向けの音楽が国外から違法に流入を続けているという状況を解消するため、政府は積極的な国産ポップの生産に乗り出した。国産ポップは「イラン製のロサンゼルス風」音楽と揶揄《やゆ》されることもある [During 2005: 382]。

既に、一九九〇年代初頭からの衛星放送の普及や、一九九〇年代後半のインターネットの普及により、特定の音楽の流通を禁止することは難しくなっていた。一九九四年からイラン国内で衛星放送の受信は禁止され、またインターネットにはフィルターがかけられているが、規制をかいくぐって視聴が続けられている。二〇〇四年に文化イスラーム指導省音楽センターのアリー・モーラードハーニーは、センター長の任期を終えた際のインタヴューで、音楽の多様な現状を追認することがイランの音楽市場全体のレベルを上げ、価値ある革新がもたらされると述べている。「私はある程度のレベルまで達している者には全て認可を行うべきだと考えている。…伝統音楽、ポップ、クラシック、モダン、地方音楽を含む全てのタイプの音楽が今のイラン社会には存在する。ポップが優勢となりつつある状況に対して懸念が表明されているが、我々はそれを消滅させる事は避けるよう方策を採っている」（ハムシャハリー紙、二〇〇四年四月十三日）。

かくして、公式に承認された若者向け音楽として、イラン国内産ポップが登場した。なかでも二〇〇〇年初頭から活動を開始したアーリアン・バンドは、女性コーラスが参加することで注目を集めた。これまで女性が人前で歌うことが規制されていたが、その規制はコーラスという形で一部緩和されたのである。ギターやベース、ドラム、ヴァイオリンとキーボードを用いたバックバンドで、八分の六拍子に合わせて歌うアーリアンの音楽は、「ロサンゼルス風」とほとんど変わるところがない。彼（女）らの音楽が許可された理由は、歌詞や演奏技術の質が認められたからであった。文化イスラーム指導省の傘下には音楽専門評議会と、詩の認可評議会が存在し、演奏技術や詩の内容などを審査している。アーリアン・バンドのメンバーは、ギターを有名な演奏者に師事したこと、西洋楽器の他にイラン伝統楽器も演奏できることなどを経歴として強調しており、音楽への造詣が深いことをアピールしている。こうした「質」によって、アーリアン・バンドはロサンゼルスで生産される音楽とは一線を画すものとして承認された。

ロサンゼルス風音楽に影響を受けながらも、品質・品位が良いことを謳《うた》って国産ポップが登場したが、イランの聴衆の間でロサンゼルス風音楽は完全な凋落《ちょうらく》には至らなかった。更には、国産ポップの音楽家の中から、イラン国内での活動に見切りをつけて、ロサンゼルスで活動を開始する者も出現した。シャードメフル・アギーリー（一九七三〜）はイランで歌手・俳優として活動を行っていたが、二〇〇二年にカナダに渡り、ロサンゼルスで音楽活動を開始した。

音楽学者ヌーシーンによれば、合法的な表舞台にポップが登場したことで、その意味するところは変化したという。長年にわたり西洋の・西洋化された音楽をポップと呼んできたが、商業的に流通する音楽をポップ、周縁的な立場にある音楽をロックと呼ぶようになったのである。従って、イランにおけるポップとロックという呼称は、音楽の様式とは異なる二分法の中での命名である［Nooshin 2008］。実際には、ロックという呼称に西洋のテクノやヘビーメタル、パンク、ヒップホップ、ジャズなど多様なジャンルの音楽が含まれている。

かつてのポップと同じく、政府はロックを禁止しているわけではない。しかし、合法化を目指すのではなく、敢えて非合法に活動を行う者もいた。二〇〇〇年頃から都市部のアッパーミドルクラスの若者の間で「地下ロック rāk-e zire zamini」を標榜してバンド活動を行う者が増加した。文字通り家の地下室を主な活動の場としており、インターネットが流通手段である。

インターネットでの活動から有名になった初期のバンドにオーハムやキオスクなどがいる。イランで地下活動を行っていたバンドが、国外でコンサートを開催したり、国外に移住するケースは多い。ただし、政府の許可を受けないことでイランの社会や政治のリアリティを歌ってきた地下ロックが、国外に拠点を移すことでイラン国内の日常感覚に見合わないものとなってゆく可能性もある。また彼（女）らの中には、英語で歌い、イラン人向けの音楽産業ではなく最初から国際的なマーケットを志向している音楽家たちも多い。まさにそのために欧米の音楽家たちとの差異化がはかれず、聴衆を獲得できないという問題も抱えている。

7. 更なる変化へ

イラン革命を機にロサンゼルスがイラン音楽の拠点となったことで、革命前にも存在した音楽に対する「高尚／低俗」の線引きは、テヘランとロサンゼルスという空間的な隔たりに変わった。その後、イランでは海賊版や衛星放送、インターネットを通じてロサンゼルス風音楽や西洋の音楽を聴いてきた若い世代が音楽活動を開始し、その一部は政府公認で活動を続けている。他方で、イランでの音楽活動に限界を感じて、より多くの聴衆を得るべく国外に出て活動する若者も後を絶たない。

ハータミー大統領期には、イラン国内だけでなくロサンゼルスのイラン系音楽産業も賑《にぎ》わった。西欧諸国との関係改善により、イランからの人の往来が活発になったためである。一九九〇年代末からは、イラン国内に留まって沈黙を保っていた往年のスターたちが国外でコンサートを開くようになった。デルキャシュは一九九八年にヨーロッパツアーを行い、ロンドンのクイーン・エリザベス・ホールで亡命イラン人たちの喝采を浴びた［Naficy 2012: 211］。グーグーシュは二〇〇〇年よりロサンゼルスに移住して音楽活動を再開している。

また、二〇〇〇年代以降のロサンゼルスでテレビ出演やレコーディングを行うイラン人たちは、必ずしもロサンゼルスに在住していない。ワーナー社と契約してヨーロッパのメインストリームの市場で人気を博したスウェーデン育ちのアーラシュ（一九七七〜）や、ドイツ育ちのアフシーン（一九七八〜）などは、ヨーロッパに在住しながらロサンゼルスの衛星ＴＶ番組やイラン系レコード会社を活動の場としている。

複製技術や通信・交通手段の発達により、今やイランの「ポピュラー」音楽はテヘラン／ロサンゼルスという二項対立を脱し、世界中に居住するイラン人のネットワークを通じて流通している。イランから国外へと旅行する人々の楽しみの一つは、各地のイラン人コミュニティで行われるコンサートや、革命前のノスタルジーを感じることのできるレストランへ行くことである。モトレブの音楽と同じく、ロサンゼルス風音楽や地下ロックは、公共の場を倫理的に正しきものにしようとする国家やエリート音楽家の理念によって排除されてきた。こうした理念と、猥雑さが人々の息抜きには必要だという現実の間の駆け引きが、音楽の線引きを少しずつ変えていくことだろう。

◆注

（１）"Qamal-al-molouk Vaziri" *Encyclopaedia Iranica*.

（２）一八世紀ヨーロッパの音楽環境に関しては、ウィリアム・ウェーバー『音楽と中産階級──演奏会の社会史』法政大学出版局、一九八三年および渡辺裕『聴衆の誕生』春秋社、二〇〇四年を参照。

（３）イスラームの分派の一つであり、一般的にシーア派と呼ばれている。イランの他、イラクやバーレーンに多くの信徒が居住している。

（４）"Radio and Television Must Strengthen the Young" *Kayhan* 1 Mordad 1358（1979）, cited by Youssefzadeh（2000）.

◆参照文献

Aghamohseni, Keivan 2013 "Modernization of Iranian Music during the Reign of Reza Shah." Bianca Devos and Christoph Werner (eds.) *Culture and Cultural Politics under Reza Shah*. London: Routledge, pp.73-94.

Beeman, William O. 1982 *Culture, Performance and Communication in Iran*. Tokyo: ILCAA.

Breyley, Gay J. and Fatemi, Sasan 2015 *Iranian Music and Popular Entertainment: from Motrebi to Losanjelesi and Beyond*. London: Routledge.

Chehabi, Houchang E. 1999 "From Revolutionary Tasnīf to Patriotic Surūd: Music and Nation-Building in Pre-World War II Iran." *Iran*. 37: 143-154.

Chelkowski, Peter 1991 "Popular Entertainment, Media and Social Change in Twentyeth-Century Iran." Peter Avery et al. (eds.) *From Nadir Shah to the Islamic Republic*. Cambridge: Cambridge University Press, pp. 765-814.

During, Jean 2005 "Third Millemium Tehran: Music!" *Iranian Studies*. 38 (3) : 373-398.

Hemmasi, Farzaneh 2010 *Iranian Popular Music in Los Angeles: Mobilizing Media, Nation, and Politics*. Ph.D. dissertation, Colombia University.

Issari, M. Ali 1989 *Cinema in Iran, 1900-1979*. Metuchen: Scarecrow Press.

Naficy, Hamid 2012 *A Social History of Iranian Cinema*. Vol.3. Durham: Duke University Press.

Nooshin, Laudan 2008 "The Language of Rock: Iranian Youth, Popular Music, and National Identity." Mehdi Semati (ed.) *Media, Culture and Society in Iran*. Abingdon: Routledge, pp.69-98.

Shay, Anthony 2011 "Persian Popular Music from Bazm-e Qajariyyeh to Beverly Hills Garden Parties." Karin van Niewkerk（ed.）*Muslim Rap, Halal Soaps and Revolutionary Theater*. Austin: Univ. of Texas Press, pp. 61-87.

Sreberny-Mohammadi, Anabelle and Mohammadi, Ali 1994 *Small Media, Big Revolution*. Minneapolis: University of Minnesota Press.

Youssefzadeh, Ameneh 2000 "The Situation of Music in Iran since the Revolution: The Role of Official Organizations." *British Journal of Ethnomusicology*. 9-II: 35-61.

3 ベリーダンサーは何を表現しようとしているのか？
——舞踊における意味の深みへ

西尾　哲夫

1．フランス語を話すアラブ人村

「観光ですか？」と女性のフライトアテンダントが愛想のよい笑顔で訊ねてきた。搭乗中の飛行機がめざすのは南太平洋に浮かぶニューカレドニア島。特殊な生態系が残っていることもあり、世界中から観光客がやってくる。

「いいえ、そうじゃないんですよ。わたしはアラブ世界を研究していて、ニューカレドニアのアラブ人村を訪ねる予定なんです」と答えると、彼女は「えっ?」という表情になって一瞬会話がとぎれた。

オーストラリアの東にあるニューカレドニアは一八三五年にフランスの植民地（現在は海外領土）となったが、当初は流人の島だった。たまたま、この島にアラブ人村があることを知り、つてをたどりながら情報を探っていくと、なんと、勤務先の民族学博物館を訪問中だったジャン・ピエール・シオラ先生がアラブ人村の村長さんと知りあいだという。シオラ先生はニューカレドニア在住なのだ。アラブ人が暮らしているのは、ネサデューという名前の村で、ブーライユ市の郊外にあるらしい(1)。

シオラ先生の紹介で、アラブ人村出身のブーライユ市長さんに面会し、いろいろと話を聞きながら村中を案内してもらうことができた。アラブ人村とはいっても、村中でアラビア語を話せるのは一人の老人だけらしい。ほかの人たちの母語はアラビア語ではなくてフランス語なのだ。

村人たちの先祖はアルジェリアからやって来た。彼らはいわゆるアラブ遊牧民つまりベドウィンではなくてベルベル系の部族に属している。一八三〇年のフランスによるアルジェリア侵攻に端を発する反仏闘争に参加し、指導者モクラーニーのもとで戦ったが結局は捕えられてニューカレドニアに流された。

流刑者たちは全員が男だったから現地人の女性と結婚し、子どもたちも増えていったのだが家庭ではアラビア語を使えなかったため、アラビア語は次第に話されなくなったらしい。先述したように彼らはベルベル系なのだが、アラブを自称するようになった。これには、フランス本国ではアラブとしてひとまとめにされたこと、アルジェリア独立以降の故郷との関係、活発化していく原住民の主権拡大運動などいくつかの理由があったようだ。ただし自分たちの出自を公言するようになったのは、ごく最近のことだという。

村人たちはムスリムなのだがアラビア語を忘れてしまった今となっては、アラビア語のコーラン（クルアーン）ではなくてフランス語に訳されたものを使っている。最近、サウジアラビアの援助でモスクが建設され、アラビア語のコーランを教える教師も派遣されたそうだが、フランス語に訳されたコーランをずっと使用してきたという事実には驚いた。アラビア語を母語としない世界中のムスリムは、何とかしてアラビア語のコーランを覚えようと奮闘しているからだ。

故郷から遠く離れた場所に流されて周囲との関係を遮断された集団が信仰をまもっていくには、フランス語のコーランを使うより方策がなかったのかもしれない。これは、言語と民族性の関係が偶発的なものであることの証左ではないだろうか。また、父祖のことばを忘れてしまった集団が、民族的同一性を維持するための選択肢を示しているようにも思える。

ニューカレドニアではもうひとつ驚いたことがある。ここにはモロッコ出身のベリーダンサーがいて、ショービジネスとは別にアラブ人村の女性たちにベリーダンスを教えているらしい。村の人たちに訊ねてみると、娘たちにベリーダンスを習わせているのだそうだ。

これまでの見聞だと、アラブ世界の一般家庭では自分の娘にベリーダンスを習わせようとする親はまずいない。ところがニューカレドニアでは、ベリーダンスがアラブ的なもの、さらにはアラブ文化の伝統に近づくためのものとして受けとめられている。

アラビア語も話せない、アラブ文化もよく知らない、それでもアラブ人としてほかの民族集団とは違う文化伝統を持っていることを示さなくてはならない。この村では、そのための文化としてベリーダンスが生まれ変わっている最中なのだ。ここの女性たちは、ベリーダンスを踊ることはアラブ人であることのあかしであり、アラブ人の血をひいているからこそベリーダンスを次代に伝えられるのだと確信しているようだった。

2. 何のために踊るのか?

ピラミッドのすぐ近くにメナハウスオベロイという高級ホテルがある。宮殿として使われていたこともあり、調度品がとびきり豪華だ。部屋からピラミッドが見えるので観光客にも人気が高いが、庶民にはいささか敷居が高い。今日は国際ベリーダンスフェスティバルの会場となっている(2)。

フェスティバルと銘打ってはいるが、お祭りというよりはワークショップ大会だ。ベリーダンスのプロやアマチュアが世界中から集まってきて、有名なダンサーやコーチからレッスンを受ける。ベリーダンスをはじめて一年たらずの人もいれば、ショービジネスとして踊っている人もいる。ヨーロッパ各国をはじめアメリカ、ブラジル、シンガポール、香港、台湾、日本からの参加者で会場がうめつくされる。

これほど多くの女性が世界中からつめかけてくるのに驚いたと同時に、彼女たちにとってベリーダンスとは何なのだろうという疑問が膨らんできた。

エジプト社会、そしてイスラーム社会にとってベリーダンスとは何なのだろう。そしてベリーダンサーたちは何のために、誰のために踊るのだろう。会場に集った女性たちにインタビューしてみた。

もうすぐ休憩時間が終わり、カイロでもトップクラスの人気ダンサー、ダンダシュさんが講師を務めるレッスンがはじまろうとしている。

「まず、名前と出身をおしえてください」

「どうしてベリーダンスをならうことにしたのですか?」

「レッスンを受けるようになってどれくらいですか?」など、最初はあたりさわりのないことから訊きはじめて、このフェスティバルのことをどう思うか、ベリーダンスのどこが楽しいか、ベリーダンスをするようになって何か変わったことがあったか、エロチックだという見方もあるが男性の視線をどのように感じるか、といった踏みこんだ質問に移っていく。

英語かアラビア語で質問するのだが、突然、日本語が返ってきた。答えてくれた女性はレバノン出身で今は東京の法律事務所ではたらいているという。

「踊るのが好きだからですか?」

「それもあるわね。でも、アラブ人としてベリーダンスを学ぶことはアラブ文化に触れることなのよ」

「ベリーダンスは世界中の人たちが踊っているけれど、本当のベリーダンスはアラブ人にしかわからないという意見もある。そのことはどう思いますか?」

彼女がわからないような顔をしたので、同じ質問を英語でくりかえした。すると、はじけたような笑顔になって英語でこう答えてくれた。

「わたしはそうは思わない。わたしにとってはアラブ文化につながるものだけど、ベリーダンスは世界中の女性が楽しむダンスでしょう。いろいろな楽しみ方があっていいと思うわ」

3. 欧米化と逆輸入

中東で発生し、世界的な人気を得たベリーダンス（腹を使ったダンス）はアラビア語ではラクス・シャルキー（東方のダンス）と呼ばれているが、東方から伝わったというわけではないらしい。このダンスはガワージー（ジプシー）との関連が指摘されているが、詳しいことはよくわかっていない。

近代以前の都市部では、専属の楽団を連れた踊り手が結婚式などをはじめとする集まりでダンスを披露していた。アラビアンナイト（千一夜）や、一九世紀のヨーロッパ人旅行者の記録には、楽団つきで踊り手を招き陽気に楽しむ場面がよく登場する。また、遊牧民のあいだでも女性の通過儀礼に関連したダンスが母から娘へと伝えられていたらしい。

祭礼などで踊られていたこのようなダンスが一般のエジプト人のあいだに広まっていくと、女性専用の部屋（ハーレム）でも踊られるようになった。やがてトルコやほかのアラブ地域にも伝わり、オスマン帝国の時代になると宮廷舞踊として独自の発展を遂げる一方、庶民の生活にもとけこんでいったとされている。

一九世紀になってヨーロッパ列強による植民地化が進むと、限定的な場所で楽しまれていたダンスが西洋社会と深くかかわるようになり、西洋人が求めるオリエントのイメージにあわせながら徐々に変形を遂げていった。シカゴで開催された万国博覧会（一八九三）では、中東から来たダンサーらによるエジプト・ダンスが大評判となった。

このときのダンスがきっかけとなり、「模倣された東方風のダンス」が巡業などによって欧米世界に広まっていくと、チャールストンやシミーなどの新しいダンススタイルをうみだす原動力ともなった一方で、大衆娯楽産業による恣意《しい》的な変形が加えられてステレオタイプ的な東方イメージの定着を助長することともなった。女スパイとして有名なマタ・ハリが演じたのもこのようなダンスだった。

このような「模倣された東方風ダンス」はハリウッドの大作映画にも登場し、中東にも逆輸入された。現代のベリーダンスは、ハリウッド映画から多大な影響を受けている。ビキニ・スタイルの露出過多な衣装はその代表的なものといえるだろう。

実践の場が多様化していくと、文化の本質あるいは舞踊の商品化などをめぐるさまざまな問題が生じてくるが、新たな機会を得たことによって踊り手や鑑賞者が従来とは異なるアイデンティティーを発見することもある。

カイロで開催されるベリーダンスフェスティバルにしても、世界各国から集った参加者たちがそれぞれの文化的アイデンティティー、あるいは個別の文化を超えた「女性であること（女性性）」に目を向けるきっかけを提供しているのだろう。

4. インタビューをとおして見えてきたこと

これまでに数百人のベリーダンサーにインタビューをしてきた。どの人も率直に質問に答えてくれた。プロだろうがアマチュアだろうが、誰もがみなカメラを前にしても動じずに自分の考えを自分のことばで一所懸命に語りだそうとする。時間をかけてインタビューしたプロのダンサーの中には、この人はどんな人生を送ってきたのだろうと思わせる凄《すご》みを感じさせる人もいた。

彼女たちとのインタビュー経験を通じて、問題の焦点が徐々に絞られていった。なぜベリーダンスは世界に広がっているのかという素朴な疑問にはじまり、グローバル化によって女性的な部分や民族性はどのように変容したのか、現在のアラブ世界でのベリーダンスはどのような位置づけになっているのかといった点へと関心が深まっていった。そこで彼女たちが語りだす言説の中からこれらの問題を解明し、民族誌的なドキュメンタリー映画として記録することにした。

フェスティバルに参加していたプロのベリーダンサーに連絡をとり、彼女たちの出身地ではベリーダンスがどういう状況にあるのかを取材した。フランス、デンマーク、シンガポールでレッスンスクールや舞台を撮影し、レッスンに来ている女性たちにも次々とインタビューしていった。

デンマークのアンナ・サープさんはいろいろな音楽とコラボしてベリーダンスの音楽としての可能性を求めていた。シンガポールではクラリベルさんを通じて数人のベリーダンサーを紹介してもらい、香港や台湾の教室を取材した。

シンガポールのフィオナさんの教室に行ったときのことだ。ここの教室には、教育熱心な中流家庭出身の女性が多い。美人教師のフィオナさんに「とてもエロチックなダンスだと思うのですが、踊るときは男性の目を意識しますか？」と訊いてみた。

「エロチックに見えるのはあなたがそう見るからであって、わたしは女性の身体を使ってこのダンスを表現しているだけなの」とフィオナさんが答える。説得力のある答えに納得しながら、「フィオナ先生のダンスを撮らせてください」とお願いしてみた。

彼女は困ったような表情を見せた。「シンガポールではベリーダンスを踊るようなホールやレストランはないんです」と言う。この国ではベリーダンスはショービジネスになっておらず、エクササイズのひとつと思われているらしい。そこで取材に同行していた同僚の助言にしたがって宿泊先ホテルの支配人に話をもちかけると、映像のクレジットにホテル名を入れることでオーケーが出た。

こうして昼間にバーの一室を借りて、フィオナさんのダンスを撮影することになった。彼女に確認すると、いつもＣＤの音楽で踊っているから楽団はいらないという。エジプトのトップダンサーが舞台の雰囲気や客層にあわせて歌や音楽を選び、客との即興的なかけあいをとおしてパフォーマンスを組み立てていくのとは対照的だ。

デンマークでの例のように演奏家と即興的にコラボしたり、タブラ（太鼓）の音にあわせたりしてダンスを組み立てていくダンサーもいる。しかしほとんどのダンサーや生徒は、ＣＤを聞きながらダンスの型を覚えていくのだ。きまったパターンを組みあわせて一曲のダンスをしあげていくところが、ダンサーや教師の腕のみせどころになる。

韓国でベリーダンスが盛んな理由のひとつは、韓国の伝統舞踊の手の動きと類似性があり、はいっていきやすいからだという。ダンサーの中には伝統舞踊を身につけた人たちが多く、CDの音楽にあわせながらも韓国風の扇を使ってみるなど、細かいところで創意工夫している。香港であったウイグル出身のベリーダンサーも同じようなことを言っていた。彼女はウイグルでは自由な音楽活動ができないから、香港にあるウイグル料理のレストランで踊っているのだという。

5. ベリーダンスとは何だろう？

では、ベリーダンスをベリーダンスたらしめているものは何なのだろう。どこまで変わってしまえばベリーダンスでなくなるのだろう。そのダンスがベリーダンスとして認められる最小限のものとは何なのだろう。

カイロのフェスティバルを主催し、ベリーダンスをエジプトあるいはアラブの伝統文化としてみなおそうとしているラキア・ハサンさんはこう言った。「ベリーダンスはエジプト人のこころなのです」

フィオナさんのダンスを見ながらそんなことを考えていると、ベリーダンス取材にいつも同行しているカメラマンが唐突に声をかけてきた。「フィオナさんのダンスはデンマークのアンナさんとそっくりですよね」映像の編集作業で二人のダンスをみなおしてみると、彼が言うとおりだった。

日本でもベリーダンスは盛んになっており、『ベリーダンス・ジャパン』という専門の雑誌も発行されている。その雑誌を見ると毎月のようにどこかで発表会があり、エジプトなどから有名ダンサーが呼ばれてはレッスンやダンスショーで活躍している。

『ベリーダンス・ジャパン』の編集者から話を聞いたことがある。編集者によると、日本ではたしかに盛況だが、一流ダンサーが踊れる場所は少ない。観客もベリーダンスの楽しみ方に慣れていないなどの事情があり、芸術としてのレベルにはまだ手が届かない状況なのだという。シンガポールでは日本以上に、エクサイズとしてのベリーダンスが純粋培養されており、フィオナさんのダンスの型がお手本に近づいていっているのかもしれない。

フィオナさんについては、もうひとつおもしろいエピソードがある。くだんのカメラマンに今まで撮った中で誰が一番エロチックだったかと訊いたとき、彼はすぐにフィオナさんの名を挙げた。無心に自らの女性性に回帰しようとするダンサーの肉体には、純粋な意味での官能美が降臨するのだろう。わたしも彼に同意した。

ラキアさんがいう「ベリーダンスはエジプト人のこころ」ということばには、二つの社会的なメッセージがこめられている。欧米による植民地支配のもとで、アラブあるいはエジプト文化の象徴として欧米に紹介されたベリーダンスは大きな質的変化を遂げ、中東世界に逆輸入された。欧米で高く評価されたものを自分たちの伝統文化として再評価しなければならない状況で彼女がめざしたのは、ベリーダンスの発信地としてのエジプトでフェスティバルを開催し、ある種の家元制度を再構築することだった。

もうひとつのメッセージは、エジプト社会に向けたものだ。イスラームでは、歌舞音曲は信仰のさまたげになるとして禁止あるいは存在悪とみなされてきた。民衆文化や芸能は低い評価しか受けてこなかったし、女性が顔や肌を他人に見せるのをタブーとする女性観のもとではベリーダンサーはとんでもない存在なのだ。ベリーダンサーには、メッカ巡礼をさせてはならないと公言するイスラーム法学者までいる。

しかしながらベリーダンスは、エジプトの国内総生産の三分の一を占める観光産業にあって、ピラミッドにつぐ外貨を獲得している。このため、一流ホテルやレストランで踊ってもよいのは外国人ダンサーではなくてエジプト人ダンサーのみと定められていた時期もあった。だが「アラブの春」といわれる民主化運動以降、民主化どころかサラフィー主義と呼ばれる新しいイスラームへのより過激な回帰現象が顕著になっている現在、ラキアさんの意図、つまりベリーダンスの社会的地位確立はきわめて困難な状況にある。

グローバルな展開の中心にエジプト人を置くというラキアさんのもくろみは、ベリーダンスの存在について二律背反的な問いを発している。ベリーダンスを踊れるのはアラブ人あるいはエジプト人だけなのだろうか？　ベリーダンスがベリーダンスであるための最小限の条件とはアラブ的特質に求められるべきなのか？いやそうではなくダンスを極めることにあるのだろうか？

ベリーダンスがグローバル化したのは、欧米でアラブ的なものやエジプト的なものが流行したからだけではない。運動が好き、音楽が好き、官能的だから、みんなといっしょに踊れるから、体型を気にせずにできるから、何歳になっても続けられるからというぐあいにベリーダンスをはじめる動機はさまざまだし、パリで教室を開いているカメリアさんによると、八十歳近いおばあさんから六歳の少女まではば広い年齢層の生徒がいるそうだ。これは、台北《たいぺい》の教室でも同じだった。

彼女たちは、ベリーダンスによって思う存分自分を表現できる、女としての自分のからだが好きになれる、ベリーダンスを踊ると自然にからだが笑い、自分が女であることを再確認できるというような答えを返してくれた。

グローバル化によってベリーダンスが獲得している役目は、エジプトの民俗社会で伝えられてきた踊りの社会的役割でもあったようだ。その意味では、グローバル化によってベリーダンスが先祖帰りしているともいえる。女性のからだとこころのバランスを維持する効果があるからこそ、世界中の女性に受けいれられて広まっていったのだろう。

こうして、ベリーダンスとそのグローバル化をめぐるさまざまな疑問は、ベリーダンサーが何を表現しているのかという問題に収斂《しゅうれん》していく。女性としての身体性にかかわるものなのだろうか、それともアラブ的なダンスのエッセンスにかかわるものなのだろうか。それを解くためにはベリーダンスやダンスの研究という枠を越え、人間の文化にとって音楽表現と身体はどのようにかかわっているのかという新たな視点が必要になる。

6. カメリアさんの波乱万丈伝――ダンスの「魂」とは？

「アン・ドゥ・トロワ、アン・ドゥ・トロワ」。パリの女子高生たちが発表会を前に最後のレッスンを受けている。ここはパリ十四区。アラビア語の歌詞の曲にあわせて数人のグループが前後左右に移動している。カメリアさんの教え子たちだ。

今までにあった中でもっとも印象深いベリーダンサーはと訊かれれば、迷うことなくカメリアさんの名を挙げるだろう。パリ郊外の町でレッスンがあるというので、駅のホームで待ちあわせることにした。ところが、列車の出発時刻が迫っているのに、ベリーダンサー風の女性はいっこうに姿を見せない。と、長い黒髪をした東洋人風の女性が手を振りながらこちらにやってくる。でも、着ているものはジャージのスポーツウェアだ。失礼を承知で書けば、大阪のオバチャンがふだん着で近所の買い物にでたといった感じなのだ。

列車の座席で話を聞くうちに第一印象はふきとんだ。まさに波乱万丈伝だ。カメリアさんは在日韓国人として生まれ、日本社会の息苦しさから逃れるようにパリにやってきた。天性の素質を生かし、タブラ奏者として彼女を支えてきたエジプト人の夫にもめぐまれ、ベリーダンサーとして生きてきた。

彼女の自宅で半生を語ってもらい、映像作品を作成した。その中に、印象深いことばがあった。

「モロッコの王様の前で踊ったこともあるけれど、今は韓国的な要素もとりいれながら自分のダンスを極めようとしている。ベリーダンスはアラブ人とかエジプト人にしか踊れないという意見には賛成できないけれど、アラビア語の歌の意味をちゃんと理解しないといけないわね。だからレッスンでもアラビア語の歌詞の意味を説明するの。それともうひとつ大事なのは曲のリズムね。タブラでリズムをとる練習を教え子にもさせるし、自分でもタブラ奏者について習っているのよ」

別のタブラ奏者からも「アラブ圏以外の人は音楽を聞かずにベリーダンスだけを踊ろうとする人が多い。ダンスに魂をこめるにはアラブの音楽を理解していないとだめ」と聞かされた。

「演歌は日本人のこころ」「ジャズはアフリカ系アメリカ人（黒人）のソウル（魂）」ということばを聞く機会は多い。特定の人間集団と音楽（歌）とのわかちがたい関係を示すレトリックなのだとしても、このようなレトリックをうみだすメカニズム、あるいはそのレトリックが表象する音楽さらに言えば歌としてのことばと人間の関係を明らかにすることが、ベリーダンスをめぐる一連の問題を解く鍵になるはずだ。

7. 文字資料と口承の関係

調査で海外にいったときに探して買うものがある。笛だ。笛といっても、ひとつの音しかでないホイッスルのようなものだ。ロンドンやパリでは、骨董《こっとう》屋やのみの市で探すこともある。ロンドンの地下鉄で使われていた古い笛や、パリ警視庁のおまわりさんの笛などはこうして手にいれた。

こういう笛には合図や警告など、何らかの社会的役割がある。ポルトガルのコルンのように家畜の放牧のために吹くものもあるし、人間の赤ちゃんをあやすための笛もある。いずれの場合も、もとは人間が声によって合図したり警告したりしていたのだが、笛を代用にするようになったものだ。

シナイ半島南部に暮らす遊牧民の女性たちも、シャッバーバと呼ばれる縦笛を使って家畜を追う。笛の音色のパターンは、各部族や支族、家族ごとに微妙に異なっている。笛の奏法は母から娘へと伝えられてきたのだが、近代の民族誌を参照すると女性が家畜飼養にかかわるようになったのは、貨幣経済の浸透にともなって男たちが賃金労働に従事するようになってからのことらしい。つまり、彼女たちがシャッバーバの奏法を伝えていくのは、自分が特定の共同体の一員であることを示すと同時に、家畜飼養の仕事から男をしめだすためとも考えられるし、社会的役割の変化に対応して新たな伝統が創られているともみなせるだろう。

このように笛にはさまざまな社会的役割がある。笛の社会的役割について考えようとする場合、音文化《おんぶんか》という視点が有用になるだろう。人間は声による言語以外にも、身体、道具、楽器などによっていろいろな音を出しながら、その音を聞く人に何かを伝達している。音楽も含めて人間と音の関係を文化という側面から考える視点が音文化だ。

音文化という概念を日本で最初に提唱した文化人類学者の川田順造氏は、アフリカの無文字社会を研究するうちに太鼓ことばというコミュニケーション手段にであい、音文化という考えにいたったそうだ。音文化の視点から、ベリーダンスと歌の関係にかかわる問題をとらえ直せるかもしれない。

ちょうどそのころ、音文化や口承文化をめぐるいくつかの共同研究に参加する機会があり、さまざまな分野の研究者との交流を通じて有益な示唆を得ることができた。特に瀬戸内海の漁民についての川島秀一氏の調査報告は興味深かった。

瀬戸内海の家船《えぶね》漁師が大切に伝えてきた文書の中に「浮鯛抄《うきたいしょう》」と呼ばれる一種の職人巻物がある。この巻物は、漁業権を持たない家船漁師たちが漁をするための許可証として機能していた。

瀬戸内海には産卵のために鯛の群れが集まってくる場所があるのだが、海底の地形によって浮き袋の調節ができなくなり、一時的に海面に浮いてくる現象があった（現在は埋め立て工事の影響により、このような現象は見られなくなった）。これを「浮鯛」と呼び、古くは日本書紀にも記載がある。「浮鯛抄」には浮鯛をめぐる故事来歴が記されているが、特定の貴人や名のある武将が家船漁師による漁業権を認めたということは書かれていない。ところが、地元の口承である貴種流離譚《きしゅりゅうりたん》をまぎれこませる形で権威づけがおこなわれ、家船漁師の集団が漁業権の認可状として利用するようになった。やがて時代が新しくなると、文書の内容が拡大解釈されて新しい状況にも適応されるようになった。

現代人は文字資料のみを重視する傾向があるが、この「浮鯛抄」の事例をとおして文字資料と口承がからみあいながら機能していたということを知り、目からうろこが落ちた気がした。

音文化や口承文化をめぐる共同研究会では、聖典コーランについて音文化の視点から考察した。コーランは書かれた文献として伝えられながらも、実際には声に出して朗誦《ろうしょう》することの方に重きが置かれている。

初めてコーランの朗誦を聞いたときのことだ。ニューヨークの同時多発テロ事件の翌年、庶民生活の映像取材のためにカイロを訪れた。前年の事件のこともあり、イスラーム世界の広報活動が重視されていたせいかもしれないが、普通は撮影がむずかしいモスク内でも撮影許可がおりた。

観光名所ハーンハリーリー広場の近くにあるフセインモスクには、殉教者として名高いフセインを崇敬するための廟《びょう》がある。この廟には、心身の病気平癒を願って多くの女性たちが訪れる。緑の布でおおわれた廟の隣の壁ぎわに一人の老人がすわっていた。どうやら目が見えないらしい。老人の前には小さな金属製の椀が置いてある。一人の女性が老人の耳もとで何事かをささやきながら椀に小銭を入れると、老人はおもむろにコーランの一節を唱えはじめた。

一瞬、彼のまわりの空間だけ時がとまったように感じた。歌うように抑揚をつけて朗誦する彼の声は、神になりかわって真実のことばを発しているようだった。朗々とした声が圧倒的な存在感で空間を貫いていく。これは歌ではないのだろうか。

イスラームでは信仰のさまたげになるものとして歌舞音曲がタブー視されている。だがコーランの音楽性をどう考えればいいのだろう？　ここで逆の発想をしてみた。コーラン朗誦を歌の一種だと考え、ことばの音によるコミュニケーションと連動するような音文化の中に置いてみたらどういう構造が見えてくるだろう？

8. 音楽が持つ二面性

言語学や認知科学など最新の知見によれば、人間の言語の中で音韻論はほかの統語論などの部門から比較的独立した部門として人間の意識的認知システムの外にある。つまり言語音とは個々の人間の意識の外にある自律的体系をもつ閉じたセットであり、外界の雑多な音の中から有意義な音として弁別されなければならない。

非言語音は機能的音声と非機能的ノイズに分けられる。機能的非言語音のセットは開かれており、個々の人間の日常的体験や状況に応じて変化する社会的規制が高い音文化の一部である。つまり言語学的視点にたてば、音文化とは文化資源として活用される言語音以外の音であり、ここでいう機能的非言語音の人間による利用と言いかえられる。

人間は言語音の体系を言語能力として脳内化させ、非言語音を言語音として併用したり、別の体系として文化的に活用している。つまり文字言語テキストとは文字という視覚パターンによって書くことであり、歌とは言語以外の音声パターンによって音声言語テキストを書くことなのだ。

歌にはもうひとつ重要な特徴がある。通常の会話における情報交換とは異なり、発話者（歌い手）が聞き手なり聴衆に与える情報量はゼロであり[3]、歌詞テキストの内容が真理かそうでないかに関する態度は表明されない。その意味で聞き手の全員が内容に通じている歌詞とは、真理値を超越した言説として表象されるテキストだといえる。

歌の本来的な機能とは、メロディーやリズムといった機能的非言語音によって音声言語テキストを記録することであり、非日常的真理を語ることである。また音によって言語を記録して集団で共有し、日常を越えたところにある普遍的な真実を言説として記憶するのが歌であるとすれば、歌を共有することはすなわちひとつの共同体を形成することにほかならない。

歌や楽曲をともなう多くの宗教儀礼では、音楽自体に情報交換の機能はなく、音楽がおこなわれることだけに意味がある場合が多い。儀礼テキストの真の意味はテキストの音楽性と身体性に還元されることになる。儀礼の音楽はことばの有無にかかわらず、音楽本来の機能である集団維持機能だけを担い、儀礼での身体行為や物理的空間が、儀礼というテキストの形式と意味を担うようになる。

このような儀礼的音声言語としてのコーランは、文字による聖典としてテキストを固定し、特権的知識階級（ウラマー）に解釈をめぐる知識的伝統を限定したため、音声言語テキストのもつ本来の伝承性と集団維持機能を保持することができた。また、イスラーム世界共通のアラビア語で文字テキスト化されたため、歌詞のない楽曲と同じように言語と民族の違いを超えてテキストを共有する集団を拡大できた。さらにサジュウ体という独特の形式で記憶され詠まれることにより、歌詞のある歌と同じようにテキストを共有する集団をイスラーム共同体（ウンマ）の名のもとに統一することができた。

このように考えると、イスラームが音楽を禁止あるいは制限した理由が見えてくる。文字テキストとしてのコーランがもつ特徴は、「イスラームのこころ」としてのコーラン、つまりコーランの本当の意味は真のムスリムにしか理解できないという排他的な思想をうみだす原動力となっている。そしてそれとともに、宗教儀礼としてのコーランがイスラーム共同体を統一しているメカニズムは、音楽が潜在的に有する排他的集団維持機能が原動力となっている。

儀礼的音声言語としての歌が歌詞によって意味づけをされるように、身体を使った儀礼では身体行為による意味づけがおこなわれていると考えるならば、ベリーダンスと歌（音楽）の関係が見えてくる。ダンスのそれぞれの動きやパターンが歌の意味として対応しているからだ。ただしそれは、歌詞中の単語の意味を分析し、通常の言語テキストとして理解することではない。単語の意味は踊ることによってのみ伝承され、解釈が共有されるからだ。

このように音文化という視点にたつことによって、コーランとベリーダンスという両極端とも思える二つのものが、同じ構造でつながっていることがわかった。

「ベリーダンサーは誰のために、何のために踊るのだろう？」という疑問の帰着点は、次のようなことばになるだろう。ベリーダンスは身体性に回収されることで一方の極では排他的秘儀性をもち、もう一方の極では普遍的女性性をもつことになった。ベリーダンスは中東の民俗舞踊として地域文化理解への扉ともなり、地域性を越えて普遍的女性性に回帰する舞踊としても世界中の女性たちに受容されていくのだろう。

◆注

（1）ニューカレドニアのアラブ人村については、調査に同行した堀内正樹氏の論考を参照されたい。［堀内正樹　二〇一二］

（2）［西尾　二〇一〇］を参照。また同フェスティバルの映像記録については、西尾哲夫監修『伝統をつなぐ中東世界』（みんぱく映像民族誌　第1集）が詳しい。

（3）歌のもつ情報量に関する理論的な考察ならびにアラブの音文化としてコーランの社会的機能についての具体的な分析については、［西尾　二〇〇九］において詳細な議論をおこなった。

◆参照文献

西尾哲夫　二〇〇九「『コーラン（クルアーン）』とイスラム共同体（ウンマ）――儀礼的音声言語の社会的機能に関する言語情報学的考察」笹原亮二編『口頭伝承と文字文化――文字の民俗学　声の歴史学』思文閣出版、三五七～三七九頁。
西尾哲夫　二〇一〇「ベリーダンスを踊ると体が笑う――アラブから世界へ」西尾哲夫・堀内正樹・水野信男編『アラブの音文化――グローバル・コミュニケーションへのいざない』スタイルノート、一九八～二一三頁。
堀内正樹　二〇一二「開かれた『民族』――ニューカレドニアのアラブ人村」『成蹊大学文学部紀要』第四十七号、九五～一一五頁。

Ⅱ

伝統を継ぐ

――共鳴する個性――

4 サントゥール演奏の新しい身体性
――「楽器盤面の地政学」へ向けて

谷 正人

1. はじめに

音楽学の分野において、身体性をめぐる問題群が議論の俎上《そじょう》に載せられることが増えて久しい。例えば二〇〇三年出版の『ピアノを弾く身体』はその分野において示唆に富む論考を多く含む優れた研究のひとつである。論者のひとり大久保賢は「手のドラマ――ショパン作品を弾いて体験する」と題した論文で、ショパン作品の特徴を「スリリングな左手」「伸縮する手」「鍵盤にまとわりつく手」といった観点から分析し、楽譜や鳴り響きのみの音楽ではない「演奏することによって感得された音楽のありよう（＝生の体験）」［大久保　二〇〇三：一六五］を記述することで、従来の楽曲分析ではすくい取ることができない部分に光をあてることに成功した。こうした演奏中の身体経験の記述には、別の論者の伊東信宏も述べるように、それらを可能にする適切な語彙《ごい》の開発や文体の確立が必要だが［伊東　二〇〇三：一三四］、それによって研究者は音楽実践の現場をより直接的な研究対象とすることができるはずである。

このような問題意識のもと、筆者は現在イラン伝統音楽を対象に、専門楽器を異にする様々な演奏家たち――アーヴァーズ（声楽）から、トンバク、タール（およびセタール）、サントゥール、ネイ、キャマンチェ、ウードなどの様々な器楽奏者たち――が、イラン音楽という共通の土台を経験しつつも、どのように互いに異なった身体感覚をもちながら音楽を営んでいるのかを研究している。そのことについての研究成果は別稿に譲るとして、本論で着目したいのは、ある同一の楽器のなかでも、音楽家によってどれほど異なる身体性が存在するかについてである。本稿ではサントゥール(1)という楽器を題材に、まずその一般的な身体性について言及したのち、従来とは異なる新しい身体性について、アルダヴァーン・カームカール（以下アルダヴァーン氏とする）(2)というサントゥール奏者のレッスンへの参与観察をもとに記述する。そのことによって楽器構造とそれを奏でる演奏者の身体との関係性について考察したい。

2. サントゥール演奏の一般的な身体性

まず考えておきたいのは、サントゥール奏法における「（左右の）撥《ばち》使い」の重要性である。いうまでもないことだが、例えばある曲をピアノで弾こうとするときに、どのような指使いでそれを弾くのかは非常に大きな問題である。作曲者や楽譜校訂者の指示をどう考慮するのか、すなわちそれを絶対的な指示とするのか、あるいは積極的に無視するのか――いずれにせよ、出来上がる音楽は聴く人間にとっても弾く人間にとっても大きく変わる。その意味で指使いの選択はまさしく音楽の解釈そのものに関する問題であろう。同様に、二本の撥で打弦するサントゥール演奏にとって、どの音に左右どちらの撥を配置するのかという問題も、音楽性の問題と連結すると同時に、後述するように技巧性とも密接に関連する問題である。ここでは基本的知識として、きわめてシンプルなメロディ、例えばソラシドレミファという単純な上昇音階が、通常どのようにサントゥール奏者に認識されるのかという事例を考えてみよう。

この音列をサントゥールで弾こうとする場合、奏者の身体感覚では、まず何よりも意識されるのは、**写真1と図1**に示されている通り、楽器構造によって分断されているミとファをいかにスムーズに弾くかという問題である（通常の演奏では、奏者は一番奥のファを演奏せず手前から二番目のファを選択する。従って分断はミとファとの間――⑧・⑪間および⑰・⑳間――に存在することとなる）。

写真1　サントゥール上面からの写真

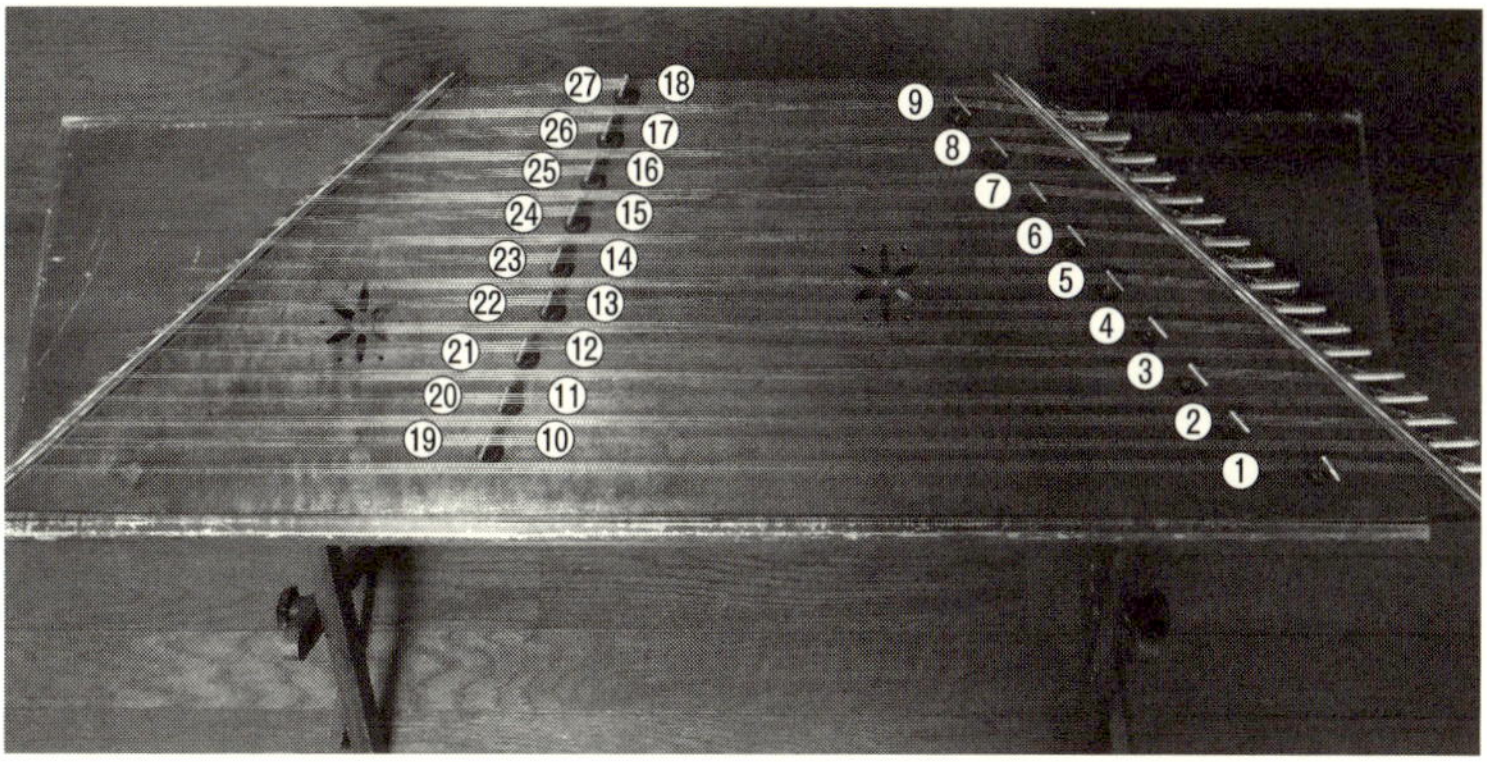

図1　サントゥールの弦の図［Pāyvar 1961:10］

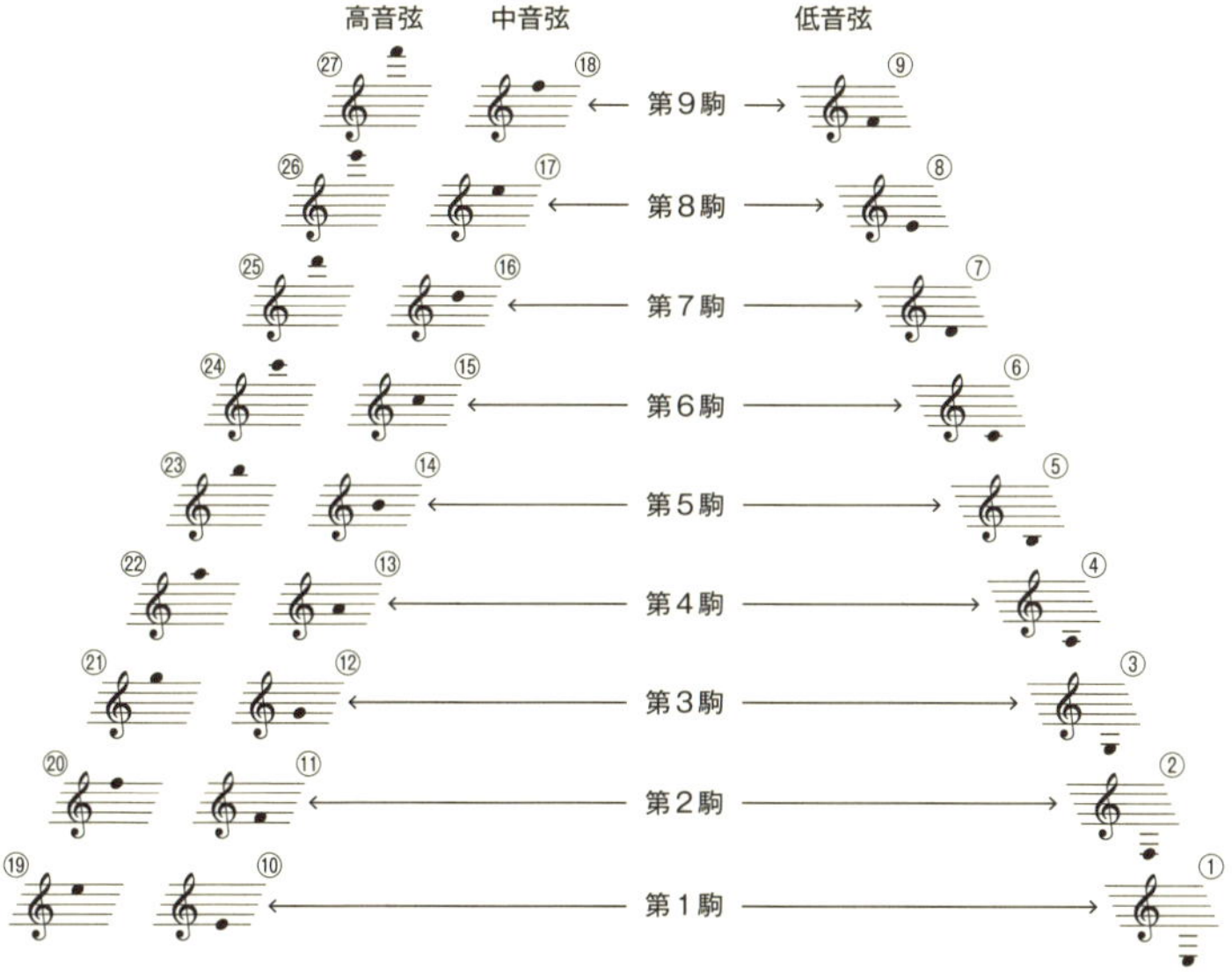

譜例1　Dastūr-e Santūr からの練習曲［Pāyvar 1961:18］

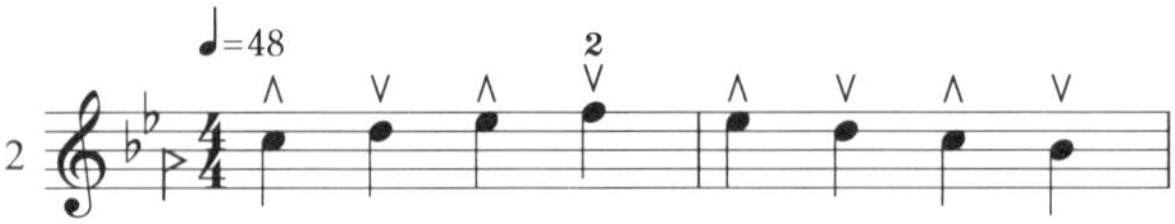

譜例2　レとミに右手を連続配置するアルダヴァーン氏の撥使い

このように、サントゥール奏者にとって避けることができず、サントゥール固有の技術的課題（楽器構造によって奏者に強制される課題）となるのは、まずもってこの「ミ・ファ間の分断」問題である。そしてこの技術的課題の克服のために、初歩的教本では通常、その課題に対応した練習曲が用意されている（**譜例1**）。

この練習曲での撥使いの指示をみると、「ドレミファを右左右左」で弾くよう指示されている（通常は左手のみを∨の記号で指示。無印あるいは∧は右手の指示）。これをサントゥールの盤面上の数字に置き換えると、⑮⑯⑰⑳となる。これは左右の手の配置から考えるとごく自然な撥使い――盤面上でより右側に位置するミを右手で打弦し、より左側に位置するファを左手で打弦――であるといえる。またこの撥使いは、筆者のこれまでのイランにおける経験のなかでも決して覆されることがなかった、サントゥール奏法の基本中の基本である。しかし、アルダヴァーン氏のレッスンでは、こうした従来のものとは異なる撥使いが指導されている。それはドレミファを左右右左という撥使いで演奏する方法である（**譜例2**）。

ここで特徴的なのはミのみならず、直前のレも右手で打弦する――結果としてレとミを連続して右手で打弦するという奏法である。更にこの撥使いには、そもそもフレーズを左手から開始するという特殊性も存在している。

それではアルダヴァーン氏によるこの撥使いのメリットとは一体何だろうか。既に述べた通り、ミ・ファ間のみが隣り合わないサントゥールでは、ミ・ファ間を他の音間と同等に、遅延させることなく演奏しなければならない。ここで遅延が生じる大きな原因は、従来の撥使いではレからファへの左手の移動の遅れによるものが多いのだが、実は氏によるこの撥使いは、ファを演奏する左手に早い段階から余裕を与えるためのものなのである。そのため、従来左手で弾いていたレをも右手で弾くという方策をとっているのである。実際に試してみると、レとミの右手による連打は、利き手（右手を利き手と仮定した場合）ということもあって思ったほど負担ではなく、むしろそれよりも左手に早い段階から余裕を与えるというメリットの方がはるかに大きかった。そしてこのメリットは、速いパッセージほどその効果が大きい。アルダヴァーン氏の演奏の特徴は一般的に、まず以てその正確無比な超絶技巧にあるとされるが、その秘密の一端は紛れもなくこうした撥使いにあることがわかる。そしてこの技巧性追求の背景には、撥使いの合理性への徹底的な追求が見られる。

3. 重音時の撥配置

その合理性がより端的に表れるのが、次の譜例のような重音を弾く際の撥使いである。

これまでの撥使いでは、譜例3の通り、より高い音域の音を左手、低い音域を右手で演奏するというのが常識だった。それはまずもって、既に述べたような構造上の制約——すなわち、その重音が、前述の「分断されたミとファ」を挟むものである場合、ミより低い音は盤面上でより右側に位置するため右手で打弦するしかなく、またファ以上の音高は左側に位置するため左手で打弦するしかない——をサントゥールが抱えているためである。そしてそのルールは、他の「分断されたミとファ」を挟まない重音に対しても（つまり左右の手をどのように配置しても不都合が生じない重音であっても）適用され、結果重音の撥使いは低音が右手、高音が左手という原則となっていたのである。

譜例3

しかしアルダヴァーン氏の撥使いはそれとはまった異なった原理に基づいている。それは音高ではなく、

サントゥールの盤面上でより奏者から遠いポジションにある音を右手で、奏者に近い手前のポジションにある音を左手で弾くというものである。ここでの原理の契機となる事態は、従来の奏法と同様、「『分断されたミとファ』を挟む重音の場合、ミより低い音は盤面上でより右側に位置するため右手で打弦するしかなく、またファ以上の音高は左側に位置するため左手で打弦するしかない」というものである。しかし氏の撥使いでは、この事態を奏者からの物理的な距離という点から解釈し、その原理を他の重音にも応用する。すると、確かに以下のようなメリットが生じる。

譜例4は連続する二つの重音であるが、これを従来の奏法で弾こうとすると、**譜例**5のようになり、両手共に移動させる必要が生じてくる。（**譜例**5のレは、最初の四分音符では左手で、後の四分音符では右手になる）

しかしアルダヴァーン氏の撥使いを適用すると、**譜例**6のように右手はレに固定したまま左手のみを移動すればよくなる。つまりこの撥使いは、奏者にとってなるべく手の移動を少なく済ませることができる合理的な撥使いなのである。

譜例4

譜例5

従来の奏法

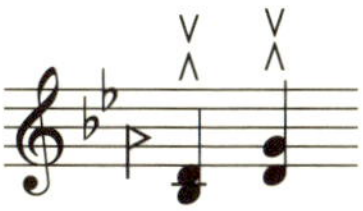

譜例6

アルダヴァーン氏の撥使いを適用

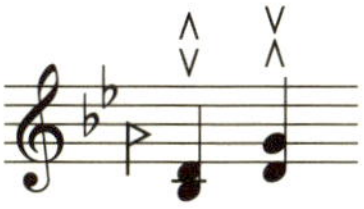

またこの撥使いにはもう一点、演奏上のメリットがある。既に図あるいは写真で示した通り、サントゥールのボディは台形の形をしており、そのためおおよそ三オクターブある音域のうち、奏者の左側に位置する高音部の打弦可能領域は、かなりいびつな形をしている。（写真2参照）ここで、サントゥールの打弦可能領域について説明しよう。

サントゥールの弦には、低音域を担当する弦と、中音域および高音域を担当する弦の二種類が存在する。これらの弦は、サントゥールを真上から見ると互い違いに配置されているため混在しているように見えるのだが、手前から水平方向に見ると、「弦やそれを支える駒の高さ」という点から、「低音弦」と「中・高音弦」は明確に異なっていることがわかる。

図2から明らかなとおり、奏者からみて楽器右側の盤面では、低音域を担当する弦が低音弦専用の駒によってより高く持ち上げられている一方で、楽器左側の盤面では、中・高音域を担当する弦が中・高音弦専用の駒によってより高く持ち上げられている。結果として、楽器右側のエリアでは、（中・高音弦は、低音弦の高さに埋もれているため）より高く持ち上げられている低音弦しか打弦できず、楽器左側のエリアでは、（今度は逆に、低音弦は中・高音弦の高さに埋もれているため）より高く持ち上げられている中・高音弦しか打弦できないのである。結果としてサントゥールの打弦可能範囲はおおよそ写真2の通りとなる。

話をもとに戻せば、このなかで高音域エリアは音階の上昇に従って右斜め上に伸びてゆく形状をとっており、もし従来の重音奏法で弾こうとすると、右手を左下方向（低音側）、左手を右上方向（高音側）に配置せねばならず、両手が接近しかなり弾きにくくなる。しかしアルダヴァーン氏の撥使いでもって、奏者から遠

図2　低音弦と中・高音弦の関係図

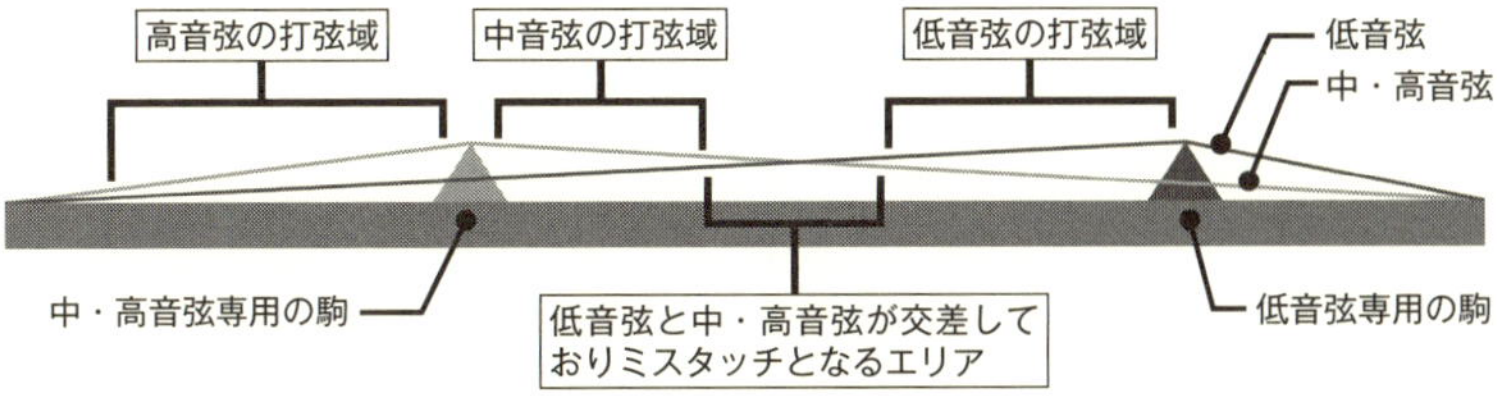

写真2　サントゥールの打弦可能範囲

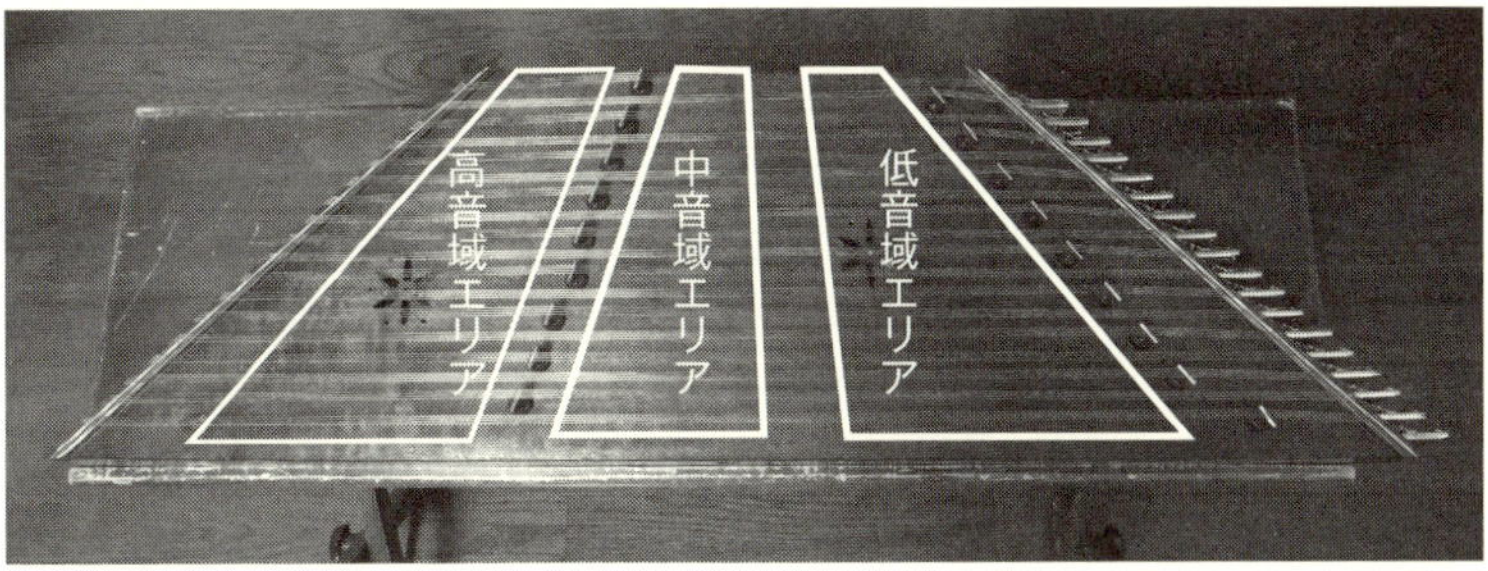

い側を右手で弾くようにすれば、右手は右上方向（高音側）、左手は左下方向（低音側）、というふうにむしろ自然な配置となるのである。

とはいえ、このロジックに従えば、奏者にとって右側にある低音側の撥使いでは、従来の撥使いの方が自然だとの説明も可能になる。すなわち低音側の打弦エリアは高音側エリアと対称をなしている——音階が下がるに従って右斜め下に伸びてゆく形状をとっている——ため、右手を右下方向（低音側）、左手を左上方向（高音側）に配置する従来の撥使いの方がむしろ負担がないという論理である。

実際のところ、**写真2**で示された打弦可能エリア内のどの部分を打弦するのかについては、奏者ごとに差があり、重音を含む撥使いの実際も大きく異なっている。そしてそれらの差異は、長く張られている弦のなかでどの箇所を打弦すべきかについての各奏者における考えの違いの反映でもあるのだ。

そこでここからは、重音をめぐる撥使いを超えて、それを支える哲学——理想とする音色や技巧を実現するために、長く張られている弦のなかでどの箇所を打弦すべきだと音楽家たちが考えているのか——という、より広い視点に議論を移そう。

4. 打弦ポイントをめぐる哲学の違い

例えば筆者が過去にサントゥールのレッスンを受けた、サイード・サーベット、ファラーマルズ・パーイヴァル両氏の教えでは、打弦ポイントは各弦の駒から二、三センチ離れた場所が推奨されていた。これを線として繋ぎ視覚化すると**写真3**のようになる。

ここでの哲学は二点ある。まずひとつ目は、どの弦も駒から同程度の距離を打弦することで、音色に均質性をもたらすことが可能になるという点である。この、音色に対する均質性への意識から、著名なサントゥール奏者であるパルヴィーズ・メシカティアンは、同一音に対するトレモロ奏においても、両手は出来る限り近づけるべきであるとの見解を示している(3)。そしてもうひとつは、「駒から二、三センチ離れた場所」という指示によって、打弦ポイントが駒から遠く離れすぎることを防ぐ——離れすぎると、「低音弦」

写真３　サーベットおよびパーイヴァル氏の打弦ポイント（を線で繋いだもの）

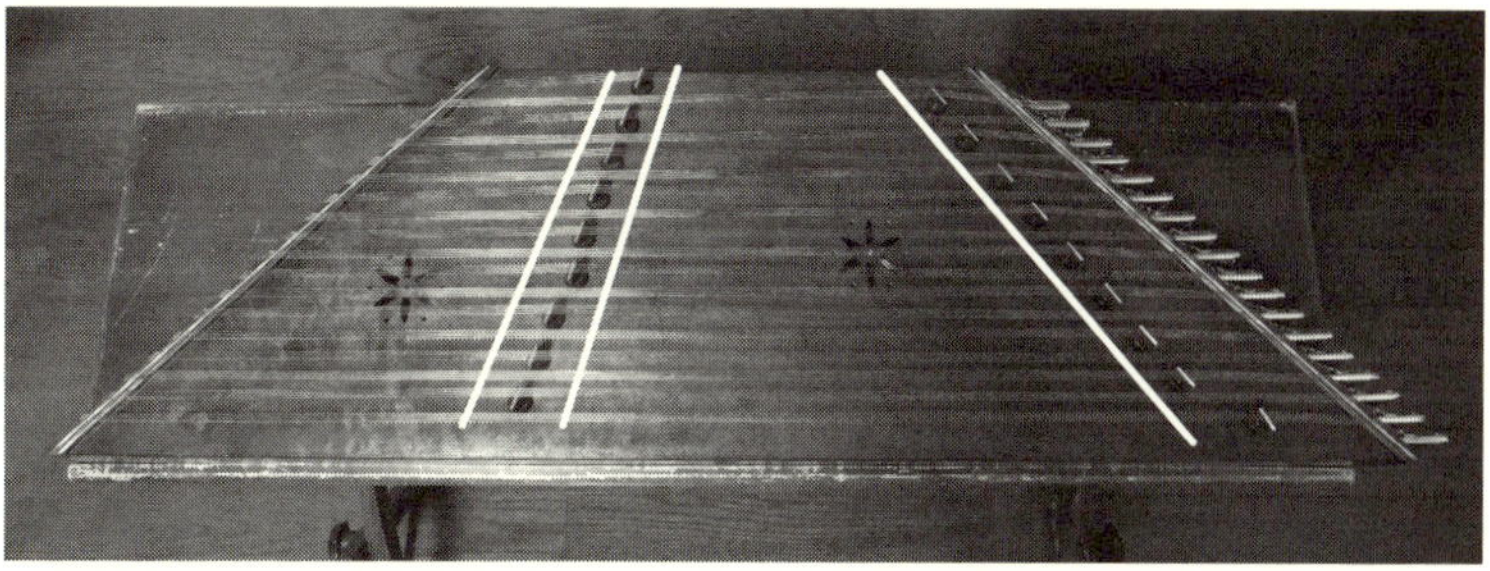

写真４　アルダヴァーン氏の推奨打弦ライン

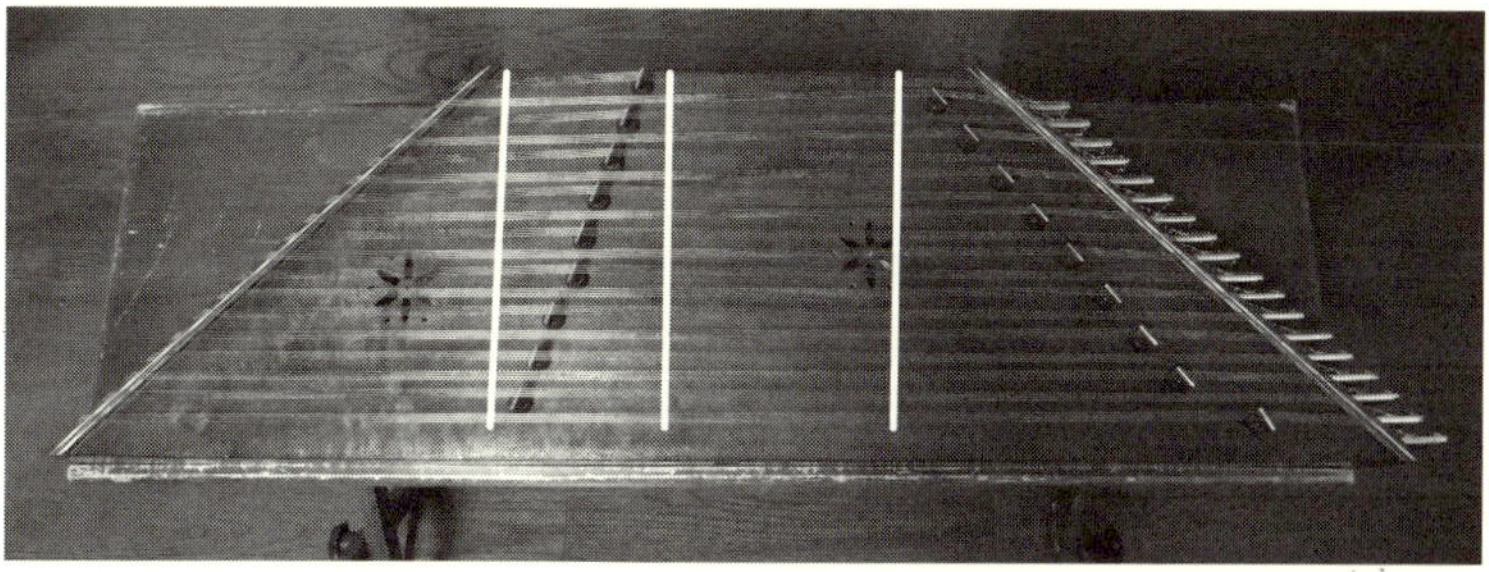

と「中・高音弦」との交差ポイント（それぞれの弦の高さが同じになるポイント）に近づき、ミスタッチに繋がるため——という点である。確かに、この、「低音弦」と「中・高音弦」との交差ポイントでミスタッチを犯すのは、サントゥール初心者によくみられる現象であるため、この「駒から二、三センチの箇所」を弾き、駒から離れさせないようにするというのはサントゥール指導の初期段階においてひろくかつ徹底して指導されているポイントでもある。

しかし一方この点についてアルダヴァーン氏は、**写真3**のような個々の弦に対する推奨打弦点というよりは、最初からそれらを繋げた「打弦ライン」（**写真4**）の方を強く意識し弟子たちにも示している。さてこれはいかなる哲学に基づいたものなのだろうか。

この「推奨打弦ライン」が従来の打弦ポイント群と大きく異なるのは、駒からの距離が弦によって異なるという点である。これによって確かに音色の不統一という問題は生じるかもしれない。また、特に低音側の打弦ラインは低くなればなるほど「低音弦と中・高音弦との交差ポイント」に近くなり、ミスタッチを誘発しやすい場所にある。しかし代わりに、図からも明らかなとおり、低・中・高音域ごとのライン、計三本のラインは、二列の駒群がハの字型の傾斜を形作っているにも関わらず互いに平行に、奏者側からみて垂直に真っ直ぐ——なかでも中音域のラインは奏者の真正面から伸びており、最も弾きやすい場所にある。そして氏は中音域ラインのみならず、低・高音域のラインに対しても、ラインの真正面に相対するよう身体を左右にずらす（ねじるのではなく）ようレッスンで指導している。そうすることで、他音域の打弦ラインを中音域の同じ身体感覚のまま処理できるようにしているのである。

サントゥールのような打楽器においては、身体軸と手（打弦ポイント）との距離や方向によって、同じように見える奏法でもそれぞれコツが異なってくる。その意味において、この「打弦ライン」を身体軸の真正面に据え、他音域の打弦ラインもその応用と考える打弦法は、複雑になりがちなサントゥール上の地理をいかにシンプルなものにするのか——実際の演奏は単ラインの打弦だけで成り立っているわけではないとはいえ——という、合理性追求の賜物だといえるだろう。それでは、アルダヴァーン氏によるこうした合理性の追求は、これまでのサントゥール演奏法の変化という流れのなかでどのように位置づけられるのだろうか。

5．普遍化する「弾きにくさ」

一九〇六年の立憲革命以降のイラン社会における近代化は、伝統音楽の分野に西洋音楽の思考や教育手法を様々な形でもたらした。例えば、本来口伝えであった音楽の伝授には五線譜が導入され、また伝統的な旋律型の伝承のみを目的としていた音楽の現場では、技術的な鍛錬を目的とした「練習曲」の概念が導入された。そしてもちろん、西洋音楽的要素そのもののイラン音楽への導入も、時期によってその後揺り戻し現象が起きるなどしたものの、長期的に見ればかなり定着し、伝統的なスタイルだけではない「コンテンポラリーなイラン音楽」を自負する音楽家たちの作品中に様々な形で見られる。とりわけ一般的になったのは、全くのオリジナルという意味でのコンテンポラリー作品ではなく、イラン音楽の即興演奏と同じく「既にあるものを使って再生産する」という哲学を反映して、伝統的なメロディを和声に基づいたアルペジオ付けや複旋律化によってアレンジする方法である。

しかしこのようなアレンジをサントゥール上で行おうとすると、メロディとなる高音部は左手で、伴奏部分を担う低音部は右手という分担にならざるを得ない。そしてこの「右手で伴奏をしつつ左手でメロディを奏でる」という身体性は、非利き手側でメロディを奏でるという意味において、サントゥール奏者にとっては決して自然とはいえない撥使いなのである。更には内的な把握の観点からも、基本的には単旋律であるイラン音楽を「メロディ＋和音（アルペジオ）」あるいは「複旋律（二声）」で把握する必要があるという意味で、従来のイラン音楽とは異なった難しさが要求される。

しかしアルダヴァーン氏の作品には、こうした理由ゆえに従来は独奏においては積極的には採用されて来たとはいえなかった「メロディ＋和音（アルペジオ）」あるいは「複旋律（二声）」スタイルの作品が非常に多い。一般に氏の演奏や音楽は、その正確無比な撥使いやとてつもないスピードから評価されることが多かったのだが、より特筆すべきなのは、そうした従来の弾き方の延長線上にある難しさだけではなく、実際に弾く人間の実感からすれば音数が少なくともなぜか弾き辛いというような、伝統的なサントゥール演奏の常識からは想像しにくい撥使い――独特の身体性を一般的なものにした点にあるだろう。別の言い方をすれば、トレモロ奏や連打など、打弦楽器ならでは特徴を残しつつも、サントゥールが抱える構造・技巧上の制約をあらゆる面から取り払おうとする試みであるといえるのだ(4)。

6. 高音が左側に配置されていることの意味――楽器盤面の地政学に向けて

このように、これまでのサントゥール演奏は、「ミ・ファ間の分断」問題とともに、高音部が左側に配置されていることによる「二声音楽」の弾きにくさという性質を構造的に抱えてきており、アルダヴァーン氏のような存在にインスパイアされつつ演奏者や学習者たちはその克服をめぐる様々な困難に対峙《たいじ》してきたといえる。そしてそうした試行錯誤の過程においては、初学者は誰もが一度は「もしサントゥールの構造が左右逆ならば、どんなに楽だろうか」というような空想を思い描くという(5)。しかし考えてみればすぐにわかるように、左右反転という発想は、それによって解決する技術的課題もある一方で、別の技術的課題を新たに出現させることにもなる。更には、それまでニュートラルなものと思い込んでいた数々のフレージングそのものも大きく変化せざるを得なくなることに気付くだろう。つまり今ある技術的課題は単に克服されるべきものとしてだけではなく、逆にメリットやサントゥールらしい特徴と表裏一体のものとして存在しているである。アルダヴァーン氏による「サントゥールらしからぬ身体性」も、音楽やそれを奏でる身体が楽器の構造に深く規定されているという前提からそのように認識されるのである。

そしてそのような「らしからぬ身体」をも含めた巨視的な視点から見るなら、一見馬鹿げたようにも思える次のような問いも実に興味深いものとして立ち現れてくることとなる。「もしピアノの音の並びが、左側が高く右側が低かったらピアノ演奏そしてその音楽は一体どのようなものとなるだろうか?」

このような問いは実は、楽器の盤面における各音の地理的な位置関係がどのように音楽に影響を与えているのかを研究する、いわば「楽器盤面の地政学」とでもいうべき問題意識へと繋がっているのである。そしてそれこそが実は楽器奏者にとってリアルに感じられてきた――しかしそれだけに、当たり前すぎて言語化・意識化されてこなかった――問題群であり、奏者たちが対峙しているのはまさしく楽器の盤面である以上、見過ごせない問題群なのである。

◆注

（1）サントゥールとは、台形の共鳴胴の上に和楽器の琴のように弦を張りめぐらせた打弦楽器。基本的なタイプは十八駒七十二弦タイプのもので、細い撥を両手に打奏する。胴体は胡桃《くるみ》で弦は低音が「真鍮《しんちゅう》＋銅」製、中・高音が鋼鉄製の金属弦である。こうした弦を撥で打つタイプの楽器はオリエントに広く見られる。

（2）アルダヴァーン・カームカール氏は、一九六八年イランのサナンダジ生まれのクルド系音楽家。音楽一家として有名なカームカールアンサンブルの一員である。四歳から父のもとでサントゥールを始め、十六歳のときに最初のアルバム『ダリヤー Dariya』を発表して以降、イランやクルドの伝統音楽をエッセンスとしつつ西洋音楽から強い影響を受けた作風や、左右の手を全く同じように使う（非利き手を感じさせない）超絶技巧で一躍有名になるなど、現代のイラン音楽を牽引する存在のひとりである。

（3）サントゥール奏者 Parviz Meshkatian 氏へのインタビューより。一九九八年七月。

（4）このような身体性の違いは、音を未だ出していない、例えば「構え」の段階においても音楽家にとっては有意な差として認識されている。例えば打弦の際の手首の使いかた——その角度や高さなど——は音楽家によってかなり差があり学習者が迷うポイントであるが、各音楽家はそれを自らの音楽性や演奏哲学の刻印としてかなりの重きをもって指導するのが常である。

例えば、ファラーマルズ・パーイヴァル氏（およびその弟子のサイード・サーベット氏）は原則として手首から先のみを打弦のために動かす一方で、アルダヴァーン・カームカール氏および実兄のパシャング・カームカール氏たちは「ドアノブをねじる」ように肘から先をも回転させるように使うことを提唱する。また手首の高さについても、前者は手首から先をどちらかといえば下方に向けるため、手首自体がやや浮き気味になるのに対し、後者は手首から先を上方に向けるため、手首自体は低い位置に定位されることになる。これらの差によって、前者の音はより繊細で軽い音色になるのに対し、後者の音色はより力強く芯のある音になるなどの差が生まれる。

（5）サントゥール奏者 Kourosh Matin 氏へのインタビューより。二〇一四年一月。

◆参照文献

伊東信宏　二〇〇三「音の『身振り』を記述する――ハイドンのピアノ・ソナタと楽曲分析」岡田暁生監修『ピアノを弾く身体』春秋社、一一三～一三六頁。

大久保賢　二〇〇三「手のドラマ――ショパン作品を弾いて体験する」岡田暁生監修『ピアノを弾く身体』春秋社、一六五～一八八頁。

Pāyvar, Farāmarz 1961 *Dastūr-e Santūr*. Esfahān: Enteshārāt-e Vāhed-e Sorūd va Mūsīqī Edāre-ye Koll-e Farhang va Ershad-e Eslāmī-ye Esfahān.

5 東アラブ地域における〝古典器楽〟の成立
――音楽家サーミー・アッシャウワーの功績

酒井 絵美

旅行先のエジプトでアラブの古典音楽にヴァイオリンが使われることを知り、その奏法の習得を目指して早五年が過ぎた。今日アラブ地域でヴァイオリンはカマンジャあるいはカマーンと呼ばれ、西洋クラシック音楽、アラブ・ポップス、アラブ・ジャズなどの幅広いジャンルに用いられている。日本で演奏活動をしていると、アラブ地域でヴァイオリンが一般化していることに驚かれるが、アラブ古典音楽においても重要な地位にあることは、それ以上に知られていない。

筆者は二〇一三年初春、レバノン、ベイルート近郊にあるアントニン大学高等音楽院(1)にて、学長でありヴァイオリニストであるニダー・アブー・ムラード氏、同大学で教鞭をとるウード奏者のムスタファ・サイード氏らから、東アラブ地域(2)の古典ヴァイオリン奏法と古典音楽理論に関する指導を受けた。日本でいわゆる西洋クラシック奏法を中心に学んできた筆者にとって、音楽院の先生の演奏は今まで目にしてきたものとはまったく異なった。また指導法も、ただ指導者を模倣すればよいだけでなく教習者にもクリエイティブな面が要求され、筆者がアレンジを加えて弾いたものが彼らの耳によいものとして響くと、さらに長く即興を続けるよう促された。

レッスンは、ドゥラーブ(3)やバシュラフ(4)、サマーイー(5)といった曲が載っている三十ページのPDFをコピーした楽譜集にもとづいておこなわれた。最初のレッスン曲はマカーム・ラースト(6)のバシュラフで、五線譜が左からではなく右から書かれていたため読譜にとまどった(7)。アラブ地域外からやって来た筆者が微分音という半音未満の音の存在を知っていて、ある程度適切にその音程が出せるということを驚かれたが、先生の要求する音程はもっと厳格なもので、マカームの中で微分音を適切に上下させながら演奏できるように彼らと一緒に何度も同じパッセージを練習した。また、会話をしているように間《ま》をとって演奏することが良しとされ、西洋風のビブラートは嫌悪された。

この地域の音楽はかつては楽譜を介さず伝わったため、作曲者の名前が残る曲ですら固定化した旋律はなく、各奏者の解釈、すなわち即興を盛り込んで演奏する。アラブ音楽に限らず演奏は何らかのルールに則った解釈のもとにおこなわれるが、そのルールはいわば母国語のように、インサイダーにとっては言語化して説明することが難しく、筆者のようなアウトサイダーには繰り返し聴くことで身につけるしか方法がない。

この時演奏を聴くようにと名前が挙がったのが、ヴァイオリニスト、サーミー・アッシャウワー Sāmī al-

図1　サーミー・アッシャウワー

（[al-Shawwā 1946: 1] より転載）

Shawwā（一八八九〜一九六五）（以下、シャウワーと略）である。筆者はシャウワーの大量の音源をデジタル録音（mp3）で受け取り、レバノン滞在中暇をみつけては聴き込んだ。レッスンやお茶の時の会話などから、この大学の指導者の多くがシャウワーを当地域の最も偉大な奏者と考えていることがわかった。

シャウワーはその奏法が「古典」的であるがゆえに、古典より後の音楽が主流となった今、東アラブ地域の代表的奏者とはいえない。筆者もレバノンに行くまではオムニバスCDに収録された数曲を聴いたことがあった程度で、帰国後もその名を耳にすることは少ない。しかし、古典音楽の継承を自任する一部の音楽家にとって、シャウワーは手本となる明確なスタイルを築いた音楽家とされている。本項では、今も尊敬と賞賛を集めるサーミー・アッシャウワーの業績を紹介し、アラブ古典音楽が形成された過程を追うこととする。

図2　シャウワー家家系図（著者作成）

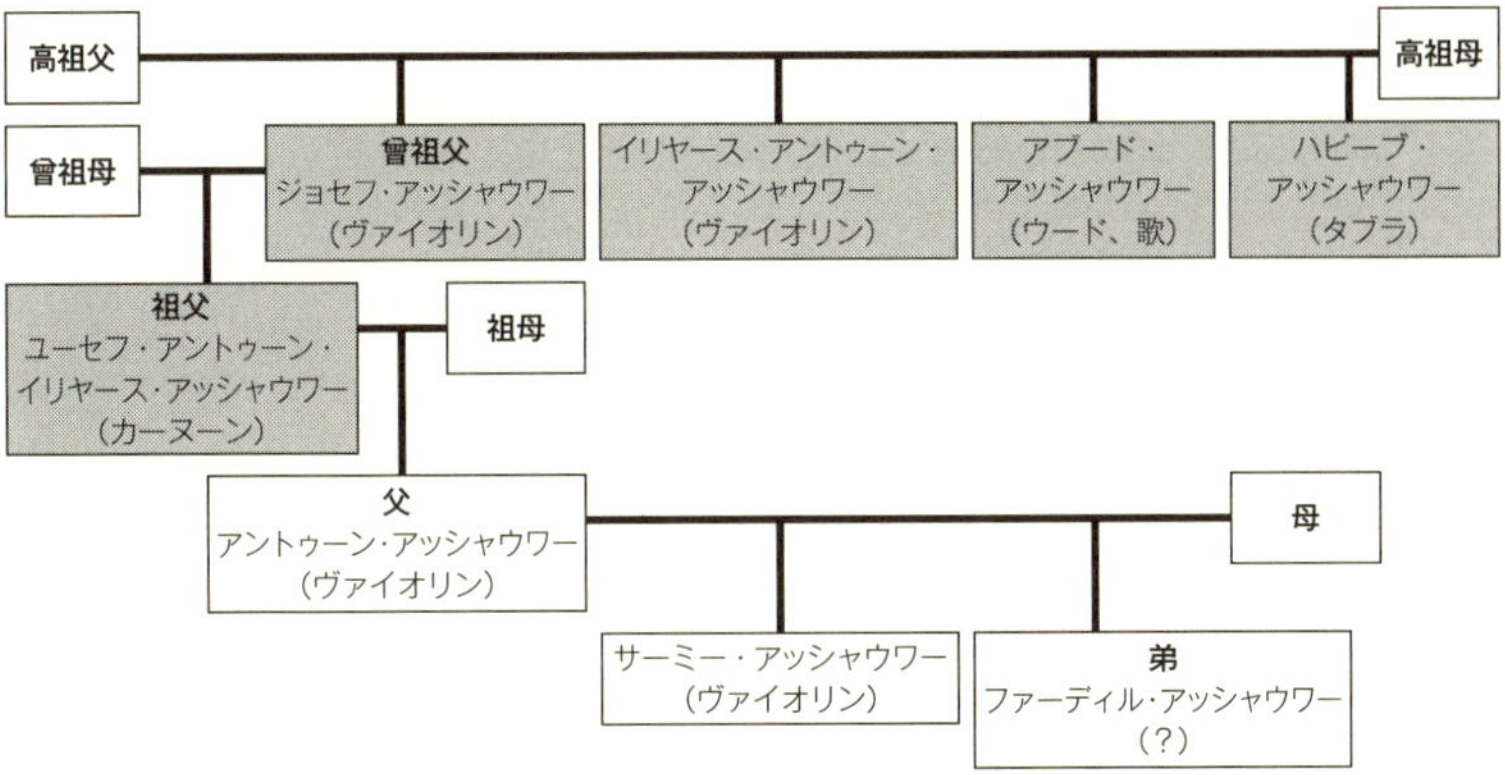

（網掛けにしたのが、初期「ヌーバト・アッシャウワー」のメンバーである）

1. サーミー・アッシャウワーのルーツと生い立ち

サーミー・アッシャウワーはシリア、アレッポの、ギリシャ正教徒の家系に生まれた。シャウワー家は少なくともサーミー[8]の曽祖父の代からの音楽一家である。名前の残るサーミーの先祖を整理してまとめたのが図2である。

サーミーの曽祖父ジョセフ・アッシャウワー（生没年不詳）はヴァイオリニストで、「ヌーバト・アッシャウワー」というアレッポ初のタフト[9]の創始者とされる。このタフトのそれぞれの奏者について、ヴァイオリンのイリヤース・アントゥーンは一八三二年イブラヒーム・パシャの前で、また、カーヌーンのユーセフ・アントゥーン・イリヤースは定期的にイスタンブールのスルタンに招かれて声楽家と共演したといった記録が残っており、当時の器楽奏者には宮廷での演奏という需要があったことがわかる。

時代は下り、サーミーの父アントゥーン・アッシャウワー

（一八四九〜一九一九）も、わずかに残された録音から卓越したヴァイオリン奏者であったことがわかる。アントゥーンの父の楽団で演奏を始め、イスタンブールではアブデル・ハミード王の前で、カイロではカディーブ・イスマーイール・パシャの前でなど、各地の宮廷で演奏した。

「ヌーバト・アッシャウワー」やアントゥーンの時代における音楽の二大中心都市はカイロとアレッポである。アレッポは交通の要所で、一八六九年のスエズ運河開通までは積み荷の入れ替えなどのために必ず滞在する場であったことから、アラブとオスマン帝国とペルシャの文化が混在した。アレッポを中心に、一族でいわば家業として演奏技術を継承していたシャウワー家は、オスマン帝国の楽曲を様式上「アラブ化」「エジプト化」し、アラブ各地に持ち込んだ。また、当時のタフトでは今のヴァイオリンではなくスパイクフィドル（当時はこれをカマンジャと呼んでいた）を用いることが主流で、ヴァイオリン奏者がタフトに必ず存在するのはシャウワー家独特のことであった。

サーミーが誕生したのは一八八九年であるが、一九世紀末から二〇世紀初頭にかけての東アラブ地域では、オスマン帝国の衰退とともにヨーロッパの支配が強まり西洋文化・思想が押し寄せていた。その一方で、エジプトを中心に「アラブの覚醒」と呼ばれるアラブ文芸復興運動「ナフダ」の機運も高まった。今日、古典音楽を愛好する東アラブ地域の演奏家は「ナフダ」という用語を、「ヌーバト・アッシャウワー」の時代からサーミーが奏者として最も活躍した時代までの音楽の呼称として使っている。また、少なからず「ヌーバト・アッシャウワー」もナフダの思想の影響を受けたと考えられている。サーミーが生まれたのは、「西洋」が押し寄せたことによって東アラブが自らの「東洋」を意識しはじめた時代であった。

幼少期からアレッポでヴァイオリンの才能を示したサーミーは、十四歳になると父・アントゥーンについてカイロへ向かった。カイロでは父の友人の音楽家たちによるサポートを受け、父やイブラーヒーム・サフルーン（一八五八～一九二〇）といったヴァイオリン奏者の代役として歌手の伴奏を始めた。サーミーは著名な歌手の伴奏を務めた若手時代、歌手を助ける上で必要な三つの能力、すなわち、①マカームに関する知識が豊富で、それを絶妙に変化させることでよい雰囲気を作り出すこと、②歌手が歌った旋律や即興を正確に再現できること、③歌のように韻律や分節を感じさせる即興ができること、を習得した。これは楽譜や理論からではなく他者とのアンサンブル経験によって獲得できる、いわばアラブ音楽における基礎力といえる。

2. サーミー・アッシャウワーの残した録音と果たした役割

シャウワーがカイロを訪れた一九〇三年は、レコード会社グラモフォンが設立され有名な音楽家が多数カイロに向かった時期にあたる。一九〇六年にはベイルートにバイダフォンが設立され、商業録音が盛んになっていった。

歌手の伴奏ではない、シャウワーのソロやデュオなどの器楽作品の録音は一九〇六年から残り、一九三七年までに二百八十九以上ある(10)。この時代の東アラブ地域の器楽奏者としては録音数が極めて多い。タクスィーム taqsīm と呼ばれる即興部分は器楽奏者の演奏技量と古典音楽に対する理解度を存分に発揮できる見せ場であるが、シャウワーの録音の中でタクスィームの割合は約四分の一を占め、十代のうちから器楽奏者として認められていたことがわかる。これらの録音はすべて、レバノン、バーブダにあるアラブ古典音楽研究機関[11]に収められ、現在デジタル化が進められている。その中でも一九一二年頃から一九三二年頃、つまりシャウワーが演奏活動を始めた頃から最も活躍した時代にかけての作品集といえるアルバム《Prince du Violon Arabe》は、再販が繰り返され、シャウワーの初期の音楽を伝える貴重な資料となっている。このアルバムと後述するアルバム《Master of Arabic Violin》は現在でも amazon や iTunes で購入できるので、興味のある方はぜひ聴いていただきたい[12]。

筆者は実際にシャウワーの音源を、歌の伴奏も含めると三百以上は聴いたが、率直にいうと最初はそのよさがよくわからなかった。録音環境が悪いせいか音色はガサガサとし西洋で好まれるようなヴァイオリンの裏板までしっかり鳴らしたものとは対極にあり、エジプトのヴァイオリニスト、アブード・アブデル・アル（一九二五～二〇〇九）やアブドゥ・ダーゲル（一九三六～）のようなまろやかでねっとりとした情熱をたたえた演奏とも異なっていた。同じ曲であっても演奏ごとに突如途中から一オクターブ上げたり下げたりし、チューニングを緩めすぎたため音色が変わり何の楽器だかわからないこともあり、奇抜な印象も受けた。また、父のアントゥーンやイブラーヒーム・サフルーンといった従前の奏者がわずかに残した録音と似ているようで、特に新鮮味は感じられなかった。

しかし、筆者自身も奏法を習得しつつ聴き比べていくと、父たちの単調なボーイングとは異なりスラーを用いて一弓の中でよりニュアンスに配慮していること、装飾の種類が大幅に増えていることがわかった。考えてみるとヴァイオリンはウード、カーヌーンなど他の旋律楽器に比べて音量が大きく、マイクなどの音響機器のない時代にタフトの中にヴァイオリンを調和させるには西洋とは異なる発想が必要になる。シャウワーは弓の毛を弱めに張り、指板寄りを弾き、弓は一部しか使っていないことが録音からわかる。そのため基本の音量は小さくやわらかい。シャウワーはこの小さな音を基本に弓のスピードと圧力を微妙に変えることで、音をかすれさせたり張りのある音を作ったりした。弦の上で細やかにニュアンスをコントロールし旋律の流れを作ることで、音色の微細な変化を楽しんでいる。このサウンドは、これこそがヴァイオリンの醍醐味だと感じる者にとっては、シャウワー以外には作れない、まさに「ヴァイオリン」の音である。

シャウワーの録音の中でもとりわけ聴くように指導され、時には先生と一緒に何度も聴いたのは、タクスィームである。シャウワーのタクスィームは、まるで人が話したり歌ったりしているかのような自然さで始まり、マカームを次々に変えながら豊かに展開していく。

ところで、シャウワーの初期音源にソロやデュオが多く、一九二〇年代〜三〇年代にかけても最大で四名程度と小編成なのは、当時の録音技術の制約による。初期の78ｒｐｍ（ＳＰ録音）では大編成の音楽は録音できなかった。また、録音できる時間は片面あたりわずか三分程度と短かった。そのため、それまでタフトで演奏されてきたワスラと呼ばれる組曲形式の長大な演奏を丸ごと録音することはできず、結果、それまでは歌と歌のつなぎのような位置付けであった器楽部分が単独作品として録音された。このことで、器楽のみの音楽という新たなジャンルが生まれ、歌と切り離されて一曲として扱われるようになった。オペラで序曲や間奏曲が単独で演奏されるのと同じような状況である。

さらに、録音によってそれぞれの曲に題名が付くことで、形式によるジャンル分けが定着した。〈バシュラフ・ラースト〉、〈タフミラー・サバー〉といったタイトルが使われるようになったのである。シャウワーの録音した器楽曲のジャンルには、主にバシュラフ、サマーイー、タフミラー(13)、ドゥラーブといった伝統的な芸術音楽として分類されるもの、ラクス(14)、マーチ、ポルカなどの舞曲、タクスィームがある。特に、バシュラフやサマーイー、ドゥラーブは今日音楽学校で習得する代表的なジャンルで、コンサートのレパートリーとしても頻繁に演奏される。シャウワーや共演者らが録音活動を通して伝統曲を分類化したことで形式として意識され、今日に至るまで東アラブ地域では、これらのジャンルの新曲が作られている。

シャウワーは、父やサフルーンの死後の一九二〇年代に最も多く録音を残し、ヴァイオリンは旋律を聴かせうる楽器だと知らしめた。シャウワーのヴァイオリニストとしての活躍は、ウードやカーヌーンなどヴァイオリン以外の器楽奏者にも影響を与えた。また、録音をたくさん残すことで、録音のたびに演奏が違ってよいということ、すなわち、即興性も示した。

録音活動を通して器楽のジャンルを形成し、それまで歌の脇役だったヴァイオリンを独奏楽器としたことは、シャウワーのひとつ目の功績である。

3. 音楽学校の設立とヴァイオリン教則本の出版

奏者として活躍していたシャウワーだが、音楽教育にも熱心だった。一九〇六年、シャウワーは父の友人でウード奏者のマンスール・アワド（生没年不詳）の協力のもとに、アラブ音楽を教えるヨーロッパ式音楽学校をエジプトに初めて設立し、音楽学校で教授した期間いくつかの教則本を出版した。教則本の中で唯一今日まで伝えられているのが、一九二一年に出版された『東洋ヴァイオリンメソッド』[al-Shawwā 1921]である。これはアラブ音楽を対象とした初めてのヴァイオリン教本とされ、五線譜でアラブ音楽を記譜したものとしても、ごく初期のものである。アラブでは音楽は口頭伝承により、主に歌を通して伝えられ、楽器にしても西洋クラシック音楽のように必ずしも同じ種類を使ってレッスンをするわけではない。ヴァイオリンとウード、ナーイとリックのように、複数の楽器を演奏する奏者も多い。教則本の出版は、書物を介して指導するという点とヴァイオリンに特定しているという点で、それまでの教授法とは異なる画期的な試みといえる。

図3　シャウワーによる構え

（[al-Shawwā 1921: 2] より転載）

現在『東洋ヴァイオリンメソッド』は、コピーデータという形態では存在するものの、当時使用していたものの所在は不明である。筆者は、アントニン大学で教鞭をとるサントゥール奏者ハヤフ・ヤシーン博士よりいただいたコピーを参照した。

この教則本は全二十八ページで、序文は「カマンジャ［筆者注：ヴァイオリンのこと］は有名な楽器であり、東洋、特にエジプトの音楽を勉強している学生の間で普及し始めている」が「手本を示すための本がない」

図4 （練習4）二分音符

［al-Shawwā 1921: 10］より転載。
ト音記号や譜表の誤記が目立つ。また、小節線がなく指番号も振られていないため、どの弦を用いるべきなのかがこの楽譜からは判断できない。

という一文から始まり、アラブ式のヴァイオリンについて「音符を用いて説明する本を出版する」こと、「東洋の音構造を西洋の音符を用い比較的に考察する」ことの意義を説明している。内容は、楽譜の読み方、西洋のヴァイオリンの練習、アラブのヴァイオリンの練習がそれぞれ約三分の一ずつ割り振られている。シャウワー自身による楽器の構えのイラストが四つ記載されるなど（図3）、内容は初学者向けである。

これは大変野心的な試みといえるが、この教則本は五線譜の誤謬《ごびゅう》が多く（図4）、当時シャウワー自身も記譜に関する知識が十分ではなかったことがうかがえる。また、シャウワー作、西洋のヴァイオリンの練習曲は調性の練習と銘打たれているものの調性感がなく、覚えたばかりの西洋理論を借りて創作したためか不自然な旋律が多い。

しかし、まず楽器を扱えるようにしてから各マカームを弾けるようにして最後に実際の曲に挑戦するというように、段階を踏んでヴァイオリンを習得できるよう目次立てがされており、西洋の教科書のようなロジック重視による教習法を目指したといえる。実際にシャウワーがこれをどう用いたのかはわからないが、少なくともこの本では、聴いた音楽の真似をすることで習得していた当地域の教習とはまったく違う手法をとっている。

教則本を出した一九二一年はそもそもヴァイオリン奏者の数が多くな

かった。よって、アラブ音楽におけるヴァイオリン奏者の育成を促す狙いがあっただろう。それ以上に、出版することでヴァイオリンをアラブ古典音楽に用いることの正当性を示す意図があったと考えられる。また、五線譜を使用することでアラブ音楽は西洋の音楽と同様の価値を持つと提示した。

学校自体は一九二五年に二十年足らずで閉校する。その点で成功だったとはいえないかもしれないし、教則本も洗練されたものとはいいがたい。しかし、その後カイロに限らず東アラブ全域で音楽学校がいくつも設立されたことは、シャウワーが道を拓いた結果といえる。それまで一対一の口頭で伝えられてきた奏法を広く公にし、学習者の門戸を広げたことは、シャウワーのふたつ目の功績である。

4.「新古典」と「古典」

一九二〇年代からの十数年間は、蓄音機やラジオ、映画などの新しいメディアが登場し、それに伴って音楽シーンも変化をとげた。カイロでは次々にラジオ局が新設され、一九二〇年代半ばからはサイレント映画が、一九三二年からは音声付きの映画が始まり、音楽劇とともに大流行した。

この時代はカイロを中心とした「エジプト楽派の黄金時代」とされ、当時の音楽は「新古典音楽」と呼ばれる。(15) エジプトの大歌手ウンム・クルスーム（一九〇四?～一九七五）はこの時代の代表的な歌手である。

三十名ほどの楽団を引き連れて歌う映像が残るため今日では大楽団の印象が強いが、最初は小さなタフト編成で、シャウワーは初期ウンム・クルスームの楽団メンバーであった。

劇場や映画館などの広い空間では、ダイナミックに感情を揺り動かすような音楽と音量が求められる。そのため、一九三〇年代に入ると、ヴァイオリンやチェロなどの弦楽器がパートとして集団で演奏するようになり、楽団編成が急速に拡大した。シャウワーがヴァイオリン奏者の育成を目指した一九二一年とは状況は異なってきた。

ストリングスとしての一体感を目指す中でヴァイオリン奏者に強い個性は求められなくなり、個人技であるシャウワーの演奏はオーケストラの中になじまなくなってきた。実際、人気歌手で作曲家のムハンマド・アブデル・ワッハーブ（一九〇七〜一九九一）は、伴奏者であるはずのシャウワーの過剰なまでのショーマンシップに耐え切れなくなったと発言した。一方シャウワー自身は、カイロの音楽の主流が西洋楽器や和声の導入など西洋と東洋の融合を目指しポピュラー風になることに賛同しなかった。歌手とオーケストラによって音楽を長大にし、圧倒的な感情のゆさぶりで聴衆との間でタラブ（情感）を生み出すことが「新古典」の醍醐味であり、ソリストとして歌い込むシャウワーのスタイルは時代遅れとなっていく。デルランジェの序文にも書かれているように［d'Erlanger 1949: XII］、この時代は西洋化を推し進めたい「新古典」派と、「ナフダ」の時代の「古典」を守りたい人たちの間で論争が起こっていた。シャウワーは明らかに後者に属する人物であった。

こうした情勢に考えるところがあったのか、一九四六年シャウワーは、理論書『東洋と西洋の芸術の基礎』［al-Shawwā 1946］を出版した。百九十二ページに渡る大作で、主にマカームとイーカー（リズム周期型）

をまとめたものである。現在は古書店でわずかに実物が流通する他、インターネットでコピー（PDF版）が出回り、音楽家の間ではそれが参照されている。

ナフダの時代の有名な音楽家はほとんど音楽理論書を記さなかった。理由は、即興を重視するアラブ音楽は言語によって書き記すことと相容れないため、理論化という方向に意識が向かわなかったからだと考えられる。また、アラブ音楽の理論化を目指してヨーロッパに留学した者もいたが、留学先でオーケストラやオペラに圧倒され伝統的なアラブ音楽から離れてしまったという指摘もある。こういった事情から、アラブ音楽会議(16)やシャウワーの理論書、これらをもとに出版されたもの［d'Erlanger 1949］が、今日のアラブ音楽理論の基盤となっている。

『東洋と西洋の芸術の基礎』は、ヴァイオリン奏法に絞って書かれた一九二一年の教則本と違い、全器楽奏者を対象としている。「新古典」の流行でアラブ音楽自体が大きく変容していたことを受け、シャウワーは「古典」を早急に確立し、後世に残す必要があると考えたのであろう。『東洋ヴァイオリンメソッド』が五線譜を用いたのに対し、本理論書では一部を除いてブルダ音名（アラブ式音名）で解説したのも、アラブの伝統に立ち返るという意識が強く働いた結果と考えられる。

内容は、マカームについて扱う部分がほとんどを占め、百八種類説明している。数が増えただけでなく、各マカームを構成するジンスや上行形と下行形の変化など、演奏上欠かせない理論を詳細に記した。一九四六年は、楽団の中では既に五線譜が用いられており、視覚から捉えることでマカームを「音階」であるかのように誤認する奏者も現れていた。シャウワーはそのことに危機感を抱き、マカームの旋法性を強調したのだろう。一方、西洋化の影響で定着しつつあった和声については扱っていない。これは、アラブ古典音楽の演奏において和声は必要ないというシャウワーの見解によるものと考えられる。

一九二七年、一九三三年にはアメリカツアーをおこなうなど活動の場を変えつつあったシャウワーだが、「新古典」の流行した一九三〇年代半ばからシャウワーの録音は激減する。「新古典」流行後のシャウワーの録音で今でも聴くことができるのはアルバム《Master of Arabic Violin》で、一九五三年のニューヨーク公演をライブ録音し編集したものである。聴衆のほとんどはアラブからの移民で、そのうち九〇パーセントはマロン派(17)の教会に通うレバノン人だった。アメリカ東部では二〇世紀初頭よりシリア、レバノン、パレスチナ出身のキリスト教徒を中心とするアラブ系コミュニティーができたが、総数が増えるにつれてそれぞれの音楽文化を持つようになり、ハフラなどを催していた。

《Master of Arabic Violin》には、レバノンやシリアだけでなく西アラブも含めた各国の民謡を器楽版にアレンジしたものが収録されている。移民は一般的に、かつて自分たちが住んでいた地域の、住んでいた時代の音楽を愛好する。シャウワーの音楽は本国では古いものとなっていたが、祖国を離れた人々にとっては懐かしく郷愁を誘うものだったのだろう。本作はアラブ・アメリカンコミュニティーではベストセラーとなり、コミュニティー外に対しては今までひとくくりに「アラブ音楽」と考えられていたものに地域ごとのスタイルがあることを示した。

この演奏会は、シャウワーがソロ・コンサートマスターを務め、大楽団を率いる、いわばコンチェルト編成だった。シャウワーは本来であれば歌手が歌うパートをヴァイオリンで演奏している。アラブ音楽といえば実質的にはアラブ歌謡を指すほど東アラブ地域では音楽の中心は歌にあったが、シャウワーは楽器で歌い、楽器の音色で歌を表現した。さらにはヴァイオリンの利点を用い、歌以上に歌らしく聴こえる演奏を追及していった。ヴァイオリンは、ウードやカーヌーンとは異なり弦をこすりはじめてから音量を自在に調整でき、ナーイや声と違い呼吸の制限がないためひとつの音をかなり長い間延長して奏することができる。ヴァイオリン導入以前の「アラブ古典音楽」の表現を拡張したともいえる。

この時の「ヴァイオリンのソリスト＋楽団」という編成は一部の奏者の間で継承され、その後アブード・アブデル・アルやアブドゥ・ダーゲルといったスターが誕生した。楽器によって歌を聴かせるという概念は、今日では他の楽器の奏者にも浸透している。ムニール・バシールは世界初のウードソロ・リサイタルを一九五三年におこない、そのことによって世界的に評価されているが、それと同じ年に「ヴァイオリン・コンチェルト」によるリサイタルをおこなったシャウワーも評価されるにふさわしい。シャウワーの、楽器ならではの特性を活かした表現を用い「アラブ歌謡」として最大限に聴かせる奏法は、現在でも一部の音楽家に正統派な「古典」として受け継がれている。

5. おわりに

最後に、アラブ音楽の演奏者として、今の日本での状況を述べたい。アラブ音楽はベリーダンスの伴奏音楽としてある程度根付いている。エジプシャンスタイルではウンム・クルスームやムハンマド・アブデル・

ワッハーブなどの「新古典」様式の音楽に合わせて踊り、CDをかけるだけではなく楽団による生演奏もある。また、民族音楽ジャンルを多く演奏しているライブハウスやカフェで、アラブ古典音楽も演奏されている。日本でアラブ音楽の演奏をする奏者はエジプトやチュニジアを中心に現地で学んできた奏者も多く、非常に質の高いアンサンブルがおこなわれている。

二〇一五年はシャウワー没後五十周年にあたる。レバノンでは記念事業として、シャウワーの時代の録音デジタル化公開に向けた作業が進められ、シャウワーの《Prince of the Violin》は四枚組のCDとして新たに出版された。一方、世界情勢悪化の影響を受け、十一月にはレバノンで死者四十名を超える連続自爆テロがアントニン大学の近くで起こった。優れた研究者や音楽家が中東を離れるケースも多々みられる。二〇一六年現在、貴重な資料が多く残るAMARでは、古典音楽の資料の公開が急ピッチで進められ、Facebook ページなどでも多く情報を発信している。

◆注

本論文は、東京藝術大学に提出した二〇一四年度修士論文『東アラブ古典音楽におけるヴァイオリン奏法の規範形成とサーミー・シャウワーの足跡』を加筆・修正したものである。

（1）L' Institut Supérieur de Musique de l' Université Antonine：一九九六年開校。

（2）アラビア語ではマシュリクと呼ばれる地域。本論文では、対象とする年代にほぼ共通の音楽文化圏であったエジプト・レバノン・シリア、およびイラクの一部を指す。この地域の音楽は、西アラブ地域（チュニジア・モロッコ）のものよりも、オスマン帝国の影響を強く受けている。
（3）短い前奏曲。次に続く部分と同じマカームで演奏され、導かれる楽曲が演奏されるにふさわしい雰囲気を作り出す。端的にマカームの特徴がわかることから練習曲として使われることが多い。
（4）ペルシャの pishraw（序曲）が起源とされる。オスマン帝国で作曲され、アラブ地域で作られることは稀《まれ》であったが、オスマン帝国によるアラブ支配の終わった一九一八年までには、東アラブ地域でバシュラフが演奏されていたとされる。アラブ地域ではワスラ形式（組曲のような形式）のコンサートの導入曲として演奏される。
（5）サマーイー・サキールと呼ばれる十拍子のリズムが基本となる導入曲。
（6）マカームはアラブ音楽における旋法体系、ラーストはその一種である。マカームの多くは微分音を含み、奏者は常にマカームに留意しながら演奏する。
（7）アラビア語は右から読まれるため歌詞を併記する際に便利であるが、楽譜を右から書くことは東アラブ地域でも珍しい。
（8）シャウワー家の他の人物との混同を避けるため、本章のみサーミー・アッシャウワーのことをサーミーと表記する。
（9）小編成のアンサンブルのこと。楽器編成は、カーヌーン・ウード・リック・ヴァイオリンなどが一般的である。一九世紀のタフトの様子は図5を参照されたい。

図5

［Rhoné 1877: 180］より転載
資料はGallica のウェブサイト http://gallica.bnf.fr/ark:/12148/bpt6k1049350 で一般公開されている。

(10) ディスコグラフィーの提供を快諾していただいた、ムスタファ・サイード氏並びにＡＭＡＲに心から御礼申し上げる。二〇一四年十一月の資料にもとづき集計した。ＳＰ録音の表面と裏面を別録音として数えたため、盤面では百四十六枚である。

(11) Foundation for Arab Music Archiving & Research（ＡＭＡＲ）：二〇〇九年開設。

(12)参考音源に記したが、修士論文執筆後の二〇一五年にAMARより新しく四枚組のアルバムが発売され、こちらも日本で入手可能である。
(13)主にエジプトのタフトで演奏され、ウードやカーヌーン、ヴァイオリン、ナーイなどの旋律を奏でる奏者によるソロと、決められた短い旋律を合奏で演奏する交互におこなう形式の器楽曲。
(14)現在では民族舞曲を表す言葉として用いられている。シャウワーが作り出したジャンルとされ、マクスームのリズムの上で決められた旋律と即興が交互に入れ替わる。
(15)neoclassical arab music [Danielson 1997]
(16)アラブ音楽会議については、[水野二〇一〇：二〇〜三三]に詳しい。シャウワーは演奏家としてだけでなく教育者としての活動実績、アラブ音楽とイラク音楽の豊富な知識を評価され、一九二九年よりアラブ音楽会議の音階に関する委員として準備に関わり、会議では議論に参加しタクスィームを披露した。
(17)キリスト教東方典礼カトリック教会の一派。

◆参照文献

水野信男　二〇一〇「アラブ音楽会議でバルトークは何を聴いたか？」西尾哲夫・堀内正樹・水野信男編『アラブの音文化――グローバル・コミュニケーションへのいざない』スタイルノート、二〇〜三三頁。
Danielson, Virginia 1997 *The Voice of Egypt: Umm Kulthūm, Arabic song, and Egyptian Society in the Twentieth*

Century. Chicago: The University of Chicago Press.

d'Erlanger, Rodolphe 1949 *La musique arabe*. Tome 5. Paris: Librairie Orientaliste Paul Geuthner.

Rhoné, Arthur 1877 *L'Égypte à petites journées: études et souvenirs: Le Kaire et ses environs par Arthur Rhoné*. Paris: E. Leroux.

al-Shawwā, Sāmī 1921 *kitāb ta'līm al-kamānja al-sharqiyya 'alā 'alāmāt al-nōta al-'ifranjiyya*（*Methode de Violon par Sami Chawa: Professer de Musique*）. al-Qāhira: N.d.

al-Shawwā, Sāmī 1946 *al-qawā'id al-fanniyya fī al-mūsīqā al-sharqiyya wa al-gharbiyya*（*The artistic foundations of oriental and western music*）. al-Qāhira: Maṭbaʿat Jabrā'īl Fataḥ Allah Jabrī wa Waladuhu.

◆参照音源

al-Shawwa, Sami. *Prince du Violon Arabe*. Club du Disque Arabe（Les Artistes Arabes Associés）: AAA 107（CD）. Recorded N. d., released 1999.

Shawa, Sami. *Master of Arabic Violin*. Global Village Music & Old Country Music: CD 824（CD）. Recorded 1953, released 2003.

al-Shawwa, Sami. *Prince of the violin*. Arab Music Archiving and Research: P1131190（CD）. Rrecorded N. d., released 2015.

◆参照ウェブサイト

Foundation for Arab Music Archiving and Research
http://www.amar-foundation.org/

Ⅲ

伝統を紡ぐ

——包摂する感性——

6 パリで故郷の歌を聴く
——モロッコ・スース地方出身の人びと

堀内 正樹

1. アンケート調査をしよう

二〇一三年三月九日、まだ寒さの残るフランスはパリ。都心からメトロ十三号線に乗り、終点に近いガブリエル・ペリという駅で降りる。なんの変哲もないパリ郊外のふつうの町並みが広がる。ところが少し歩き始めると、空気は一変した。まるでモロッコにいるのではないかという錯覚に襲われたのである。道行く人たちの顔はどう見てもモロッコ人で、聞こえてくることばはダリージャ（モロッコのアラビア語）やベルベル語である。通りすがりの旅行代理店のウィンドウには余計な説明は一切なしに、タンジェ、ケニトラ、ラバト、カサブランカ、マラケシュ、アガディール、ゲルミームといったモロッコの主要都市や、ナドール、ウジダ、ゲルシーフ、ベルカン、タザ、タウリルトといった外国人にはあまりなじみがないが、モロッコ人ならばよく知っているモロッコ国内の地方都市の名前がなにげなく羅列され、その横に長距離バスの写真が貼ってある。モロッコにいて、ひょいとバスの切符を買いに行く気分とまったく変わらない。じっさい、毎年夏のバカンスを迎える時期になると、多くの人たちがこうした長距離バスでモロッコ各地へ里帰りするそうである。さらに通りを行くと、そこここの看板や標識にはフランス語と並んでアラビア語が書かれている。私はモロッコの生活には長年慣れ親しんできたものの、フランス語はいまだにすこし苦手なので、ホッと安堵感を覚える空気が辺り一帯に流れているのである。

この場所に私を連れてきてくれたのは、パリ生活がもう何十年にもなるラハセン・ダーイフさんである。ダーイフさんはもともとはモロッコ南西部のアガディールという町の出身で、パリでフランス国立科学研究センター（CNRS）の研究員としてイスラーム法関連の仕事に従事しているインテリである。そのダーイフさんと私とのあいだを取りもってくれたのは小田淳一さん（東京外国語大学教授）で、その経緯は小田さんの最近の論文［小田　二〇一五：二五八］に詳しく書かれているのでご参照いただきたいが、この日はダーイフさんがその小田さんと私をこの場所に連れてきて、一緒にアンケート調査をしようというのであった。アンケートの趣旨は、パリ在住モロッコ人、より正確には「スース人」がどのような音楽の趣向をもち続けているのかを明らかにするというものである。

スースというのはダーイフさんの出身地であるモロッコのアガディール市を中心として、その周囲に広がる山岳や砂漠の一帯を指す昔からの伝統的な地域名称である。そこに住む人たちは「タシュルヒート」ということばを母語としていて、これは北アフリカに広く分布する「ベルベル語」の一方言といわれてきた。ベルベル語はモロッコでは二一世紀に入ってから「アマズィグ語」と呼ばれるようになり、「標準アマズィグ語」というものが「アマズィグ文字」とともに新たに制定されて普及しはじめているが、それ以前には北アフリカのベルベル語に標準語あるいは共通語というものはなかったのだから、タシュルヒートを「方言」と呼ぶのは正確にいうとあたっていない。しかしともあれ、スース人はタシュルヒートを話し、タシュルヒートを話すのはスース人だと考えてほぼ差し支えない[1]。

そのスース人がパリにも大勢暮らしていて、彼らが故郷スースで醸成されてきたタシュルヒートによる歌や音楽にいったいどれだけ関心をもち続けているのだろうか、というのが当初のわれわれの問題意識だった。われわれというよりも、むしろダーイフさんにその思いが強かったのではないかと思う。ダーイフさんは十九歳で故郷スースをあとにして渡仏し、以来パリを舞台にイスラーム法学、とりわけ難解なハンバル派[2]法学の手写本の研究に打ち込み、そのテーマでパリ大学の学位を取得し、そのようにしてアラビア語（それも生粋の古典アラビア語）と学術用のフランス語を自家薬籠中のものとしてきた。前出の小田さんによれば、ダーイフさんの書くフランス語は彼の元上司をして「フランス人以上にフランス語の機微に長じている」と舌を巻かせたそうである。これは推測でしかないが、そんなパリを愛する彼にとって、おそらくスースは長いあいだ視界のはるか彼方に後退した存在だったのではないだろうか。ところが、私のもっている数枚の古いレコード盤が「寝た子を起こす」仕儀となったようなのである。

その詳しい事情は前出の小田論文にも記されているが、二〇一一年一月に彼が本業のイスラーム法の古文書に関する研究発表のために初来日を果たした際、たまたま小田さんに連れられて彼が東京・吉祥寺にある私の大学の研究室を訪れた。ダーイフさんはこの来日に際しては、せっかくの機会だからということで彼の故郷スース地方の「ラーイス」と呼ばれる吟遊詩人（ないし歌手）の流れをくむグループサウンズに関する発表も行い、私がそのコメントを仰せつかっていたものだから、私は手元にあったラーイスの元祖ともいえる伝説的なハッジ・ベルイードという人物や同時代のラーイスのかなり昔のレコード盤を、軽い気もちで何枚か彼に見せた。ハッジ・ベルイードといえばダーイフさんはもちろん、スース人ならば誰もが知っている超有名人であるから、彼がさほど驚くとは思っていなかったのだが、そのレコード盤を見て、これはおそらくモロッコでもフランスでももう手に入らない貴重品だということになり、この古典的ラーイスの歌の解読に彼が興奮気味にのめり込んでゆくことになったのである。というのもハッジ・ベルイードほどの高名なラーイスの「幻の名盤」を発見したとなると、それはダーイフさんのみならず多くのスースの人びとにとって大変な朗報となるはずだからである。

そこでさっそく小田さんの主導で、ネット公開を目指して、このレコードに吹き込まれた歌のデジタル化と譜面起こし、そして歌詞の解読作業が進められた。ダーイフさんはもっぱら歌詞の解読にあたった。ところが厄介だったのがこの解読作業で、とにかく音質が悪すぎた。そもそも私がこのレコード盤を手に入れたのは、一九九四年の夏、アガディールの南にあるティズニットという町の骨董屋《こっとう》をのぞいたときのことであり、そのとき店の主人は私に旧式の蓄音機を売りたがっていた。そしてその蓄音機のデモ用として店の片隅に埃《ほこり》をかぶって無造作に積み上げられていたレコード盤の山のなかから、面白そうなものだけ数枚を値切って買った。メインの商品を買わずにオマケだけ買うというひねくれた客だったのである。買ったレコードの何枚かは、帰途、スース地方の四十度を超える猛暑のでこぼこ道を走る私の車のトランクのなかで変形したり割れたりした。帰国後も私はこのレコード群にはそれほど執着していなかったので、なんの手入れもせずに自分の研究室の棚に放置していた。だからいざ再生してみると音質はひどいものだったのである。しかしともかくレコードからMP3ファイルに変換した歌を、その後フランスに戻ったダーイフさんに渡し、歌詞の解読を一任した。

彼を悩ませたのは単に音質の悪さだけではなく、じつは歌詞そのものがダーイフさんの世代にはあまりよく意味の取れない単語の頻出する、昔のタシュルヒートだったことである。このことは私を驚かせた。このレコードが録音されたのがいつなのかはそのときにははっきりとわからなかったが、おそらく一九三〇年前後だろうと推測でき、それからわずか八十年ほどのあいだにそれほどまでにことばは変わるのだろうか、と。しかし事実は事実なのでしかたない。変化は話しことばの宿命なのだろう。ダーイフさんは夏にアガディールに帰省した折に、周囲の年長者などの協力も得て、なんとか歌詞の解読作業を果たしたという。そうやってできあがった成果が、小田さんの尽力により東京外国語大学アジア・アフリカ言語文化研究所のサイトにアップされている(3)。そこには音源とともにタシュルヒートの歌詞、その仏訳、さらに私たちの研究仲間である フランス文学・音楽専門の岡本尚子さん(現、洗足学園音楽大学講師)の手による和訳と、同じく岡本さんの作成した歌詞対応の楽譜も付けられている。

その後ダーイフさんは二〇一三年一月に二度目の来日をした。今度は、前回のいわば同時代のグループサウンズの話とは違って、ハッジ・ベルイードをはじめとする古典期のラーイスを念頭に、「スース地方の伝統的なベルベル歌謡における宗教的な価値と教え」と題する魅力的な研究発表を行った。この発表が今述べたレコードの解読作業と無縁でないことは容易に想像がつくだろう。彼は古典期のラーイスのなかにイスラーム的な知性・感性との深い結びつきを見いだし、それをスースの民衆文化の誇るべき起点として認識しようとしたことがひしひしと伝わってくる。自身のライフワークともいえるイスラーム法学と故郷スースの文化的源流の重なる場所を見いだした彼の生き生きとした姿を見て、私は「寝た子を起こしてしまった」と実感したのである。そしてその二ヶ月後、私と小田さんは、アンケート用紙をどっさりと鞄に詰め込んだダーイフさんと共に冒頭のガブリエル・ペリ駅に降り立ったという次第である。

2. 精力的なインタビュー

さて、このアンケート調査をしようと言い出したのは小田さんだが、ダーイフさんが当初から大変乗り気だったことは確かである。おそらく自分が再発見したスースの民衆文化の価値とそれへの関心を、同じくパリに暮らす同胞たちのあいだで確認したかったのであろう。アンケート項目の骨格は小田さんが準備し、ダーイフさんがそれに具体的な選択肢を肉付けして、アンケート用紙は完成した。質問は全部で九項目あり、列挙すると次のようになる。年齢、性別、婚姻、出身地、職業、ベルベル音楽のなかで好きな種類、コンサートに行くかどうか、視聴方法、ベルベル音楽以外で好む音楽。各項目にはそれぞれに具体的な選択肢がいくつか用意され、チェックボックスが付されている。表記はフランス語である。

当初は配布・回収を念頭にこうした用紙が作られたが、調査を始めてみるとほとんどが面接・インタビュー形式になってしまった。これは途中で気づいたのだが、ダーイフさんのようにフランス人以上にフランス語の読み書きを自由にこなすインテリは別として、ふつうの仕事をしている人たちは会話こそフランス語になんの問題もないが、文字を前にすると一歩身を引く人びとが少なくなかったのである。おそらくアラビア語でアンケート用紙を作っても同じことだっただろう。書面よりは会話なのである。そこでダーイフさんはスース人がいるだろうと目星をつけた店に入ると、そこで働く人たちに積極的に声をかけて、質問項目を埋めるように自分で用紙に書き込みを入れながら、次々とインタビューをこなしていった。もちろん会話はタシュルヒートで行うが、ダーイフさんが用紙に書き込んだ自由記述欄の記録メモはフランス語だった。彼の頭が自動的にタシュルヒートをフランス語に変換するのだろう。

ダーイフさんは、熱心だとはいえ、他の多くのスース人と同じように配慮の人であるから、インタビューは店の仕事を邪魔しないように客の流れが引くのを待って、次の客が来る前に敢行する。そうやって雑貨屋、菓子店、パン屋、クリーニング店、肉屋など多くの店を経巡った。話が盛り上がる場合には店の奥の調理場や物置に場所を移してインタビューを継続することもあった。

数日後、今度は場所を移し、やはりスース人が大勢いるというパリ南部のイタリア広場近くで調査を継続した。相変わらず熱心なインタビューが続いたが、ダーイフさんの情熱を感じたのはそのあとで、被調査者に女性が極端に少ないと彼が言い、回答者のジェンダー・バランスを取るために大学へ行ってモロッコ人の

写真1　アンケートに熱中するダーイフさん

女子学生を捜そうということになったのである。しかし若い女性に見ず知らずの男たちが声をかけるというのは、いかにパリだからとはいえ、破廉恥行為に相当するのではないかと私は躊躇《ちゅうちょ》したのだが、ダーイフさんの情熱を押しとどめることはできず、結局パリ第三（新ソルボンヌ）大学で何人かの女子学生から話を聞くことができた。

　このようにして集まった回答用紙は結局四十一枚に上った。多いか少ないかは見解の分かれるところだが、結果的には量的調査というよりもインタビュー調査だったことを考えれば、所期の目的は一応達成したといってよいだろう。

3. アンケート斜め読み

　集まったアンケート用紙を眺めてみると、本筋の音楽の趣向とは別に、ひとつ興味深いことに気づかされる。それは

「出身地」の表現の仕方である。聞き取りはダーイフさんとスース人とのあいだで行われたわけだから、自分の出身地を言い表すときにはスース人同士のシチュエーションが反映されていたと考えてよいだろう。そして結果を見ると、四十一人中たった一人だけ私には初耳の「アダーイ」という地名を挙げたが、それは本人が「ゲルミームの近く」と補足しているので問題なく、そうするとすべての出身地名が私にもわかるのである。それはアガディールとかティズニットとかゲルミームといった大きな町の名前であったり、タナルトとかアイト・バハーといったもう少し小規模な町の名前であったり、あるいはアイト・バー・ウムラーンとかアイト・スワーブといった部族の名前であったり、さらにはシュトゥーカとかアンズィーといった地域名称であったりと様々なのだが、どれを聞いてもどのあたりなのかすぐに見当がつく。なお部族名と地域名は重複している場合が多いので、部族名も地名だという感覚でよいし、またたとえばタナルトという町はアイト・スワーブ部族の拠点なので、町の名と部族名もほぼ同義と考えてよい。ちなみにあるパン屋の店員がそのタナルトの出身だというので、「じゃあアイト・スワーブだよね。で、タナルトのどのあたり？　トドマのほう、それともイミ・ン・タグズートの近く？」と口を差し挟んだら、「あんたはそんなことまで知っているのか」という顔で急に笑顔になり、親しくなって話が盛り上がり、帰りには店の売り物のバケットをただで土産にもたせてくれた。ちなみにタナルト周辺は私になじみの土地だったが、ダーイフさんはこれらの地名を知らなかった。

このエピソードにはじつは考えるべきことがあって、スース人同士で自己紹介するときの出身地名には一定の「スース標準」のようなものがあるのではないかということである。その標準より細かい地名は出さない。右の例でいうと、トドマやイミ・ン・タグズートというのは戸数にして十から二十前後の山間の小さな集落であり、アドゥワールと呼ばれる。同じスース人であっても、たとえばダーイフさんのように少し遠くの土地の人にこのアドゥワールのレベルの名前を言っても、当然のことながら、ほとんど通じない。だからアドゥワール情報を共有した場合に親近感を抱かれても驚くにはあたらない。

ただし「スース標準」には例外もいくつかあり、今回のアンケートのなかに「ウィッジャーン」出身と答えた人がいた。これはアドゥワール・レベルの集落名であるが、じつはくだんの大ラーイスであるハッジ・ベルイードの出身村なのである。ティズニットの東方二十キロほどのところにあり、地域名称でいえばアサカ、部族名でいえばイダ・ウ・バーキルということになるが、ハッジ・ベルイードの名声のおかげで、ウィッジャーンだけで十分通じる。同じように、「スィディ・ビビ」と答えた人がいる。これもアドゥワール・レベルの集落名で、アガディールの南に広がるシュトゥーカという地域に位置する。この集落にはイスラームの偉人の廟《びょう》があり、毎年夏になると祭り（アヌムッガル）が開催されて、道路事情のよくなった昨今ではアガディールから車なら三十分くらいで行けるため、多くの人びとが集まり、有名な場所になっている。このためスィディ・ビビだけで十分なのである。

こうした例も「スース標準」に含めるとすれば、別の意味でやはり「スース標準」の特例的な地名がアンケートのなかにあった。ベンセルガオやドゥシーラであり、これらはもともとアガディール市の外れにあって、スース各地から出てきた人びとが集まる雑然とした新興住宅地区だったのだが、都市化によるアガディールの急膨張に伴って、現在ではアガディール市の一部に飲み込まれている。だから行政的には「アガディール」なのだが、いまだに独立した名称で認識されているのだろう。

ともあれこうした「スース標準」の地名があるとしても、それはスース以外のモロッコ人にはなかなか通じないだろう。アガディールやティズニットといった大きな町の名は別として、地域名称や部族名や小さな町の名は決して「モロッコ標準」にはならないと思う。このように「モロッコ標準」よりは小さくて、「集落標準」よりは大きいところに設定される「スース標準」の具体的な地名群を知ることができたのは、私にとっては今回のアンケート調査の大きな収穫であった。スースの地元にいたならば、このように大勢の人びとから一斉に地名を聞く機会はそうはなく、「スース標準」をなかなか認識できないからである。そしてそれはアンケートに回答された「好きなラーイス」たちの名前を見ると、次に述べるように、さらに重要な示唆を与えてくれるのである。

そこで表をご覧いただきたい。これは「ベルベル音楽のなかでどんな種類が好きですか」という質問項目のうち、「好きなラーイス」という細目に対して複数回答可で与えられた回答を、支持者の多い順にランキングにしたものである。要するに「好きな歌手ランキング」と考えていただければよい。ダーイフさんは具体的な歌手名を「古典ラーイス」と「モダン・ラーイス」というカテゴリーに分けて選択肢として付与したのだが、私としては歌手名の並べ方に若干の問題を感じるのでこの際無視し、古い人から最近の人までまとめて集計してみた。名前の頭に（*）がついているのはダーイフさんが事前に用意したチェックボックスつきのラーイス名であり、これらは「答えやすい」「思い出しやすい」という誘導尋問的な意味をもつので、支持者の数は若干割り引いて考える必要があるだろう。そのほかは思いつくままに自由に挙げてもらった名前である。

名前の最初の部分のウマルとかムハンマド、ハサン、サイードなどは個人名であるが、後半部は「姓」に相当する芸名である。上位五人までは古典期のラーイスなので最近のラーイスとは異なる性格の芸名をもつが、それ以外のラーイスたちは多くの場合出身地や出身部族を芸名にしていることに特徴がある。たとえば十一名の支持を集めたハサン・アルスモークは一九九〇年代にトップスターに躍り出て、いまだに高い人気を誇る男性歌手（ラーイス）であるが、彼の芸名「アルスモーク」というのはRSMKという同一語根の出身村（部族）の名「ラスムーカ」（ないしゲルスモーク）から取られている。彼がまだ売り出し中の頃、私は巡業中の彼とアガディール空港で会って話をしたことがあり、強烈なキャラクターが強く印象に残っているのだが、彼の出身「集落」はアフラグというので、芸名はたしかに「集落標準」ではない。しかし面白いの

表　好きな歌手ランキング

歌手（ラーイス）名	支持数
(＊) ハッジ・ベルイード	30
(＊) ブバクル・インシャーズ	21
(＊) ウマル・ワハルーシュ	16
ムハンマド・ボーンセール	12
(＊) ムハンマド・ブドラア	11
(＊) ハサン・アルスモーク	11
サイード・アシュトゥーク	10
ファーティマ・タバア・ウムラーント	9
マハディ・ブン・ムバーラク	7
ブバクル・アズアリー	6
フセイン・アル・バーズ	6
アフマド・ビズマウン	6
ムハンマド・デムスィーリー	5
アフマド・アムンターグ（大）	4
サイード・ウ・タッジャジュト	4
ラルビー・アルスモーク	3
アイサール・ムバーラク	3
ジャミーウ・アル・ハーミディ	2
アムーリー・ムバーラク	2
ファーティマ・ティヒーヒート（大）	2
アイト・アル・アーティ	2
アリー・アル・シュハード	2
ムハンマド・バー・ウムラーン	2
ムハンマド・ウ・タズナフト	2
フセイン・ウ・ターリブ	2
ファーティマ・タルグリシュト	2
ラキーヤ・デムスィーリーヤ	1
B. ブラヒーム	1
アアラブ・アムンターグ	1
アアラブ・アティーギー	1
アーイシャ・ティシンムート	1
ラキーヤ・ティルブンセルト	1
アフマド・アズンクド	1
キリ・ドンティ	1
フセイン・アモレクシー	1
ラキーヤ・アシュトゥーク	1
ラハセン・アズルワル	1
ブラヒーム・アシュトゥーク	1
ムハンマド・ビスモミーン	1
アフマド・ウ・ターリブ	1
ムハンマド・アラブ	1
ムハンマド・アギッルーン	1
ラーイサ・スフィーヤ	1

は、そうかといって「スース標準」を彼が採用したかというと、これが違うのである。彼の村はスース標準でいうと「ウルティット」に属すはずだが、強い印象を得るために、あえてスース標準よりワンランク下位のラスムーカを使ったのである。そして彼の成功を受けて、同じ村出身のラーイスたちはアルスモークを使うようになった。三名支持のラルビー・アルスモークはその例であるし、今回のアンケートの回答には登場しなかったムバーラク・アルスモークというラーイスもいる。このようにして、準標準だったラスムーカという名はいまや完全にスース標準に昇格したといってよい。

ちなみに隣接するシュトゥーカというすでにスース標準の名をもつ地域出身のラーイスたちは「シュトゥーカ」を芸名にもってきている。十名の支持を集めたサイード・アシュトゥークや、一名だけの支持のラキーヤ・アシュトゥーク、ブラヒーム・アシュトゥークなどはみな「シュトゥーカ」を利用している。同様に九名支持のファーティマ・タバア・ウムラーントの芸名は「バー・ウムラーン」というスース標準の部族名称を用いているのだが、二名支持のムハンマド・バー・ウムラーンも同じバー・ウムラーンであり、このほかにもじつにたくさんのラーイスたちをバー・ウムラーンは輩出してきている。

このランキング表を見ていてもうひとつ興味深いのは、アルスモークという名がスース標準に昇格したように、スース標準の部族名には達しないいわば「家族」の名が標準に昇格している例である。たとえば十二名支持のムハンマド・ボーンセールの「ボーンセール」（アラビア語ふうにいえば「ブン・ナースィル」か）というのはティズニット市に古くから伝わる家系で、数多くのラーイスや詩人や芸人を輩出してきた。一名支持のラキーヤ・ティルブンセルト（ボーンセールの女性形）はこの表中の例に過ぎないが、他にも数多くの「ボーンセール」がいて、この名はいまや完全にスース標準といってよい。同じように、五名支持のムハンマド・デムスィーリーの芸名は、アガディールからマラケシュへ向かう途中にあるイミ・ン・ターヌートという町の近くの「デムスィールン」という「スース標準」からはほど遠い小さな部族の名に由来しているが、ムハンマド・デムスィーリーと一名支持のラキーヤ・デムスィーリーヤが一九七〇～八〇年代に一世を風靡《ふうび》してからは何人もの「デムスィーリー」を生み出して、これもすでにスース標準となっている。

4.「標準音楽」と「身内の音楽」

このように、「スース標準」の地名（部族名）がラーイスたちの芸名に取り入れられ、また逆にラーイスたちの芸名が「スース標準」の成立に貢献するという循環現象は、「スース標準」が具体的に顕現するパリという、現地から離れた場所ならではの新たな発見であった。その点、もうひとつの音楽ジャンルである「アホワーシュ」への好みは、スース標準とは別の方向性を示唆している。

アンケートの「ベルベル音楽のなかでどんな種類が好きですか」という質問項目のなかに、ダーイフさんはラーイスとは別のカテゴリーとして「アホワーシュ」「アヒヤード」という選択肢を設けた。アホワーシュというのは村祭りや結婚式などの際に集落や部族ごとに集団で行う歌舞のことであり、アヒヤードとはそのうち特に踊りを強調する場合に用いられる語彙《ごい》である。集団の踊りにはいくつかの様式があって、すでに植民地時代にフランスの音楽学者ショタンが主要な三種類のパターンを写真とともに記録していて［Chottin 1939: 53］、今日でも基本的にはそのパターンが組み合わされて踏襲されているが、細部は部族や集落によってかなり独自の特徴が出る。アンケートではアホワーシュへの支持を示した人が二十八名、アヒヤードが十一名いたが、そのほかに自由記述として「アジュマク」を挙げた人が七名もいた。アジュマクはおもに楽器なしで男たちが詩を合唱する朗誦《ろうしょう》パフォーマンスである。しかしアヒヤードもアジュマクもじつはそう厳密に区別されるわけではなく、両方とも広い意味のアホワーシュに含めてよいだろう。

そうすると、ともかく回答を寄せた人のうち半数以上がアホワーシュを好んでいるわけで、そこにはラーイスとはまた別の趣向を読み取ることができる。アホワーシュがラーイスと異なるもっとも大きな点は、ラーイスがプロの手による「聴かせる音楽」あるいは「商業音楽」と化しているのに対して、アホワーシュは素人である自分たちが自分たちのために自分たちの生活の場で行ういわば「盆踊り」のようなものと考えればよい。そしてそれらは部族や集落に根ざしたものだから、「スース標準」を気にすることなく、「集落標準」で十分なのである。言い換えればラーイスが「標準音楽」であるのに対してアホワーシュは「身内の音楽」ということになる。ちなみに二名がアホワーシュ一般ではなく「女性のアホワーシュがよい」と答えているが、彼らの出身は山岳部であり、女性のアホワーシュはその地域の村々でしか行われないので、これは「身内の音楽」への選好を裏付ける発言とみてよいだろう。

この「身内の音楽」については、インターネットが普及する前の一九八〇年代から九〇年代まで、夏のバカンスで村に帰省した人たちが自分のラジカセやビデオカメラで記録したその年の自分の村のアホワーシュの音声や映像をフランスにもち込み、そこで家族や同郷の友人たちだけで楽しんでいた。そしてよその部

写真2　スース山岳部の女性のアホワーシュ（1980年代）

族やよその村のアホワーシュにはほとんど関心を示さなかった。ところが今では帰省した人たちがスマホのカメラやコンパクト・デジカメで記録した動画をYoutubeなどのインターネットの動画共有サイトに気楽に投稿するので、パリにいても自分の村ばかりでなく、スースの到る処のアホワーシュを気軽に視聴できるのだという。ためしに私もいくつかのサイトを検索してみたところ、たしかに想像以上の数のアホワーシュにアクセスすることができた。ところが私が長く逗留《とうりゅう》し、今でも付き合いの続いているイダ・ウ・グニディフという山岳部族の、それもティフラドゥンとかタマイルトとかアムズ・クサーンといった集落（アドゥワール）のあの美しいアホワーシュを検出することはついにできなかった。そこで思い出すのが、村からアガディールやモロッコの首都ラバトに出ている友人たちの言である。かれらは今では昔のようにカセットテープやビデオテープはおろか、つい最近まで利用されていたVCDさえももう使うことはなく、村のアホワーシュはもっぱら会員制のSNSを使って、

スマホやパソコンで仲間内だけで見ているというのである。おそらくパリでも同じことが行われているのではないだろうか。つまり同じインターネットとはいっても、開放された検索サイトに引っかかるアホワーシュは「標準音楽」化されたアホワーシュであり、「身内の音楽」としてのアホワーシュは閉鎖的なＳＮＳの範囲内で流通する。

そこで気になるのがアンケート項目の八番目に設けた「どういう手段で音楽を聴いていますか」（複数回答可）という視聴方法に関する質問の答えである。回答の選択肢は、ラジオ、テレビ、カセット、ＣＤ、レコード、インターネット、その他（iPod や iPhone）となっていて、舞台やコンサートを見に行くかどうかは別の項目になっている。一応回答を集計すると次のようになる。ラジオ（三十）、テレビ（二十五）、カセット（十四）、ＣＤ（二十七）、レコード（三）、インターネット（二十七）、その他（iPod や iPhone）（十二）。レコードを聴くという人が三人もいたのは驚きだが、その他にはそれほど予想外の結果にはなっていない。若干注意したいのはラジオの聴取者が多いことだが、パリにはアラビア語放送のラジオ局がいくつもあることや、仕事中はやはりラジオが便利だということを考慮すれば納得できる数字であるし、興味深いのは、ラジオといっても通常のラジオではなく、インターネット・ラジオと答えた人がいたことである。インターネット上にはたとえば RADIO-PLUS といった便利なサイトがあって、フランスばかりでなく、モロッコ各地あるいはスース各地の数多くのインターネット・ラジオ局の非常にクリアーな音声を自由に聞くことができる。一番の人気はタシュルヒートによるアガディール放送だそうだ。つまりパリにいてもいつでも気軽にタシュルヒートの放送をクリアーに、地元にいるのと変わらずに聞くことができるというのは、インターネット時代がもたらした福音だろう。

話を「身内の音楽」であるアホワーシュに戻すと、インターネットやiPhoneを使うと答えた人のなかにどれほどSNSの私的な利用者がいるのかが定かでないのが残念だが、一定数はそうやって「身内の音楽」を聴いているだろう。またそれとは別に、カセットの利用者がいまだに十四名もいることから、おそらくそのなかには市販の音楽テープではなく、「身内の音楽」つまりかつてカセットテープに録音した自分の村のアホワーシュなどを大切にしている人がいるのではないかと想像できる。ラーイスなど市販の音楽テープならばそのほとんどがCD化されたりネット上にアップされているので、後生大事に取っておく必要はないからである。現に私自身、かつてたくさんカセットテープに録音した村のアホワーシュを聞きたいがため、今でも再生機を捨ててはいない。カセットの音をデジタル化するのには手間がかかりすぎるのである。それはともかく、たとえアホワーシュへの支持が「身内の音楽」だけでなく、ネットやCDなどで「標準音楽」化されたよその地域のものを含むようになっているとしても、基本的な方向性としては「身内の音楽」への強い傾斜を考えてよいだろう。

5. ふたつの標準の合するところ

さてそれでは、「スース標準」（ないし「標準音楽」）としてのラーイスたちへの大きな支持と、それとは対照的な「身内の音楽」としての素人のアホワーシュへの変わらぬ支持が共存することはどう考えたらよいのだろうか。たとえば「歌謡曲も好きだし、ジャズも聴くし、クラシック・コンサートにも行くし、ロックやレゲエやヒップホップだって好きだ」といった音楽好きの人の感覚と同じように考えてもよいのだろうか。少し違うものがあるような気がする。そこでラーイスの人気ランキングに戻って、そのヒントを考えてみよう。

ランキングで支持者数の上位を占めるのは総じて古い時代のラーイスたちである。ラーイスの伝統の草創期から最近までの展開については別の場所に書いたことがあるので詳しいことはそちらをご覧いただきたいが[Horiuchi 2001]、簡単に振り返っておくと、まずラーイスの出発点はランキングで圧倒的一位のハッジ・ベルイードに求めてかまわない。生年は明確でないが、おそらく一八七〇年代半ばと推定され、没年は一九四五年頃といわれる。現在まで続くラーイスの原型となった人物で、おそらくその後のすべてのラーイスたちが彼を模範ないし理想と考え、つねに彼に立ち返ることを望むようないわば別格のラーイスである。そのハッジ・ベルイードと吟遊の旅を共にし、のちに独立した弟子がランキング二位のブバクル・インシャーズと五位のムハンマド・ブドラアである。この二人も一九世紀末に生まれたと推定され、二〇世紀前半に活躍した。

師弟関係でつながるこの「ビッグ・スリー」をラーイスの第一世代とすれば、それに続く第二世代がウマル・ワーハルーシュ（ランキング三位）、ムハンマド・ボーンセール（同四位）、サイード・アシュトゥーク（同七位）、マハディ・ブン・ムバーラク（同九位）、ブバクル・アズアリー（同十位）、アフマド・アムンターグ（同十四位）などである。かれらは一九二〇年代から三〇年代に生まれ、フランスがモロッコを植民地統治していた時期（一九一二〜一九五六）に青春時代を過ごした。レジスタンスと故郷への愛に彩られたかれらの情熱的な歌声は、ライスの黄金期といわれる時代を作り、かれらの名はいまだに忘れ去られることはない。

それに続く第三世代はモロッコ独立（一九五六）のあとの時代を形作り、おもにふたつの潮流に分かれた。ひとつがムハンマド・デムスィーリー（同十三位）に代表される「芸能化」への流れであり、それまでのライスが基本的には擦弦楽器《さつげん》のリバーブと撥弦楽器《はつげん》のルタールを伴っただけの簡素な演奏形態だったのに対し、鳴り物を含めた大編成のバック・オーケストラと華やかな民族衣装をまとった女性の舞踊団を従えて、あたかもアホワーシュを再現するかのような舞台を演出するようになったのである。支持者九名のファーティマ・タバア・ウムラーントと、同じく二名のファーティマ・ティヒーヒートは、デムスィーリーの潮流のなかから現れた一九八〇年代を代表する二大女性スター歌手である。

独立後のもうひとつの流れは、ダーイフさんがライスとは別のカテゴリーとして設定した「グループ」の出現である。日本でビートルズなどの影響を受けてグループサウンズが出現したのと同じ一九六〇〜七〇年代に、スースでもグループサウンズが生まれ、長髪にジーンズといういでたちで、数人の若者がバンジョーやカントリーギター、あるいはエレキギターなどを手にコーラスを奏でたのである。しかし日本のグループサウンズが歌謡曲を踏襲していたのと同じように、スースのグループも外見こそカウンター・カルチャーのスタイルであったが、中身は伝統的なライスを踏襲していた。したがってしばらくしてからグループが解散したり、あるいはメンバーが独立したとき、かれらはライスとして活動することになったのである。ランキングで二名支持のアムーリー・ムバーラクはその典型例で、オスマンという人気グループから独立して、一九七〇〜八〇年代に大活躍した。個人的なことで恐縮だが、私はアムーリーのファンで、彼と何度か話をしたことがあり、最近は音楽プロデューサーとして活動していたが、残念なことに二〇一五年二月、六十三歳でこの世を去った。私と同い年である。彼もまたハッジ・ベルイードを尊敬していて、晩年にベルイードの曲をカバーしてレコーディングしたことを誇りに思っていたそうである。

参考までにアンケートで「好きなグループ」を質問した結果を示しておこう。括弧内は支持者数である。ウダードゥン（三十）、イズンザルン（二十六）、ラルシャーシュ（十二）、オスマン（八）、イムグラン（五）、イネルザフ（四）、ラルヤーシュ（三）、インダーンム（一）、タズンザルト（一）、アウザール（一）、ラジュワード（一）。このランキングはわかりやすい結果になっていて、一位のウダードゥンから四位のオスマンまではすべて一九六〇〜七〇年代の昔のグループサウンズであり、イムグラン以下は「グループ」というよりも、メンバーが単独で活動したり他のラーイスとコラボしたりするといった、いわば「ユニット」と呼べるような現役の集団である。

さて説明が少し長くなってしまったが、ラーイスにしてもグループにしても、人気の上位を物故者や老人たちが占めているのはなぜだろう。ハッジ・ベルイードは日本でいえば明治初期の生まれで大正と昭和初期に活動した人物であり、それに続く第二世代も日本の戦前から戦中に活躍したわけである。第三世代にしてもムハンマド・デムスィーリーのようにすでに亡くなっていたり（一九八九）、あるいはグループサウンズもメンバーのほとんどが今は六十歳代である。ラーイス・ランキングの上位に例外的に顔を出している現役代表のようなハサン・アルスモークでさえも、すでに中年から初老にさしかかっているのである。

まずひとつの解釈として成り立つだろうと思われるのは、自分の住む（住んだ）村や集落の香りへの愛着である。ラーイス一般が「スース標準」に貢献していることは先に述べたが、それとは対照的にハッジ・ベルイードやブバクル・インシャーズあるいはムハンマド・ブドラアといった草創期のラーイスたちは、じつは「集落（アドッワール）標準」から出発していたのである。かれらは集落から集落、また村から村をじっさいに遍歴して、各地のアホワーシュやタンダンムト（一九世紀以前から村々に伝わるタシュルヒートの地元の詩）から得られたインスピレーションをアマルグ（スース標準の詩）に編み直して、人びとに肉声で伝えた。まさに本来のイメージの吟遊詩人といってよいだろう。だからかれらの歌にはスース標準に昇華される前の「集落標準」の香りが強く反映されているのである。自分の村のアホワーシュやアジュマクを好む人びとの心情をつかむのはスース標準の近年のラーイスたちよりは、むしろこうした集落の生活に密着した草創期および第二世代の古いラーイスたちであるのだろう。ちなみに草創期のラーイスの芸名（姓）にスース標準の出身地名が用いられないのも、このことに呼応しているのかもしれない。

6．古きよき歌への思い入れ

古いラーイスたちがいまだに支持され続けることの理由としては、今述べた田舎の我が家の残り香、つまり標準音楽というよりもむしろ身内の音楽の性格を兼ね備えていることのほかに、もうひとつ別の位相が考えられる。それは宗教的・倫理的価値への志向である。アンケートの自由記述欄に記されている意見のいくつかは、最近のラーイスの歌詞が軽薄な恋愛のようなものばかりで、宗教・倫理的な含意が少ないと指摘している。そして昔のラーイスには、今は失われてしまった真面目なメッセージがあったというのである。それが「昔のラーイスが好きだ」「伝統的なラーイスがよい」といった支持の理由として認識されている。

じつはダーイフさん自身もこの立場に立っていて、最初の来日のときの発表で、人びとがハッジ・ベルイードなどに感銘を受けるのは、「善行への憧憬《しょうけい》、快楽的な生活への悔悟の念、地上の取るに足らない富の放棄、希望への回帰、そしてよき人生への関心である」[4]と述べた。ダーイフさんのことばではこれらが「モラル」という語に集約される。そしてダーイフさんは二度目の来日のときの発表では、ハッジ・ベルイードに即して、そのモラルを巡礼、礼拝、信仰の勧め、聖者やウラマー（イスラーム学者）への敬意、女性といった項目を立てて、じっさいの歌詞の分析を通じて詳述した[5]。ダーイフさんにとってハッジ・ベルイードは、イスラームの知識や道徳、倫理といったものをイスラーム教団などが有する宗教詩から取ってきて、それを自分の詩や音楽に編み直してタシュルヒートで人びとに伝え、さらに人びとを啓蒙する役割を担っていたと考えた。つまり宗教的・学問的・政治的エリートと一般大衆を架橋する重要な第三項と位置づけたわけである。そしてハッジ・ベルイードは第三項の役割を最初に、しかも完璧な形で実現したため、そのあとに続く多くのラーイスたちの原点だとみなすわけである。なおこうした二項対立の第三項という考え方については、前出の小田さんは「ダーイフさんのようにパリ第三大学で学位を取得した典型的インテリが好む類のものであり、直ちに首肯できるわけではない」と懸念を示し〔小田　二〇一五：二六〇〕、むしろラーイスは即興詩人であるといわれることから、中世フランスの即興詩人の例を示したズムトール[6]という人の言を引いて、「心的にストックされた素材の組み合わせによって、聴き手が望む調和的世界を顕現せしめる」ようなもののかもしれないと類推している〔小田　二〇一五：二八一〕。

たしかに小田さんの言うように、ダーイフさんの解釈には「聴き手」の役割を過小評価している点があることは否めない。聴き手をそのように啓蒙されるべき受動的存在と考えたり、あるいは知的エリートと民衆という二分法を単純に適用するのにはたしかに留保が必要だと思う。しかし同時に、かつて村で家畜の鳴き声や風の香りに囲まれて目の前で吟遊詩人の詠ずる歌に接していたであろう「聴き手」の場合と違って、それから百年近くが過ぎた今、パリやアガディールの町でラジオから流れてくるレコードの雑音入りの半分意味不明な昔のことばで歌うハッジ・ベルイードを聴く「聴き手」の場合、小田さんのような「歌い手」と「聴き手」が直接に相対する臨場的な場を想定した解釈を、現在のベルイードについてそのまま適用するわけにもゆかないので、のちほどその点は再び取り上げよう。

では百年前の家畜の鳴き声や風の香りに代わって、今都会でハッジ・ベルイードを聴く人たちに与えられている情景はいかなるものだろうか。まずはすでに雑誌や新聞やラジオなどで繰り返し流布されてきた彼の一生に関わる一般情報があろう。彼の生まれはウィッジャーンという片田舎の村であること、そこがスースのコアーであるタズラワルト盆地のすぐそばで、彼はそのタズラワルトの伝統ある宗教学校でイスラームを学んだこと、家が貧しかったこと、父親が敬虔《けいけん》なフキー（イスラーム法学者）だったこと、生涯を通じて品行方正であったこと、イスラームの知識を豊富にもっていたこと、詩の才能に特別に恵まれていたこと、スースの村々のみならずモロッコ全土、メッカ、そしてヨーロッパまでも旅して歩き、世界の情勢を知っていたこと、等々。こうした情報の断片が組み合わさって、ハッジ・ベルイードの声とリンクする。そうやってそこには各人なりの「思い入れ」ができあがるといってよいかもしれない。その思い入れが、「モラルの顕現者」や「清貧を貫く人」といったスース人の理想像にまで高められているのだろう。

そしてそれを補強するのが代々のラーイスたちが繰り返し述べてきた「自分たちのインスピレーションはハッジ・ベルイードから汲み出される」とか「つねに立ち返る源泉」といったことばである。この「歌い手」たち自身の思い入れはおそらく「聴き手」にも還流するだろうから、ダーイフさんやアンケート回答者がその思い入れを分有しても不思議ではあるまい。

この思い入れを構成するのはモラルの原点という宗教的・倫理的な理想だけではない。アンケートのなかに「ノスタルジー」を挙げた人がいる。そしてダーイフさん自身も最初の来日発表のなかで、「イズンザルン」（アンケートのグループ・ランキング二位）というグループを少年時代に聴きながら、かれらと同じ地区に育ったみずからの身の上に重ねて同時代の共感を語っている。一九六〇年代に結成され、鬱屈《うっくつ》した当時の若者たちの代表とまでいわれたこのグループもまたハッジ・ベルイードをインスピレーションの源泉と公言していたわけだから、グループサウンズの聴き手だった若者たちのなかにもその思い入れは共有されただろうし、それは現在では中高年になってしまったかれらのノスタルジーのなかで再生産され続けていると考えても不思議ではないだろう。さらにいえば、このノスタルジーは「自分の小さい頃からお父さんが聴いていたので、私も古い歌が好きになった」という回答に見られるように、世代を超えて継承されるという面もある。

ところがアンケートというのは面白いもので、当たり前だが、皆が皆、同じ思い入れを表明するわけではない。「昔の歌には関心がない」「昔の歌は新しい時代に合っていない」「ラーイスはもっと斬新で新しいリズムを取り入れるべきだ」といった回答も、これもまた当然のこととして存在する。なかには、自分はカサブランカで生まれてフランスへ来たので、ベルベル語はよくわからない、という若者もいる。

とはいっても興味深いのは、そうした古いラーイスやベルベル音楽そのものに関心を示さない人たちも含めて、多くの人が「宗教的・倫理的メッセージ」を別の種類の音楽にも求めていることである。ダーイフさんは「好きな音楽」の質問項目に「宗教音楽」という細目を加え、そこに「伝統音楽」「大衆音楽」「スーフィー音楽」という選択肢を設けた。この区別は私にも不可解だったが、回答者も困ったようで、結局自由記述のようにしていろいろな回答を寄せている。ともかくそれを見ると、「アムダーフ・ナバウィー」(預言者ムハンマドを讃える歌)というのが比較的目立つ。これはほとんどがアラビア語の詩で、多種多様な形式のものがあり、モロッコ以外のものも含まれるだろう。次に目についたのが「アンダルシア音楽」である。これもアラビア語で作られている古い伝統をもつモロッコを代表する音楽であり、宗教的メッセージをたくさん含んでいる。もうひとつ興味深いものを挙げると、「サーミー・ユースフ」のビデオクリップという回答が何人かあった。サーミー・ユースフは一九八〇年にイランの首都テヘランでアゼルバイジャン系の家庭に生まれ、現在イギリスを拠点に活躍する国際的な若者のアイドルであり、モロッコとはほとんど縁がない。彼はムスリムではあるが、必ずしも宗教の別にこだわらない神への愛を歌って、特にインターネット世代の若者たちに支持されているようである。このほかには「コーランの講義」という回答もあった。

このように見ると、必ずしも古典ラーイスたちだけにモラルの思い入れの対象が収斂《しゅうれん》するわけではないにしても、なんらかの形で人びとは「宗教」「倫理」「モラル」を音楽への志向の中心に置いていることがわかる。それは堅苦しく教条的な文字化されたイデオロギー的宗教ではなく、ダーイフさんのいう「善行への憧憬、快楽的な生活への悔悟の念、地上の取るに足らない富の放棄、希望への回帰、そしてよき人生への関心」ということでよいのだと思う。「謙虚」や「勤勉」といったことばを加えるとより完璧になる。それらがおそらく「スース標準」が由来する本来の屋台骨であり、同時にまたそれは「集落標準」のもつ我が村の香りとつながるのだろう。

7. いつでもどこでも音楽

さて、「パリで故郷の歌を聴くことは、遠く離れたふるさとの我が村の香りと理想化された過去の倫理への思い入れに支えられている」という陳腐な結論で終わらせてしまうには、まだいささか違和感が残る。同時代の記憶として留まっているはずもない百年も前の歌手たちが現在の人気ランキングの上位を占めるという現象は、「昔はよかった」という理由だけでは納得できないのである。なにか現実感を与えるものを百年前の古典ラーイスたちはもっているはずである。それはラーイスひとりびとりの個性のなかに捜してもおそらく見つからないのではないか。

そこでヒントになりそうなのが、小田さんがズムトールから引いたさきほどの類推枠組みである。つまり「心的にストックされた素材の組み合わせによって、聴き手が望む調和的世界を顕現せしめる」ということである。これは、百年前の村人との対面状況のなかでは考えられ得ただろうが、対面状況が消失している現在のなかに置くことはできないとして、さきほどはいったん留保したが、それを今度は別の文脈のなかで復活させてみたいのである。「心的にストックされた素材」をラーイスの側にだけでなく、聴き手の側にも求めるという点から再出発してみよう。どういうことかといえば、かつての対面状況のなかでラーイスが素材を組み合わせてその場で調和的世界を顕現せしめたとすれば、そのとき聴き手の村人のなかにもそうした素材がかなりの程度潜在的に共有されていたはずで、そうでなければなんの感興も呼び起こすことはなかっただろう。じっさい、ハッジ・ベルイードが組み合わせた素材とは、それ以前の詩人が残して村々に断片的に伝わっていた詩（アマルグ）のフレーズや、アホワーシュなどで村人自身が取り出してきて利用する詩（タンダンムト）のストックだったのだから、その組み合わせ方の妙こそハッジ・ベルイードの並外れた個人的才能に負っていたにしても、素材自体はハッジ・ベルイードと村人の双方にストックされ、身近に置かれていたはずである。そして調和的世界は双方のあいだのいわば共同作品としてその場に顕現したのだと思う。

ではそれから百年後の、それも穏やかなスースの山並みを渡る風や甘美な水をくみ上げる井戸からは遠く離れた石造りの無機質なパリの街で、その素材のストックはどうやって見つけられるだろう。おそらくそれはハッジ・ベルイードやブバクル・インシャーズやムハンマド・ブドラアなどの歌のなかに詰め込まれたフレーズ群でしかないのではあるまいか。スースをはじめモロッコ各地、あるいはヨーロッパの主要都市でスース人を相手に活躍するハサン・アルスモークなどを筆頭とした現代のラーイスたちが紡ぎ出す歌は、かれら自身が繰り返し述べるように、古典ラーイスたちをインスピレーションの源泉とするフレーズの組み合わせの妙であり、たしかにそれは新しい語彙やリズムや楽器の奏法を付加しているという意味で単なる過去の歌の再現やリバイバルでは決してない新しい歌なのだが、素材のストックは古典ラーイスたちの詩のなかにある。そして新しい歌を受け入れる聴衆の側に準備されている素材のストックもまた同じ古典ラーイスたちの詩のなかにあるとすれば、新しいラーイスと新しい聴衆のあいだに「調和的世界が顕現する」ことは可能であろう。

パリの街のなかに昔のスースの村を丸ごと引っ越しさせることができない以上、かつて口承で人びとの記憶箱のなかに継承・蓄積されたアマルグやタンダンムトのストックは、もう手が届かない。その代わりに、そのストックをレコード盤のなかにシフトさせた古いラーイスたちの詩の群れがいまや電子音に変換されて、新しいラーイスたちの、そして新しい聴衆の身の回りに置かれ、都会で今を生きる人びとの記憶箱に素材として蓄積される。そのとき時間の経過はもはや問題にならない。素材はストックからいつでもどのようにでも取り出せるようにしておくため、時間の継起に対する配慮はまったく必要ない。そう考えることによって、百年前の歌手たちが人気ランキングの上位を占める理由がやっと理解できるように思う。それらは組み合わせに用いる素材として、身近に置いておく必要があるのだ。

このような時間秩序の溶解は、空間感覚の溶解にも連なっているように思う。私は「故郷から遠く離れたパリにいて」といったセンチメンタルな表現を何度か使ったが、そのような私の幻想に反して、冒頭のガブリエル・ペリ駅周辺のクリシー地区は、帰省用の長距離バスに見られるように、感覚的にはほとんどモロッコの一部といってよいだろう。それと同じように、音楽の創り出す世界についても、パリはかなり以前からすでにスースの一部、あるいはある意味でその中心だったとさえいえるかもしれない。というのも、何度も登場したラーイスの帝王ハッジ・ベルイードがその声を今に伝える契機となったレコードの吹き込みをパリで行っているからである。つい最近偶然見つけたフランスの季刊雑誌『移民』の二〇〇八年号の記事によると、ハッジ・ベルイードは一九三三年にパリを訪れた際、「パリへの旅」という曲をレコードに吹き込んだとある［Miliani 2008: 95］。そのレコードこそ、私がモロッコのティズニットの骨董屋で見つけたレコード盤の一枚なのである。もう一枚の「機械（録音機）の詩」というレコードもおそらくそのときの吹き込みであろう。いずれもバイダフォンというレコード会社からリリースされた。バイダフォンはすでに一九一〇年にレバノンのベイルートに設立され、その後ヨーロッパ主要都市と北アフリカに営業のネットワークを伸ばしたいわば「中東系」のレコード会社である。そしてアラブ世界の数多くの歌手がここからレコードを出した。考えてみれば、パリには一九世紀からすでにスース人コミュニティが存在していたから、ハッジ・ベルイードは同胞の暮らす町で、アルジェリア人やエジプト人やチュニジア人やシリア人などの歌手と並んで同じ会社で自分の歌を吹き込み、その歌声が故郷スースにも還流していった。さらに彼に続く第二世代、第三世代のラーイスたちの多くもまたパリで自分の歌を録音した。だからパリは故郷から隔絶された場所であるどころか、むしろ故郷の歌声を逆に故郷に届けるとともに、他のアラブ世界やヨーロッパ世界とつなぐ役割までももったスースの不可欠な一部だったと考えてよいのである。そしてその空間感覚は今でも変わっていないだろう。

8. むすびに代えて――レジェンドの条件

このように百年前の歌声も現代の歌声も等距離のリアリティをもち、またアガディールもカサブランカもパリも等距離の存在感をもつような「いつでもどこでも音楽」の世界はどうやって持続するのだろうか。単に素材のストックという理解だけでよいのだろうか。そのことを考えさせる興味深い因縁めいたエピソードが先ほどの雑誌『移民』の同じ記事のなかにある。ハッジ・ベルイードがパリのバイダフォンでレコーディングしたとき、その場に、その後エジプトを代表する大歌手になってゆくムハンマド・アブドゥルワッハーブ（一九〇一～一九九〇年）が同席していたそうなのである。それが単に居合わせただけなのか、あるいはなんらかの意図をもって会っていたのかは不明であるが、モロッコの片田舎から出てきた還暦近い老吟遊詩人のベルベル語の歌の録音を、大都会カイロ出身のまだ三十歳を過ぎたばかりの前途有為な青年がどんな思いで見つめていたのだろうか。

ムハンマド・アブドゥルワッハーブといえば、彼自身も歌手として大成するが、同時に二〇世紀のアラブ世界を代表するエジプトの大歌手ウンム・クルスーム（一九〇四頃～一九七五）に楽曲を提供した作詞・作曲家であり、またウードの名手でもある。いわば弾き語りのシンガーソングライターの巨匠といってよい。かたやハッジ・ベルイードもみずから詩を作り、歌い、ルバーブを弾く。両者のあいだに、というより若いアブドゥルワッハーブの側に、このすでに名を成した老人に対するなんらかの関心があり、またなんらかの影響を受けたと考えるのはそう不自然ではあるまい。

しかし今ここで考えたいのはムハンマド・アブドゥルワッハーブその人ではなく、もしかしたら彼を介してつながっていたかもしれないウンム・クルスームのほうである。というのも、ウンム・クルスームは生前に中東・アラブ世界で絶大な人気を獲得したばかりでなく、没後四十年を経た現在でもその人気に翳《かげ》りのないトップスターであり続けているからである。それゆえに本書の編者水野信男さんは彼女を「レジェンド」と形容した［水野　二〇一五a］。一方ハッジ・ベルイードはといえば、聴衆の数ではウンム・クルスームに比べるべくもないが、没後なんと七十年を経た今日でも人気ランキングのトップを維持し続けているという意味では、ウンム・クルスームに倍する「レジェンド」なのである。

この二人がレジェンドである理由を探り始めれば、優に一冊を超える説明が必要となるだろうが、ここでは端的にひとつだけ考えてみたい。それは「聴き手が望む調和的世界を顕現せしめる」というさきほどのズムトールによる中世ヨーロッパの吟遊詩人に求められた条件である。二人はおそらくこの条件をクリアーするたぐいまれな達人であり、名手であり、天才であったのだろうと思う。二人ともその本領を発揮したのは録音された歌声というよりも、むしろ目の前に聴き手がいるいわばライヴ・パフォーマンスの場であった。聴き手の反応や要求を瞬時に本能的に感じ取って、それに呼応して、ズラシやクズシやリピートや破格などの技巧を計算でなく無意識のうちに駆使しながら、まさに即興的に聴き手が望む調和的世界を顕現せしめる。現代の音楽シーンの表現でいえば「グルーヴ」の実現ということになるだろうか。ただし単にそれだけでは幾多の優秀なほかの歌手たちから抜きん出ることはなかっただろう。彼らが実現し、達成した調和的世界ないしグルーヴは、おそらくその場で消えてゆくようなものではなく、醒《さ》めたあとも続くような確実な感興と信頼感を伴っていたに違いない。

それを支えたのが、ウンム・クルスームの場合には幼少時の真面目なイスラーム教育の環境であり、コーランを詠む技術であっただろうし、ハッジ・ベルイードの場合にもまったく同様に、真面目なイスラーム教徒としての環境と資質であっただろう。しかしそれは紙と文字によって展開される学者のイスラームとは違って、ときに宗教の違いさえ越えるような、生感覚に直接訴えかける普遍的なリアリティを伴っていたのだろうと想像させる。水野さんが紹介するところによれば、ウンム・クルスームはイスラエルにおいてさえごく自然に市民に好かれ、聴かれているというから［水野 二〇一五b］、いわゆる「宗教の壁」を越えた訴求力をウンム・クルスームはもっていると考えざるを得ない。ハッジ・ベルイードについていえば、おそらくダーイフさんが「モラル」と表現した「善行への憧憬、快楽的な生活への悔悟の念、地上の取るに足らない富の放棄、希望への回帰、そしてよき人生への関心」がそれにあたるのだろう。だからこそパリの録音現場で、ムハンマド・アブドゥルワッハーブはハッジ・ベルイードが目の前で歌う理解困難なベルベル語の歌に聞き入ったのかもしれない。こちらは「ことばの壁」を越える訴求力をもっていたのだろう。

そうすると「レジェンド」が「レジェンド」たる所以は、時空をまたぐ素材としてのすばらしさに加え、たぐいまれなグルーヴ造出者、そしてなによりも宗教やことばの壁を越える普遍的なモラルの顕現者ということになる。したがって人びとの「モラル」が変質しない限りは、かれらは何年たってもトップスターとして人びとの身近に居続けるのであろう。

◆注

（1）タシュルヒートについては、基礎文法の説明も加えた日本語への辞書が刊行されているので参照されたい。［堀内　二〇〇〇］

（2）九世紀に活躍した法学者アフマド・ブン・ハンバルを始祖とするイスラーム法学派で、マーリク派・シャーフィイー派・ハナーフィー派とともにイスラームの四大法学派と呼ばれる。

（3）http://www.aa.tufs.ac.jp/~odaj/chants_berberes.html

（4）ラハセン・ダーイフ　口頭発表用原稿「スース地方（モロッコ）の都市環境でベルベル民謡を再生したグループ・ミュージシャンたち――イズンザルンとウダードゥン」（岡本尚子訳）、東京外国語大学アジア・アフリカ言語文化研究所。二〇一一年二月二十四日。

（5）ラハセン・ダーイフ　口頭発表用原稿「スース地方の伝統的なベルベル歌謡における宗教的な価値と教え――省察すべき要素群」（岡本尚子訳）、東京外国語大学アジア・アフリカ言語文化研究所。二〇一三年一月二十四日。

（6）スイス生まれのフランス中世文学研究者。一九一五～一九九五。

◆参照文献

小田淳一　二〇一五「孤高の楽師――『数』を偏愛するベルベル吟遊詩人」堀内正樹・西尾哲夫（編）『〈断〉と〈続〉の中東――非境界的世界を游《およ》ぐ』悠書館、二五五～二九二頁。

堀内里香　二〇〇〇　『タシュルヒート語彙集』（アジア・アフリカ基礎語彙集三十六）、東京外国語大学アジア・アフリカ言語文化研究所。

水野信男　二〇一五a　「かくしてウンム・クルスームはレジェンドとなった——レパートリー深読み」堀内正樹・西尾哲夫（編）『〈断〉と〈続〉の中東——非境界的世界を游《およ》ぐ』悠書館、三五五～三七六頁。

水野信男　二〇一五b　「コラム：越境する芸術」堀内正樹・西尾哲夫（編）『〈断〉と〈続〉の中東——非境界的世界を游《およ》ぐ』悠書館、三七七～三七八頁。

Chottin, Alexis 1939 *Tableau de la musique marocaine.* Paris: Librairie Orientaliste Paul Geuthner.

Horiuchi, Masaki 2001 "Minstrel Tradition among the Berber-speaking People in Morocco: Examples of Poem-song of "Rāis" in Sous Region." *Mediterranean World.* XVI: 35-53.

Miliani, Hadj 2008 "Présence des musiques arabes en France: Imigrations, diasporas et musiques du monde." *Migrance.* 32. Paris: Génériques.

7

眩惑《げんわく》の反復
――あるベルベル吟遊詩人の曲を巡って

小田　淳一

1．ラーイス・フマード・ウ・タムラグト

これまでの現地調査で出会った様々な音楽家たちの中で最も強烈な印象を受けたのは、モロッコ南西部のタムラグト村に住む、かつて「ラーイス」（単線の擦弦《さつげん》楽器リバーブやバンジョーに似た撥弦《はつげん》楽器ロタールを演奏しながら自作のベルベル語詩を弾き語る吟遊詩人）として活躍し、現在はアガディール（モロッコ南西部の

都市）の音楽院で教えているアフマド・ハイヤーニーさんである。筆者は、本書にも論考を書いておられる成蹊大学教授の堀内正樹さんと、その論考に登場する我々の友人ラハセン・ダーイフさんと共に二〇一三年八月に彼を訪ねた。ダーイフさんによると、ハイヤーニーさんについて書かれたものは皆無であるが、アガディール南部のドゥシーラ地区で行われた彼の功績を称える催事[1]で、ダーイフさんが聞き取った司会者による紹介は次のようなものであったらしい。

「ハイヤーニーさんは一九四六年にアガディール近郊のイダ・ウ・タナン村のティムサール・トゥルグムト集落で生まれ、一九九一年に偉大なラーイスであったル・フセイン・ジョーンティのもとをしばしば訪れた。その後ハイヤーニーさんはタムラグトに居を定め、「アフマド・ウ・タムラグト」（タムラグト村のアフマド）という芸名で本格的に演奏活動を始め、多くのレコードやカセットテープを発表し、自分用のリバーブを自作した。彼はまた、ウマル・ワーハルーシュ（一九三三～一九九五）、アフマド・ル・リーフ、ラハセン・ル・ファトワーキーらと並ぶ偉大な作曲家である」。

筆者がハイヤーニーさんから強烈な印象を受けたのは、彼には二つの徹底したこだわりがあり、彼の音楽観がそれらと密接に関係していると思われたからである。そして、そのこだわりとは「数」と「ソルフェージュ」に対するものであった。音楽と数との関わりは、ハイヤーニーさん自身がその名を口にしたピュタゴラス以来よく知られているが、音楽の美は幾何学に直結していると断言し、様々な「数」を挙げる彼のこだわりは少々偏執狂的であるとさえ感じられた。そしてまた、ラーイスでありながら、西洋の音楽家たちが

写真１　仕事部屋でリバーブの説明をするハイヤーニーさん

基礎訓練として修得するソルフェージュへのこだわりも半端ではなく、彼は「ソルフェージュこそが音楽の修行で最も重要なものである」と同様に断言したのである。数とソルフェージュとの関わりは、ソルフェージュによって分節される音高と音価の厳密な体系が、ある種の数学的な均斉性を有していることに基づくものであるが、ここで重要なことは、ハイヤーニーさんがそれらの関係を人に教えられたのではなく、独力で「発見」したことである。そして、ソルフェージュと出会ったことを契機に彼の音楽観が一変したらしいのであるが、恐らくはそのために彼がその後不遇の身となる経緯については拙稿［小田　二〇一五］を参照されたい。

　実は、彼の数奇な音楽人生に大いに感銘は受けたものの、彼の演奏を実際に音源を通して聴いたのは調査後しばらく経ってからのことであった。我々が会った時のハイヤーニーさんは、ややくたびれた感じの好々爺《や》であったが、彼が残した録音による演奏は実にキレのいいもので、特にリバーブの演奏技術は素晴らしく、それらを聴いた時に感じたのは、このラーイスについてもう少し何か書かなくてはいけないという使命感めいたものだった。本稿は、ハイヤーニーさんの演奏を分析することによって、彼の「数」と「ソルフェージュ」に対するこだわりが演奏にどのように反映されているのかを探る試みであり、それと同時に、ハイヤーニーさんの音楽観に焦点を当てた拙稿を遡及《そきゅう》的に補完するものである。

2. ラーイスたちの演奏スタイル

ハイヤーニーさんがラーイスとして活動した初期のスタイルが伝統的なラーイスのそれを概ね踏襲したものであることは容易に想像できる。それでは、伝統的なラーイスの演奏スタイルとはどのようなものであったのだろうか。ラーイスの伝統に関する堀内さんの論考［Horiuchi 2001：以下「堀内論文」と記す］には、初期のラーイスとして「伝説的なスター」ハッジ・ベルイードと、彼の弟子であるブバクル・インシャーズ、ムハンマド・ブドラアの名が挙げられている。彼らの演奏の一部は、本書所収の堀内さんの論考で述べられているように、ダーイフさんが堀内研究室で彼らの演奏を録音した古いレコードを見たことがきっかけで始められたプロジェクトのサイト(2)で聴くことができる。そこで紹介されている三人のラーイスたちの演奏から初期の彼らのスタイルを以下に簡単に述べる。

ラーイスたちが演奏する際の「楽団」の編成は比較的小規模であり、ラーイスが吟遊詩人であることから歌唱が当然メインとなっているが、ラーイスの独唱に対してはほとんどの場合コーラスが交唱形式で応える。楽器編成はリバーブと撥弦楽器のロタール、そして各種の打楽器群である。曲の流れも大体似通っており、次のような構成となっている。

（A）前奏

通常はリバーブのソロ（ロタールのトレモロを伴う場合が多い）による無拍リズムの短い即興演奏であるが、途中から打楽器を伴う有拍リズムに変わる場合や、冒頭から有拍リズムで奏される場合もある。

（B）歌唱

リズムの有拍／無拍によって二つに大別され、無拍リズムの歌唱にはフレーズの後にリバーブ（及び／或いはロタール）による無拍リズムのフィルイン（フレーズ間に挿入される即興的な演奏）が付加される。歌唱が有拍リズムの場合には、リバーブ（及び／或いはロタール）によるフィルインに加えて、コーラスによる応唱が続く。また、リズムの有拍／無拍を問わず、歌唱の旋律は和声的に対立する二つの楽節に分かれていることが多く、その場合は最初の楽節の最後に「半終止」、二つ目の楽節の最後に「完全終止」が置かれる[3]。拍子全般については、有拍リズムの場合は二拍子ないし四拍子が多いが三拍子もあり、その場合にはしばしばヘミオラ（「三拍子×二」を「二拍子×三」で取るリズム）的な印象を与えることがある。

（C） 後奏

後奏は、有拍リズムの場合に奏されることが多く、しばしばテンポが徐々に速まって（金属製の鉢である打楽器のナックースが加わる）、四拍子では次のような特徴のあるリズムを持つ小結尾節（コデッタ）で終わる（以下、この終止形を「ラーイス・コデッタ」と記す）。

譜例1　ラーイス・コデッタの基本形

これらの構成は当時のレコード（ＳＰ盤）の収録時間の制約からコンパクトにまとめられたものであると思われ、実際の演奏にはより多様な要素が多く含まれていたものと考えられる。そこで次に、上記の三人からやや時代を経た三人のラーイスのスタイルについて述べることにする。

まず、ハッジ・ベルイードに続く世代で、堀内論文では「レジスタンス詩人の先駆け」とされ、またハイヤーニーさんの師であるル・フセイン・ジョーンティの一九五三年に録音された演奏はインターネット上で参照可能であり[4]、次のような構成となっている。

前奏：ロタールとナックースを伴う無拍リズムのリバーブソロの後、有拍リズムによる旋律が提示される。旋律の拍は「四＋四＋二」の変拍子で三回繰り返される。

歌唱：パターンＡ（独唱三回＋応唱三回の反復）と、パターンＢ（無拍リズムの独唱にリバーブとロタールのフィルインが付加）が交互に演奏される。

後奏：テンポを速めて、ナックースを伴う長いリバーブのソロで終わる。

また、ハイヤーニーさんと共に、偉大な作曲家として挙げられているウマル・ワーハルーシュは、大詩人ムーレイ・アリーの弟子にあたり、ヨーロッパ各地でもコンサートを開いたこと（堀内論文）からも察せられるように、非常に洗練されたスタイルを有している。彼の演奏はインターネット上で数多く聴くことができるが、ここではYouTubeで公開されている曲[5]の構成について述べる。

前奏：ロタールとナックースを伴う無拍リズムのリバーブソロの後、有拍リズム（二拍子系であるが六拍子にも取れる）。
歌唱：旋律は複雑で、有拍リズムの「独唱と応唱」と無拍リズムの独唱が交互に繰り返される。リバーブのフィルインは技巧的なパッセージを含み、時折女声のザガリート（高音のかけ声）が入る。
後奏：テンポを速めて明確な二拍子になり、ラーイス・コデッタで終わる。

次に、ウマル・ワーハルーシュと同様、偉大な作曲家としてハイヤーニーさんと共に挙げられているラハセン・ル・ファトワーキーであるが、彼の名を冠した曲はインターネット上では一曲[6]だけ見つかったものの、ラハセン・ウビヒー・アシュトゥークとの合奏であり、メインのボーカルは、ラハセン・ウビヒー・アシュトゥークがロタールを弾きながら歌っている。その曲が果たしてラハセン・ル・ファトワーキーによるものかどうかは不明であるが、演奏スタイルが今まで述べてきたラーイスのものとはかなり異なることから、参考のためにここに挙げる。この演奏の編成は比較的大きく、十一名の奏者（リバーブ五名、ロタール四名、打楽器二名）と女性七名（コーラスとダンス）である。

前奏：ロタールとリバーブによる無拍リズムの即興の後、有拍リズム（四拍子）による旋律の提示が七回繰り返される。
歌唱：独唱と応唱が交互に七回繰り返されるが、独唱のフレーズ数は毎回異なり、応唱は常に一フレーズである。その後、三拍子×二（ヘミオラ風の四拍＋二拍）の間奏の後、応唱を伴わない独唱が六十六回繰り返される。

後奏：間奏の後、二拍子に戻って終わる。

以上、ここまで述べてきたラーイスたちの演奏スタイルには、歌われるテキストはさて置き、幾つかの次元である種の対照性を認めることができる。もちろん、西洋音楽を含む音楽一般において対照性は表現手法の重要な要素であるが、基本的な楽曲様式の種類がそれほど多くはないと思われる伝統的なラーイスの演奏では取り分けそれが顕著である。それらは、律動の次元では「無拍リズム／有拍リズム」や「二拍子系／三拍子系とそれらが組み合わされた変拍子」という対照、また歌唱形態の次元では「独唱／コーラスによる応唱」という対照、さらに、用いられる楽器の次元では「擦弦楽器／撥弦楽器／打楽器」という対照などである。それらの対照性（多重のコントラストと言えよう）は、旋律の構成音が五音音階によるという音高システム上の制約や、用いられる楽器の音色の非‐多様性を補う機能を担っていると言えるだろう。一方、堀内論文によれば、近年ではラーイスの伝統的なスタイルに、アホワーシュ（ベルベル人の民俗歌舞）的な要素などを加味して、より多くのエンターテイメント性を盛り込むスタイルが増えているようであるが、最後に挙げたラハセン・ル・ファトワーキーとラハセン・ウビヒー・アシュトゥークの楽団などはその例であると言えよう。

写真2
若かりし頃のラーイス・フマード・ウ・タムラグト

3. ラーイス・フマード・ウ・タムラグトのスタイル

本節ではハイヤーニーさんの演奏スタイルについて述べるが、既に述べたように、ハイヤーニーさんは西洋音楽におけるソルフェージュとの出会いを契機に音楽観が一変したと語っている。それによって彼のスタイルも変わったのかどうかについては、その出会いの前後（因みに彼がソルフェージュを知ったのは一九九五年ということである）の演奏をできるだけ多く分析することが必要となるが、現在参照可能な彼の曲は以下に挙げる十一曲である。そのうち八曲は堀内さんからお借りしたもので（レコード二曲とカセットテープ六曲）、残りの三曲はダーイフさんが見つけたインターネット上のサイト[7]で公開されている。それらの音源には発表年の記載がないので年代は不明であるが、ハイヤーニーさんの声質から、若い頃の曲と比較的最近の曲という大まかな分け方は可能である。また堀内さんによると、カセットテープのカバーにはアマズィグ文字[8]が印刷されていたようで、アマズィグ文字が公に用いられるようになったのは二〇〇〇年以降であることから、カセットテープに収められた曲は少なくともそれ以降のものであると思われる。

以下に十一曲を演奏時間と共に示すが、タイトルはダーイフさんの協力で判明したものである。また、そのうち四曲についてはダーイフさんが歌詞をベルベル語に起こしてから、さらにそれをフランス語に訳したが、本稿では紙面の都合で歌詞の紹介は割愛する。

（1）比較的若い頃の曲

インターネット音源

《Righ ad lkmgh　私は目的地に着きたい》10分50秒

《Imnsi iga ribâb inu　私の晩餐《ばんさん》、それはリバーブ》10分45秒

《Bismillâh assers bduh　神の名において私は始める》21分30秒

レコード音源

《Mrḥba bik azzin　ようこそ、美しい人》05分45秒

《Anmun nkki dik　さぁ、君と私で一緒に》05分21秒

（2）二〇〇〇年以降の曲（カセットテープ）

《Wa ya margi　あぁ、郷愁よ》10分56秒

《Adak nf l'ahd　お前に約束する》12分27秒

タイトル未詳の四曲

各曲の構成は以下の通りである。

《Righ ad lkmgh　私は目的地に着きたい》♩≒150

前奏：ロタールを伴う無拍リズムのリバーブソロ（リバーブをアンプにつないでエフェクタをかけているような響きがする）の後、四拍子の有拍リズム。

歌唱：ひとつの旋律が二回歌われ、一回目は半終止で終わり短い応唱が続く。二回目は完全終止で終わり手拍子が続く。歌唱の間はリバーブのフィルインが常に奏される。このパターンが四十回繰り返され、続いて別の旋律が十回繰り返されてフェードアウトする。

《Imnsi iga ribâb inu　私の晩餐、それはリバーブ》♩≒90

前奏：打楽器と（恐らくは）エレキベースを伴うリバーブの有拍リズム（三拍子）。フレーズ単位は三拍×二の六拍子。

歌唱：旋律は主旋律（以下「Aメロ」と記し、他の旋律も同様に示す）である「六拍×四小節」のフレーズと、その切片を敷衍《ふえん》したBメロ（三拍×二小節）に分かれている。Aメロと応唱を二回繰り返した後、Bメロを四十回、Aメロ（応唱付き）を二回繰り返し、テンポを速めてBメロ（フィルイン付き）を七回繰り返した後、タルウワード（管楽器）とロタールの掛け合いが続く。次いで、歌とタルウワードの掛け合い（フィルイン付き）でBメロを四十四回、また応唱を伴って九回繰り返す。間奏の後、Aメロを一回歌ってからBメロの変奏を変拍子で繰り返す。その後、Aメロ（応唱付き）を三回、Bメロを十回繰り返す。

後奏：Bメロのままテンポを速めてフェードアウトする。

譜例2　《Mrḥba bik azzin》の主旋律

《Bismillāh assers bduh　神の名において私は始める》

この曲は二十分を越える大曲で、堀内さんによればタンダンムト（昔から伝わる地元の詩）を主体にしつつ、広義のアホワーシュに含まれるアジュマク（アカペラの男声による）や、それに踊りが付いたアヒヤードなどを想起させる大スペクタクルである。構成は非常に複雑なので割愛するが、無拍／有拍のリズムの交替やテンポの緩急が自在に行われ、また途中にはハッジ・ベルイードを思わせるような、リバーブのフィルインを交えた無拍リズムの長い朗誦が含まれている。

《Mrḥba bik azzin[9]　ようこそ、美しい人》♩≒106

前奏：ロタールとナックースを伴う無拍リズムのリバーブソロの後に有拍リズム（四拍子）。

歌唱：四小節をフレーズ単位として、独唱と応唱が1フレーズずつ提示された後、独唱と応唱の回数を様々に変えて繰り返される。歌唱の間は絶えずロタールが一拍を三連符で刻み、リバーブのフィルインが入る。

後奏：テンポを速めてリバーブソロが繰り返され、ラーイス・コデッタで終わる。

なお、この曲のフレーズの反復回数は、主題（**譜例2**）の提示部分と、中間にある提示部分の再現部を除くと百回である。

《Ammun nkki dik　さぁ、君と私で一緒に》♩≒200
前奏：ロタールとナックースを伴う無拍リズムのリバーブソロの後に有拍リズム（四分の三、或いは八分の六）。
歌唱：四分の三と解釈した場合、四小節をフレーズ単位として独唱と応唱が一フレーズずつ繰り返される。
　歌唱の間は絶えずロタールが八分音符を刻み、リバーブのフィルインが入る。
後奏：テンポを速めてナックースを伴うリバーブの長いソロが複雑な変拍子を駆使して奏され、最後はラーイス・コデッタを複雑にしたリズムで終わる。
　なお、この曲では主題（**譜例3**）の、提示部を除いた反復回数は五十回である。

タイトル未詳1[10]
前奏：ロタールと打楽器を伴うリバーブソロによる有拍リズム（四拍子）。
歌唱：四拍子×三小節の独唱と一小節のフィルインがフレーズ単位となり、まずAメロとBメロを繰り返す。間奏の後、Cメロ（四拍＋四拍＋二拍で一単位）を六回、Bメロを十二回、Cメロを四回、Bメロを二十四回、Cメロを六回、Dメロを四回、Cメロを八回、それぞれ応唱や間奏を入れながら繰り返す。
後奏：打楽器を伴う短いロタールソロ（リバーブのフィルイン付き）で終わる。

タイトル未詳2
前奏：リバーブとロタールによる有拍リズム（四拍子）。

譜例３　《Anmun nkki dik》の主旋律（独唱＋応唱の二フレーズ分）

譜例４　《Wa ya margi》の主旋律

歌唱：独唱四小節＋応唱四小節をフレーズ単位として、独唱五回の後、応唱が四回繰り返される。その後、旋律から敷衍された無拍リズムの独唱と、有拍リズムの独唱＋応唱が三回ずつ交替で繰り返される。次いで、テンポを速めて三拍子になり、三拍子×四小節＋応唱×二小節をフレーズ単位としてそれを三十五回繰り返してフェードアウトする。

《Wa ya margi　あぁ、郷愁よ》♩≒90

前奏：打楽器とリバーブによる有拍リズム（三拍子或いは六拍子）。

歌唱：独唱と応唱（**譜例４**×二回）が五十回繰り返されてフェードアウトする。

《Adak nf l'ahd　お前に約束する》

前奏：ロタールのトレモロを伴う無拍リズムのリバーブソロの後、打楽器を加えた有拍リズム（四拍子）。

歌唱：Aメロは三拍子（♩≒180）、Bメロは四拍子（♩≒120）で、それぞれ異なる回数の反復を繰り返し（これについては次節で詳述する）、フェードアウトする。AメロとBメロの旋律は次の通りである。

譜例５　《Adak nf l'ahd》のＡメロ（三拍子）

譜例６　《Adak nf l'ahd》のＢメロ（四拍子）

これらのハイヤーニーさんの演奏スタイルを通して、ソルフェージュとの出会いを契機とするような明らかな変化を見ることは、分析対象とした曲がそれほど多くないために困難であるが、ここで特に目に付くのが繰り返しの多さであり、次節ではこの反復性を中心に幾つかの考察を試みる。

4. 過剰な反復性

堀内論文は、伝統的なラーイスの規範とも言うべきハッジ・ベルイードの特徴であった「語り」の流れが、ハッジ・ムハンマド・デムスィーリーを嚆矢《こうし》とする演奏の音楽ショー化によって、ラーイスのスタイルに幾つかの新たな要素が加わったと述べており、そのひとつが過剰な「リフレイン」であるとしている。但し、ここで注意をし

表1　ラーイス・フマード・ウ・タムラグトの演奏に見られる反復パターン

タイトル	年代	媒体	反復のパターン
《Righ ad lkmgh》	若い頃	web	主旋律40回；別旋律10回
《Imnsi iga ribâb inu》	若い頃	web	Bメロ40回、44回、10回
《Mrḥba bik azzin》	若い頃	レコード	主旋律100回
《Anmun nkki dik》	若い頃	レコード	主旋律50回
タイトル未詳1	2000年以降	カセット	Cメロ6回、Bメロ12回、Cメロ4回、Bメロ24回、Cメロ6回、Dメロ4回、Cメロ8回
タイトル未詳2	2000年以降	カセット	主旋律35回
《Wa ya margi》	2000年以降	カセット	主旋律50回

なければいけないのが「リフレイン」と「反復」との区別である。一般に、リフレインは「旋律と歌詞」の双方が同一であるのに対して、反復は「旋律」の繰り返しを指す。従って、ハイヤーニーさんの演奏に多く見られるのは、歌詞テキストが異なる同一の旋律が繰り返される「反復」であり、しかもその回数は尋常ではない。**表1**は、上で概要を述べた各曲について、反復回数の比較的多いものや特徴的な反復を一覧にしたものである。なお、カセットテープに含まれる《Adak nf l'ahd》については、反復のパターンが非常に複雑なのでこの表には含めず後述する。

この表からわかるのは、反復回数の多いものについては、その回数が一例を除いてすべて偶数であるということである。もちろん、一般的な楽節構造が偶数小節の組み合わせから成り立っていることを考慮すれば、それほど特徴的であるとは言えないかも知れない。しかし、五十回や百回という反復は、曲の構成を予《あらかじ》め入念に「設計」しておかない限り演奏はほぼ不可能である[11]。特に「タイトル未詳1」の反復パターンでは三種類の旋律の反復回数が、最後のCメロ（八回）を除いて、すべて四と六、或いはその二つの整数の公倍数となっており、この反復単位の「モジュール化」とでも言い得る構成は、時系列（＝水平軸）の曲構造を垂直軸上で操作したことを示す痕跡に他ならない。元来、「作る／造る」ことにおいて（つまり「かたち」の有無を問わず）天賦の才能を持っていたと思われるハイヤーニーさんが（リバーブはもちろんのこと、二階建ての自宅までも手造りである）、曲作りにおいても図面を引いたであろうことは想像に難くない。もとより、音楽の記譜は図面作成に類似しており、またソルフェージュとの出会いが、その製図過程をさらに精密にすることに与った可能性はあるだろう。

最後に、「ソルフェージュとの出会い」以降の曲で分析を行ったもののうち、最も複雑な構成を持つ《Adaknf l'ahd》の反復パターンについて述べる。この曲は上述したように、三拍子と四拍子の旋律が交互に現れるが、その繰り返しパターンは次の通りである。

三拍子：十四回→四拍子：十四回→三拍子：三回→四拍子：十七回→三拍子：十一回→四拍子：二十回
→三拍子：九回→四拍子：七回→三拍子：十三回→四拍子：三十四回→三拍子：十七回

そして、これらの反復回数を、拍子ごとに変数を用いた数列に変換すると次のように記述することができる。

x=14, y=3
三拍子フレーズの反復回数：x, y, x-y, y^2, x-1, x+y
四拍子フレーズの反復回数：x, x+y,（x+y）+y, x/2,（x+y）*2

このように、二つの変数で反復回数のほとんどを記述できるような「配置」を、ハイヤーニーさんの「数」へのこだわりに帰することが果たして妥当かどうかはわからないが、少なくとも、彼が我々に会った時に挨《あい》拶《さつ》代わりに披露した数字マジック（拙稿参照）を思い起こさせる。

5．おわりに――先発ミニマリストとしてのラーイス

ラーイスたちの演奏を繰り返し聴いて直ちに感じられるのは、その「単純化されたリズムや旋律」である。それは「旋律が旋法に基づき、リズムは規則正しく持続的である」こと、つまり「構造的、テクスチャー的に単純である」ことによる。ところが、これらの括弧内の表現はすべて『ニュー・グローヴ世界音楽大事典』（二〇〇一年英語版）の「ミニマリズム（ミニマル・ミュージック）」の項目で述べられている解説に他ならない。「反復音楽」と呼ばれることもあるミニマル・ミュージックを「二〇世紀後半の音楽文化における、最も注目すべき展開のひとつ」とするのは西洋中心主義からくるいつもながらの陥穽《かんせい》のひとつである。反復について西洋古典修辞学の基礎を築いたキケローは『弁論家について』第三巻五十四章で「語の重複 geminatiō は、ある時は力 vīs を有し、またある時は優美さ lepor を持つ」と述べているが、事情が様々に異なればそれは反-価値付与に転じ、欽定《きんてい》訳聖書の「マテオによる福音書」第六章七節には「しかし祈る時には、異教徒た

写真３　ヘヴィメタル・スタイルのラーイス・フマード・ウ・タムラグト

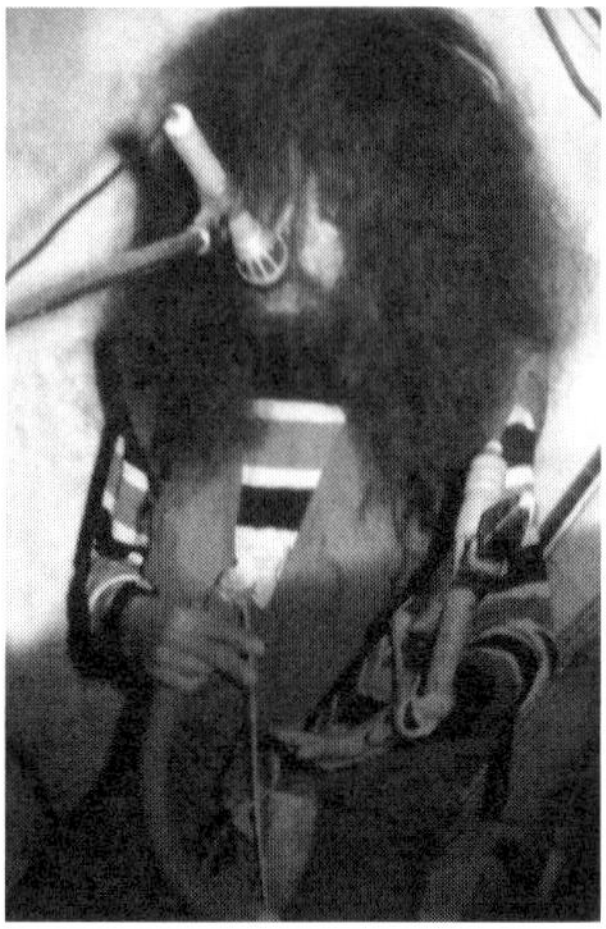

ちがするような、空しい反復を用いてはならない」（私訳）とある。[12] ミニマリスムの先駆けとも言えるエリック・サティの『ヴェクサシオン』（一分弱の曲を八百四十回繰り返すピアノ曲）の語源であるラテン語動詞 vexō には、「虐待する」、「不安にさせる」等の意味があり、サティの諧謔《かいぎゃく》趣味では反復は嫌がらせに他ならないが、イスラームの教えを同一の旋律に乗せて延々と歌う反復には、異教徒の筆者でさえ回帰への憧憬《しょうけい》を感じる。

ところで、『ニュー・グローヴ世界音楽大事典』には、ミニマリストたちが非－西洋音楽やジャズ、ロックなどに多くを負っていることも書かれており、彼らがラーイスたちを範とした可能性は当然ながらある。一方、ミニマリストたちがアンチテーゼを唱えたのは、十二音技法などの二〇世紀初頭から始まるモダニズムに対してであるが、ハイヤーニーさんが「数」へのこだわりについて我々に熱弁をふるった際に、彼の言葉の端々に垣間見えたのは、モダニズムの理論的基盤である音列の組み合わせであったり、十二平均律と（四分音を含む）二十四平均律に基づく旋法構成音の間の比率などであった。しかも、ハイヤーニーさんは、モダニズム対ミニマリスムというような揺り戻しを絶えず繰り返してきた西洋音楽の実践的基盤であるソルフェージュに開眼したラーイスである。これらのことは恐らく、ハイヤーニーさんの音楽には、本人が意識しているかどうかはともかく、時空を超えた汎《はん》地球的な音楽の弁証法的運動が内在していることを示している。その証左として、西洋中心主義的クラシック音楽の対立的図式に基づけば、ラーイスの音楽はロックと同じ項にあり、ハイヤーニーさんがヘヴィメタルのファッションで演奏したことがあるのは至極当然であるし、彼がその時ステージ上でどのように過激な反復を展開したのか興味は尽きない。

筆者は音楽の平均的な受容者として、ミニマル・ミュージックのような余りにも思弁的であると思えるジャンルには今まで余り関心がなかった。しかし、ミニマリストたちが範としたかも知れないラーイスたちの音楽を、過剰な反復に眩惑されながら聴き込んでいるうちに、音楽について語る際の新たな視座を見つけたような気がする。

◆注

（1）https://www.youtube.com/watch?v=4BqYdd0qg6c

（2）東京外国語大学・アジア・アフリカ言語文化研究所情報資源利用研究センターのプロジェクト経費による「スース地方（モロッコ）の吟遊詩人による二〇世紀前半の音源のデジタル化」http://www.aa.tufs.ac.jp/~odaj/chants_berberes.html

（3）ひとつの旋律を構成するある音階の主音を根音とする三和音（トニック）で終わる（旋律も主音で終わる）のが完全終止、また、主音の五度上の音（属音）を根音とする三和音（ドミナント）で終わるのが「半終止」である。

（4）http://www.amayno.ma/lhoucine-janti/lhoucine-janti-video_9dc128527.html

（5）https://www.youtube.com/watch?v=06IYZnLIuCk
（6）http://www.dailymotion.com/video/x702jz_raiss-lahcen-fatwaki-raiss-lahcen-o_music
（7）http://amarg.ma/
（8）一九八〇年代にベルベル語南モロッコ方言（タシュルヒート）などを表記するために伝統的文字から派生して作られた文字。
（9）最初にラーイスの名前がアナウンスされていることから、この曲がレコードのいわゆるA面であろう。
（10）タイトル未詳の四曲のうち二曲はいずれも短いため（二〜三分）割愛する。
（11）意外なことに、ダーイフさんによればハイヤーニーさんが歌っている歌詞テキストは即興に近いものであるということである。
（12）書名は失念したが、古典的なプログラミング入門書のエピグラフとして、繰り返し処理を安易に用いることをプログラマに戒めるためにこの節が用いられている。

◆参照文献

小田淳一　二〇一二「物語構造における『反復』の装飾性」二〇一二年度人工知能学会全国大会（第二十六回）論文集（CD-ROM）、252.pdf。
小田淳一　二〇一五「孤高の楽師──『数』を偏愛するベルベル吟遊詩人」堀内正樹・西尾哲夫編『〈断〉と〈続〉の中東──非境界的世界を游《およ》ぐ』悠書館、二五五〜二九二頁。

Horiuchi, Masaki 2001 "Minstrel Tradition among the Berber-speaking People in Morocco: Examples of Poem-song of "Rāis" in Sous Region." *Mediterranean World*. XVI: 35-53.

Ⅳ

伝統を創る

――民族音楽学という音楽空間――

8　小泉文夫が伝えた中東の音楽

斎藤　完

小泉文夫（一九二七～一九八三）は日本における民族音楽学・中興の祖である。『ニューグローヴ世界音楽大事典　第六巻』では次のように紹介されている。

音楽学者。アジア、中近東をはじめ世界各地の民族音楽研究、フィールドワークに数々の業績を残した。（中略）五七年から五九年にかけてインドに留学した後、六〇年に東京芸術大学専任講師に迎えられ、六六年助教授、七四年に教授となり没年まで在職した。（中略）六七年および七一年には渡米して、コネティカット州立ウェスリー大学で客員教授として日本音楽およびアラブの音楽を講義した。（中略）そのほか、極めて活発な執筆活動を展開し、文化全般にわたる幅広い知識を踏まえたその柔軟なエッセイ、レポート、論文類は、専門家のみならず文化人類学関係者、一般音楽愛好家たちに広く読まれた。多年にわたるFM放送「世界の民族音楽」による啓蒙活動の功績も大きい。（中略）彼が所蔵していた研究資料のすべては、東京芸術大学音楽部小泉文夫記念資料室に保存されている［著者不明　一九九四：四一六］。

小泉文夫は驚異的なバイタリティで世界各地の音楽を調査したのは言うまでもなく、それをわかりやすく、しかも知的好奇心を疼《うず》かせるかたちで、専門の有無を問わず広く社会に伝える術をもっていた。東京芸術大学で小泉の後任となった柘植元一は、彼を「カリスマ的な『語り部』」と称したが［柘植　一九八四：三四八］、まさにその言葉以外に形容しがたい、古今東西の音楽学において稀有《けう》な存在だった。

そして、一九六〇年代から約二十年間、中東の音楽を一般の人々に広く伝えたのは小泉であると言っても過言ではないだろう。かくいう私自身も小泉文夫を窓口として、トルコをはじめとした中東の音楽に出逢い、魅了され、研究を志すようになった。

さて、それから三十年近くが経った。海を越えた向こうには異文化が存在するという文化本質主義的な素朴な思い込みが批判され、文化は日々の言語的実践のせめぎ合いにより構築され、更新されるものだという認識が民族音楽学の主流になりつつある。

小泉は何を伝えたのだろうか。

世界中に暮らすあらゆる民族には、それぞれ固有の「民族音楽」が存在するという文化本質主義的な前提のもと、彼は中東の音楽をどのように紹介し、それを通じて人々に何を伝えようとしたのだろうか。翻って言えば、当時の日本は小泉を通じてどのような中東音楽を理解＝受容したのだろうか。

分析の対象とするのは、小泉が一般に向けて記したエッセイや対談や講演などを収めた次の本である。

・『小泉文夫フィールドワーク　人はなぜ歌をうたうか』（冬樹社より一九八四年出版）
・『呼吸する民族音楽』（青土社より一九八三年出版）
・『民族音楽紀行 エスキモーの歌』（青土社より一九七八年出版）
・『空想音楽大学』（青土社より一九七八年出版）
・『音のなかの文化』（青土社より一九八三年出版）

これらは二〇〇三年に学習研究社より、『小泉文夫著作選集』として上記の順に第一巻〜第五巻が再版されている。

収められている記事は各巻末の初出一覧を数えると全部で百五十編。そのうち中東の音楽に言及しているのが全部で七十四編である（詳しくは本稿末の表を参照）。

1.「遊牧民の調べ」

中東の音楽を主題としている著作から、一九七六年十二月に『Aurex Joy』誌に掲載された「遊牧民の調べ」を例にして、小泉が伝えた中東の音楽を見てみたい。同稿における中東とは「アフガニスタンあたりからいわゆる西アジア一帯」を指し、「チグリス、ユーフラテス、ナイルなど大河周辺以外では、あまり農耕に適さない地域で、「中東の人々は広々した砂漠の民」であるとしている。また、ウンム・クルスームにも言及していることからも、北アフリカの一部が含まれることが推察される。

同稿は「イスラム教と音楽」「コーランとアザーン」「民族音楽」「楽器」「大衆音楽」の五項目で構成されている。

①「イスラム教と音楽」では、「遊牧民独特のシンプルな生活様式に基づいた、様々な音楽が生まれ」たとし、その例として「三拍子のリズム」「だれもがやらないような個性的な歌」などが挙げられている。そして、「その遊牧民の間から、中世以降、イスラム教が発達し、中東一帯を支配してい」き、その結果として、中東の音楽事情は世界的に見ても珍しい「音楽が禁止されているという非常に重要な」特徴をもつに至ったとしている。しかしながら、それとは別に音楽を禁止しない宗派や神秘主義者が存在し、中東も一枚岩ではないことが示されている。

②「コーランとアザーン」。音楽を禁ずる宗派（スンナ派）でも「二つだけ許可されていたものがあり」、

写真1　ウード

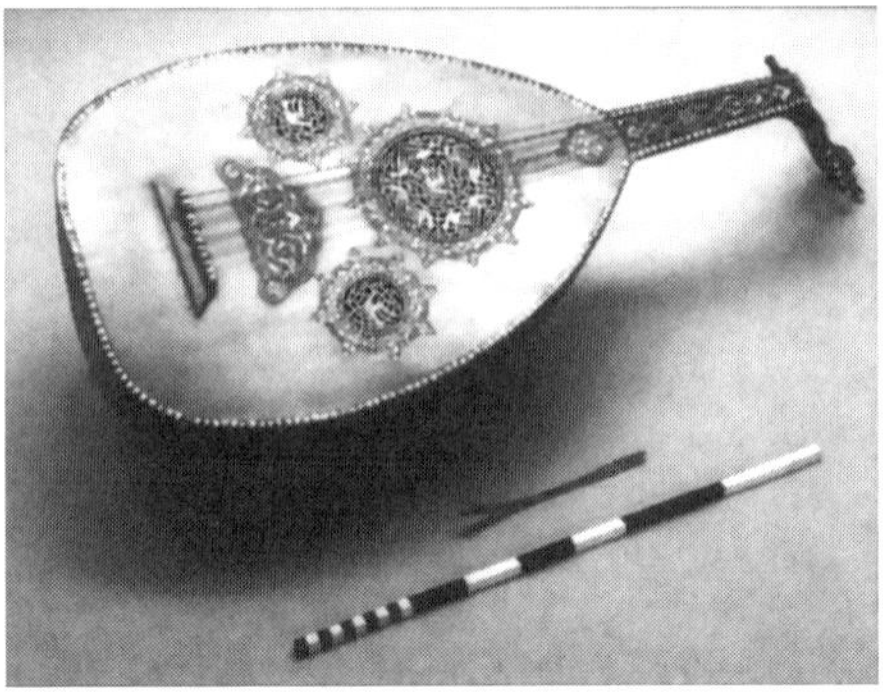

（東京藝術大学音楽学部小泉文夫記念資料室所蔵）

一つが「実に芸術的なすばらしいメロディ」である「祈りの時間を告げるアザーン」、そしてもう一つが「感動的で、何ともいえぬ緊張感がみなぎって」いる「コーランの朗読」であると説明している。

③「民族音楽」では一転して、「中東の民族は、イスラム教の音楽禁止にもかかわらず、音楽に浸れる民族」だと述べている。それは「歌や踊りがこの地上で楽しめる唯一のもの」という推論に基づく。音楽の特徴として「圧倒的な迫力で長時間」繰り返すことや「リズムが明確」であることが挙げられている。さらにタウシーヒを例に、教養としての音楽にも言及している。

④「楽器」。「中東の人々は自分たちに課せられた自然環境の厳しさから、人工的に努力する技術を身につけていきます。（中略）気候的に大木は生えませんから、琵琶、琴のように一本の木で作る楽器は不可能です」として、寄木細工で作られるウードが紹介されている。

⑤最後の「大衆音楽」では、「なによりも（中略）興味ある現象」として「中東の人の趣味は統一して」いることを指摘している。また、中東の音楽家は個性的な表現よりも「すべての人のやりたいことを一生懸命やる」という中東の音楽学者の考えを引きながら、個性重視の日本人はヨーロッパ的音楽観に影響されていると述べている。

久しぶりに一読して抱いた印象はそのわかりやすさである。音楽（とくにいわゆる「民族音楽」）に親しみがない読者でも、あるいは中東に興味がない読者でも、中東の音楽に関するおおまかな知識を得ることができると言えよう。

だが、気になるのは、その語り口である。先述の①「イスラム教と音楽」の一文を再掲したうえで、元となった小泉の文章を見てみたい。

「遊牧民独特のシンプルな生活様式に基づいた、様々な音楽が生まれ」、その例として「三拍子のリズム」「だれもがやらないような個性的な歌」などが挙げられている。

日本人の目から見るとまばらな牧草地帯が果てしなく続き、そこに住み、動物を飼う人々は必然的に数百頭の家畜とともに、広い地域を移動しなければなりません。遊牧民独特のシンプルな生活様式に基づいた、様々な音楽が生まれました。たとえば、三拍子のリズムは、動物の上でゆられる、規則的な上下動から切り離しては考えられないリズム感です。また、彼らが働くときはひとりきりですから、手なぐさみに手作りの簡単な楽器を作り、雄大で、だれもがやらないような個性的な歌をうたいます。

目に浮かぶ情景はステレオタイプ的な中東である。ほかにも③「民族音楽」の項では次のとおりである。

中東はどこの村々も全部砂漠の砂を固めて作ったれんがで家を建てますから、がれきの山のような、殺風景な印象を与えます。（中略）庭園も全くの乾燥地ですから、要するに私達が普通日常的に楽しむものは何もないわけです。（中略）歌や踊りがこの地上で楽しめる唯一のものかもしれません。

小泉が中東を訪れたのは、一度や二度ではない。一九六一年にイラン、一九六四年にエジプト・トルコ・イラク・イラン、一九七一年にモロッコ・チュニジア、一九七四年にアフガニスタン、一九七五年にイラク、一九七七年にイラン・イラク・トルコ・アフガニスタン・パキスタン、一九八二年にトルコと、音楽調査や学術会議で何度も歴訪している。

当然のこととして、中東にも「殺風景な印象を与え」ない地域があり、ましてや音楽文化の中心地は「まばらな牧草地帯」や「村々」ではなく、都市部であったことは、小泉は百も承知だったはずである。そもそも中東の音楽の紹介を「遊牧民の調べ」としていることからして、違和感を覚えずにはいられない。なぜ小泉はこのような語り口を選択したのだろうか？

2. 西洋中心主義批判

そこで中東音楽に言及しつつもそれを主題としない文章に目を転ずると、その言及にはある傾向があり、そこにこの語り口の理由が見えてくる。

西洋中心主義的な状況に対する批判である。小泉は西洋芸術音楽を正と定めた、当時の知識人・文化人が掲げていた価値体系、ならびにそれを無批判に受容していた社会に対して、異議を唱えていた。たとえば、当時の日本における教育やマスメディアのあり方については以下のとおりである。

たとえば教科書では西洋音楽の特徴である十二平均律と機能和声と強弱アクセント的リズムのほかは何も体系的に教えていないし、放送でインドやアラビアなどの東洋音楽がとり上げられる量はほとんど小数点以下のパーセントである。頭では東洋芸術の価値を否定していなくても、実際に行っている日常的な文化活動、なかでも民衆を先導し、その知識や情報を提供し、その方向を決定する教育やマスコミの政策や活動においては、ほとんど東洋芸術の価値を認めていない。そして音楽という芸術のジャンルにおいて、その点が特に著しい（「民族音楽と現代」より）。

そして、こうした状況が「音楽的偏見」を助長し、次のような弊害を起こしていることを指摘する。

十二平均律の音程に慣れた耳に、イランやアラビアの音楽、また日本の音楽などに用いられている半音よりも狭い微少音程が、規則からはずれた「狂った音」として聴こえ、それらのもつ芸術的な表情を理解するのに妨げになる（「音楽の二重国籍」より）。

このような「音楽的偏見」を克服するには、西洋中心の音楽教育を改める必要があるとし、中東における音楽教育があるべき道として提示されている。

たとえばトルコ。新しい音楽教育を始めるためにドイツからヒンデミット、ハンガリーからバルトークを招いて、二人の援助で新しい音楽教育の体系をつくったんです。この二人の助言は非常に適切で、トルコ音楽をていねいに分析して、トルコ音楽の土台となるものを利用したんです。ですから、当然、教材はトルコの伝統的な民謡や芸術音楽で、それらを難易度順に、やさしいものから次第に難しいものへという方向で、教科書が作られました（「日本の音楽文化のゆくえ」より）。

第二次世界大戦後、文化相対主義が従来の西洋中心主義にとって代わった。それぞれの文化には固有の価値があり、それらは尊重されるべきもので、西洋の物差しを用いて断ぜられることはけっしてあってはならないのだ。だが、それはあくまでも理論・理想のうえでの話で、現実世界は政治であれ、経済であれ、軍事であれ、そして文化であれ、西洋を中心に回っていた。

最近の数百年間は、ヨーロッパが世界を植民地化したために、政治的な支配、経済的な影響とともに文化的な優位を保ってきた。そのため非ヨーロッパの国々は、特に音楽の分野においては、何らかの意味でヨーロッパ音楽の優位性を認めなければならないという立場に、長い間置かれてきた（「序にかえて」より）。

小泉は西洋中心主義世界を過去のこととして論じているが、文化相対主義に則ってそれぞれの固有性が尊重される世界はいまだに実現してはいなかった（そして現在においてもその世界が実現しているかどうかは疑わしい）。小泉は日本の音楽教育に対する苦言のなかで、次のように述べている。

なぜこれほど一生懸命に西洋音楽だけを教えるのだろうか。一体誰に義理があって、小学校の一年生から「わらべうた」と関係のない西洋音楽を押しつけるのか。一体誰の利益のために寒い北国も南の島も、同じ音楽の教科書を使わなければいけないのか。こうした疑問が、音楽教育の専門家でもない私の心に湧いてからもう八年も経つのに、一向に解消されないばかりか、ますます強まってくるのである。（中略）教育とは何か。すでに子どもたちが持っている能力をよりひろげ伸ばすことではないのか。もっと大きくいえば、その民族が育ててきた文化的素質を、より本来の視野に向かっておし出すことではないのか、と私は思う（「教育における民族音楽」より）。

以上の状況を考えると、先述の「遊牧民の調べ」における文章は、中東音楽をより正確に伝えるよりも、敢えてステレオタイプ的なイメージに寄り添いながら、非西洋の音楽文化をわかりやすく伝える戦略をとったのだと言えよう。

3. 中東における多様性——アラブ・トルコ・ペルシア

しかしながら、小泉は中東の多様性を無視していたわけではない。

私たちはよく「アラブ文化」とか「サラセン文化」あるいは「オリエント」などとひとからげにしてしまいますが、アラブ、トルコ、ペルシアの文化はまったく違います。音楽的にも発声法にしてもはっきりと異なっていて、アラビア人は喉の奥をよく使う。ペルシア人はそのかわりに、表声と裏声を使いわける（「呼吸する民族音楽」より）。

アラブ・ペルシア間には次のような違いもあることを説明する。

ペルシアの音楽では、ある動機を、手を替え、品を替え、少しずつ変えながら何回も繰り返していくというやり方を非常に嫌います。そういったものはアラブ的だというのです。（中略）そのかわりペルシア人は何をするかというと、やっぱり一つの楽節の中で、音楽の表現しなければならないある側面を徹底的に表現してしまうのです（「わらべうたと民族性」より）。

このように「遊牧民の調べ」ではステレオタイプ的に画一化して描いた中東を、民族ごとの多様性を含んだ地域として説明している。トルコ人と他の中東の民族との違いは次のとおりだ。

トルコ人が本当のトルコ人になったときには、結局自分たちの祖先がまだ中央アジアにいたときの音楽を歌う。そのときには、アラビア人やペルシア人から借りてきて学んだ楽器では、伴奏ができない。したがって、中央アジアの砂漠の中に住み、馬に乗って飛び回っていたときに使っていた、雑音の多い三味線（サズ）を使う。そして、その三味線によく合うたくましいトルコの民謡を歌うのだ（「シルクロードと日本音楽」より）。

写真２　サズ

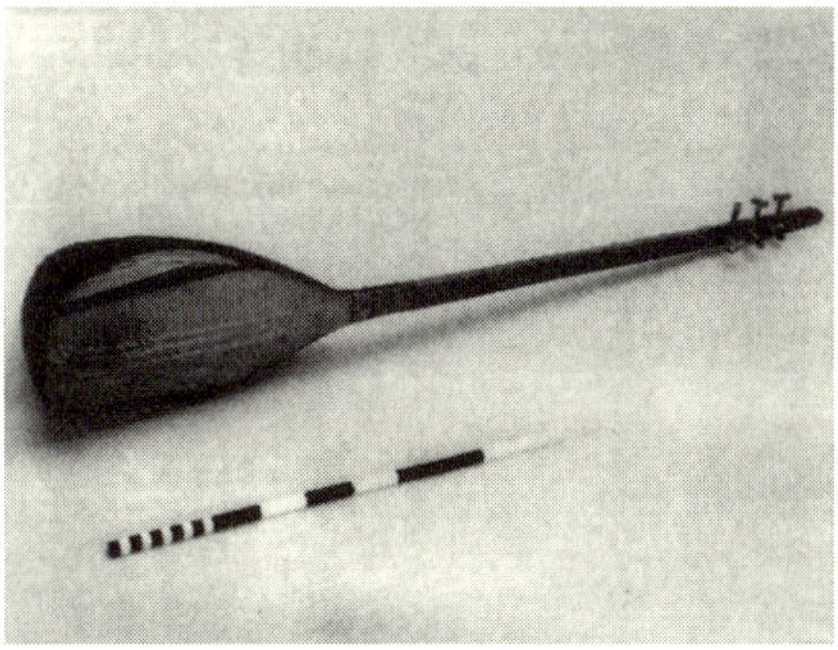

（東京藝術大学音楽学部小泉文夫記念資料室所蔵）

冒頭で述べたとおり、当時は「世界中に暮らすあらゆる民族には、それぞれ固有の『民族音楽』が存在するという文化本質主義的な前提」のうえに民族音楽学が成立していた。それゆえにここに挙げられている三つの民族も自明の存在と見なされており、それぞれが西洋オリエンタリズムのまなざしのなかで創出された「物語」であるという側面をもつことには触れてはいない。「トルコ人が本当のトルコ人になったとき」という表現は、まさに「物語」に対する無自覚の産物にほかならないだろう。

当然のこととして、これは小泉以外の当時の民族音楽学者一般について当てはまることだった。たとえば、トルコ音楽研究の第一人者であったクルト・ラインハルト（一九一四～一九七九）は『ニューグローヴ世界音楽大事典 第十二巻』で次のように述べている。

トルコの芸術音楽は遅くとも一三〇〇年に歴史が始まっていたということができる。（中略）芸術音楽における独特な様式の発展は、ある程度トルコ民族の音楽的気質の結果といえよう。彼らは、アジア的な伝統との調和を保ちつつ、基本的には全体の響きを重視するのである。言葉を換えれば、トルコ人は、本質上旋律的であり声楽的である彼らの隣人の音楽を、決して完全には取り入れなかった［ラインハルト 一九九六：三九］。

「トルコ民族の音楽的気質」や「アジア的な伝統」、さらにはおそらくアラブ人やペルシア人を指しての「隣人の音楽」との違いなど、小泉と共有する民族音楽観が容易に見てとれる。

だが、こうしたスタンスが「時代遅れ」かと言うと一概にそうは言えない。いわゆる「異文化紹介」「国際理解教育」などの場面において、いまだに民族（あるいは国）といった単位で人々を均質化して伝えるのはよくあることからだ。とくに西洋人以外にも人間が存在し、西洋音楽以外にも音楽があることを広めるために、ほかに有効な単位があるかと言うと、思いつかないのが現状だと言えよう。たとえ「物語」に対して自覚的であっても、限られた紙幅では限界がある。いずれにしても、先に挙げたような一般のステレオタイプに寄り添う戦略と同様、啓蒙活動のためには「民族」という単位は不可欠なのかもしれない。

4．「純血主義」に陥らない現状認識

それぞれの民族には固有の民族音楽があるという前提で語られる「民族音楽」ではあったが、小泉にとって「民族性」とは可変的なものであった。

民族性というものを音階で言えばこういうものであり、リズムで言えばこうこうこういうものであるという見方は、基本的には必要ですけれども、しかしそれはいつでも新しいシチュエーションの中でもっていろんな形で発展し得るもの、変わってくるものとしてとらえなければなりません（「わらべうたと民族性」より）。

この可変性に対する認識によって、小泉は音楽の固有性を強調する先にある「純血主義」には陥ることはなかった。また、可変性が念頭にあるゆえか、いわゆる伝統文化を閉ざされた社会で営々と受け継がれてきた「静的」な事象ではなく、異なる文化と「動的」に接触することによって生じるハイブリッド性を有している事象であることに十分に自覚的であった。たとえばフラメンコの歌やギターや踊りのなかにアジア各地の芸能とのつながりをみたり（「フラメンコ芸能のアジア的要素」より）、ギリシアの音楽にローマの支配やキリスト教文化の影響やオスマン帝国の支配などの足跡をみたりしている（「ギリシアの民俗音楽」より）。

この文脈での中東音楽に関する言及は、とくにシルクロードを通じた日本音楽とのつながりの説明に頻出

する。

尺八は、日本人の様々な感情ばかりでなく、思想、哲学を表現できる楽器として大切にされてきましたが、これも日本古来のものではない。尺八タイプのたて笛は、朝鮮の「タンソ」、イランの「ネイ」、アラブの「ナイ」、ブルガリアの「カヴァル」と世界中にある。(中略) 歴史からみると、アラビアの葦《あし》笛「ナイ」が、奈良時代に日本に渡ってきて尺八になったわけです(「呼吸する民族音楽」より)。

あるいは三味線の起源である。

ペルシア語で「セタール」とは文字通り、「三弦」という意味である。どうやら、日本本土の「三味線」ないし「三弦」、沖縄の「三線」、そして中国の「三弦」という名称は、このペルシア語から来ているらしい。ペルシア語のセタールはトルコでサズと呼ばれるものに変化し、しかもこのサズはギリシアなどではボゾキ、アラビアではボゾックというもっと近代的なフレットをもつ楽器に変わっている(「日本の楽器——三味線」より)。

楽器以外にもつながりは指摘されている。民謡には拍節的な歌・非拍節的な歌があることを紹介しながら、以下のとおり述べている。

アジアを横に見ていくと、それぞれの民謡の中にはっきりとした二つのグループを持っているのである。その二つを明確に分けて考えている民族は、日本から蒙古、そして中央アジアからハンガリーまで、ずっとつながっているのだ（「シルクロードと日本音楽」より）。

楽器を介して、あるいは音楽様式を介して、私たち日本人は遥《はる》か中東まで、さらにはその先にあるヨーロッパまでつながっていることがわかる、という考えはロマンチックであり、魅力的であった。だが、現在における研究者の間では、こうした説に対して慎重なスタンスをとるのが一般的なようである。場合によっては積極的に否定されることもある。魅力的ではあるが、推測の域を出ないからである。

写真３　ネイ

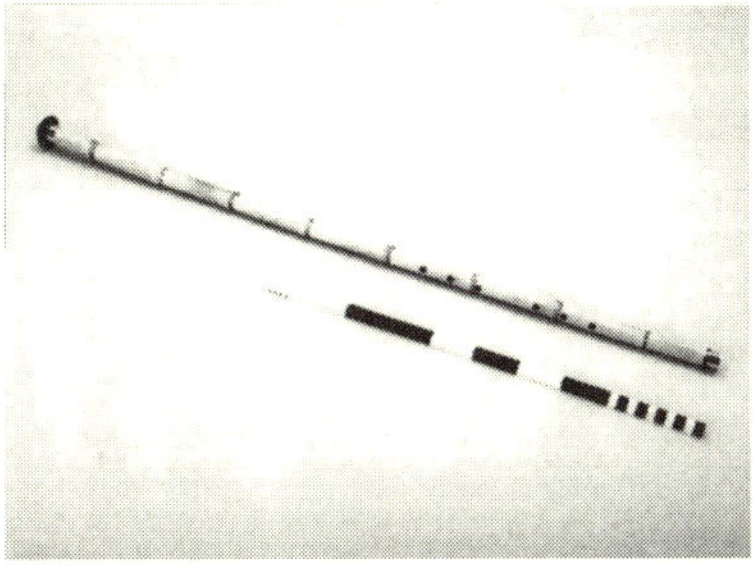

（東京藝術大学音楽学部小泉文夫記念資料室所蔵）

写真４　セタール

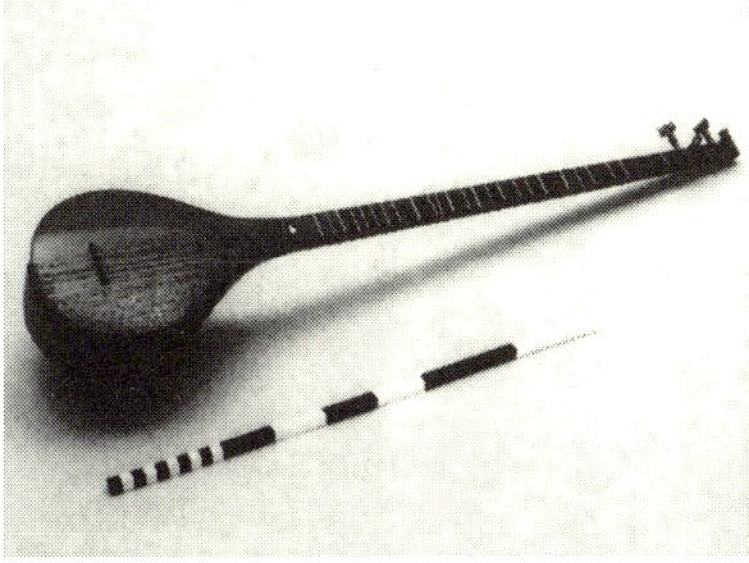

（東京藝術大学音楽学部小泉文夫記念資料室所蔵）

5. 小泉文夫が伝えた中東音楽の先にあるもの

そうは言うものの、小泉は人々のロマンチシズムに訴えるためにこのような言説を繰り返したわけではない。彼は西洋音楽を「極めて独特の発達を見せた音楽文化」としたうえで、次のように述べている。

日本音楽の方は、何も日本だけの特徴ではなく、それと部分的に共通した要素を持つ音楽は世界のいたるところにあり、少しも特殊な音楽ではなく、極めて一般に普遍的な性格を持つものであるともいえる（「日本人の音楽感覚の将来」より）。

さらには次の一文である。

西洋音楽がすぐれているという認識を、私は疑問に思っています。和声や対位法のある民族を調べると、そのほとんどが未開社会です。（中略）和声や対位法的な歌い方をしている民族でも、ひとたび王様の権力と結びついたものになりますと全部ユニゾンになる。（中略）そういたしますと、実は私たちはヨーロッパよりもずっと先に発達したために、ヨーロッパが今でも持っているバイタリティのようなものを何千年もの文明の発達の過程で失ってしまっている、私はそのように考えます（「世界の宗教音楽」より）。

これらを通じて浮かび上がってくるのは、既述の西洋中心主義批判である。和声や対位法と民族の発達段階の関連性が当時においてどのように受け止められたかは知る由もないが、少なくとも日本における西洋中心的なあり方に対する「苛立《いら》ち」のような「憤り」のような思いは伝わってくる。

小泉は読者を啓蒙するにあたり日本を中東までつながる東洋音楽の一部として位置づけ、それを西洋音楽と対置させることによって西洋音楽コンプレックスを乗り越えさせようとしたのではないだろうか。彼は「今までのわれわれは西洋の音楽の方ばかり考えて、（中略）東洋の音楽のなかにもあるすぐれた要素というものに気がつかないできたのです」とし、次のように述べている。

日本音楽や東洋音楽の人たちは、自分たちをそっくり受け渡したり、魂まで売り払ってしまうのではなくて、自分たちの立場をちゃんと守っていながら、西洋音楽のいいところを取り入れていくという相互に影響しあう立場。こういう方法だけが、この東西のまったく根本的に性格が違うものをもってして、さらに新しい将来を作っていく方法であろうと思います。（中略）とても難しいことです。けれども、それだけが本当の意味で東洋というものを将来に生かしていくわれわれの道だと私は思っています（「アジアの音楽・ヨーロッパの音楽」より）。

小泉が伝えた中東音楽を読み解くとき、それはたんに当該地域を理解することを目指したものではなく、中東理解＝東洋理解＝日本理解、さらにはその理解を通じて西洋中心主義を乗り越えようとする意図があったことを念頭に置く必要がある。

現状を見渡すと、西洋が中心であることはいまだに変わらない。個別の事例に関して批判・修正の余地はあるにしても、小泉が伝えた中東音楽はいまだに有効なのである。

以下の表における「年月」は西暦一九〇〇年代の下二ケタと月（月名が不明の場合は「00」。連載の場合は初掲載の年月を記す）を、「記事題目」は記事題目を、「掲載媒体」は掲載雑誌や新聞など（掲載媒体がレコードの解説の場合は【レコード題目】とし、公演やシンポジウムなどのプログラムの場合は［公演名］とする）を、「巻」は学習研究社による選集の巻数を示している。網掛けされている行は本文中に言及のあるものである。なお、本文中の表記では「ペルシャ」を「ペルシア」に、「ギリシャ」を「ギリシア」に統一しているが、記事一覧では原題のままで表記している。

表　中東音楽に言及している記事一覧（年月順）

年月	記事題目	掲載媒体	巻
5902	日本の民謡	ひびき	4
6101	即興性の音楽	草月アートセンター・ニュース	4
6107	ほら穴のユダヤ人	フィルハーモニー	3
6109	インドの鈴	[豊辺つぎ子公演]	4
6202	民族楽器を訪ねて（注1を参照）	ヤマハニュース	3
6203	コーヒーの占い	ミューズ	3
6305	わらべうたと民族性	全国労音ニュース	1
6412	地中海諸国を訪ねて感じたこと	音楽芸術	4
6502	ナイル河上流の生活と歌	フィルハーモニー	3
6505	現代人からみた『真言声明』	芸能	4
6511	放送局と紹介状	FMファン	4
6512	ハンガリーの田舎のジプシー	フィルハーモニー	3
6609	楽器史の立場からみたギター	[ナルシソ・イエペス公演]	2
6804	エスキモーの歌	フィルハーモニー	3
6804	愛の表現	【魅惑のヒットアルバム】	4
6805	笛は魔術師	【魅惑のヒットアルバム】	4
6806	スペインの若もの	【魅惑のヒットアルバム】	4
6806	アジアの音楽・ヨーロッパの音楽	日本女子大学教養　特別講義	1
6807	女性と弦楽器	【魅惑のヒットアルバム】	4
6810	マリンバの生い立ち	[阿部圭子リサイタル]	2
6901	教育における民族音楽	音楽教育資料	4
6901	民族音楽と現代	FMファン	4
6906	フラメンコの芸能とアジア的要素	[ソル・デ・エスパーニャ・スペイン舞踊団公演]	2
6908	民謡の表わしているもの	[国立劇場公演]	4
6909	イスラム教徒の音楽文化	【オリエントの民族音楽】	2
7001	インドの首相と日本音楽の将来	邦楽の友	4
7002	『平曲』の音楽性とナゾ	北海道新聞	4
7007	映画『メディア』の音楽	朝日新聞	4
7101	日本の楽器――尺八、三味線、鼓	ミュージックエコー	2
7111	なつかしいインド、大嫌いなインド	あんさんぶる	4
7111	わが家変じて楽器の“倉庫”	ボナンザ	4
7112	アラビア音楽十年の恋	太陽	4
7203	音楽の二重国籍	読売新聞	4
7204	歌謡曲がなぜ悪い	文芸春秋	4
7204	ロシア民謡と日本人	ミュージックエコー	4
7211	パルマス、オレッ！	[小松原庸子公演]	4
7500	関節はずしの音楽論	ポップス談義	5

年月	記事題目	掲載媒体	巻
7500	カシミールの風土と人と音楽	【秘境ヒマラヤの民俗音楽】	2
7501	ギリシャの歌と踊り	エチュード	4
7506	アジアのわらべ唄	あんさんぶる	2
7600	ギリシャの民俗音楽	【ギリシャ音楽の古代と現代】	2
7600	ゴッタンの音楽	【ゴッタンの音楽】	2
7600	パンパイプ	【パンパイプ・ナイの世界】	2
7607	中国音楽の現状から学ぶもの	季刊邦楽	4
7612	遊牧民の調べ	Aurex Joy	2
7700	砂漠の音楽	アプローチ	2
7703	打楽器の文化史	音楽芸術	1
7710	日々雑感「外国人の労働力」	朝日新聞	4
7802	馬ー文化の調教師	世界	2
7807	呼吸する民族音楽	遊	2
7810	日記から	朝日新聞	2
7900	日本音楽と日本料理	あいん	2
7902	世界の宗教音楽	第一回仏教音楽研究大会	1
7903	舞と踊り	ぱいぷ	5
7906	日本音楽と発声	[国立劇場第四回歌謡公演「歌舞」]	2
7907	民族音楽とともに歩んで三十年	水火汽論	2
7910	日本音楽のリズム	[国立劇場「日本音楽の流れ」第七回]	2
8006	音楽の場	日本建築家協会例会	1
8006	人はなぜ歌をうたうか	21 世紀フォーラム部会	1
8007	日本の音楽文化のゆくえ	秋田大学教育学部特別講義	1
8009	トルコの音楽と日本	[遠き旅人たちの歌とロマン公演]	2
8010	日本の旋律	[国立劇場「日本音楽の流れ」第八回]	2
8100	シルクロードと日本音楽	日本に生きるシルクロード	2
8103	序にかえて	【民族音楽大集成】	2
8103	アジアからの風	国際交流	5
8106	仏教音楽から学ぶもの	弘法大師をたたえる夕べ	1
8108	子守唄の社会学	ユリイカ	1
8110	シルクロードの民族音楽を探る	第三回朝日歴史教室	1
8110	日本人と笛	[国立劇場「日本音楽の流れ」第九回]	2
8112	アジアの叙事詩	ディスカヴァリー	5
8200	日本人と音	「ものごと」の思想	5
8202	音楽は血の通うチャンネル	国際協力	2
8204	民族音楽と歯	デンタルダイヤモンド	2
?	日本人の音楽感覚の将来	[シンポジウム邦楽の可能性]	4

◆注

（1）この記事は一九六二年二月から一九六三年八月まで連載されたもので、中東に関連する言及がある記事は「変り種のリュート」「土と民族」「アイディアにはさまれた楽器」「知られざる感動」「ペルシャの三味線」「才能ある大臣」である。

◆参照文献

著者不明　一九九四「小泉文夫」『ニューグローヴ世界音楽大事典　第六巻』講談社、四一六頁。
柘植元一　一九八四「解説」小泉文夫『小泉文夫フィールドワーク　人はなぜ歌をうたうか』冬樹社、三四七～三四一頁。
クルト・ラインハルト　一九九六「トルコ」『ニューグローヴ世界音楽大事典　第十二巻』講談社、三八～四五頁。

9 チュニジア「ラシディーヤ」伝統音楽研究所

――歴史と現在

松田　嘉子

はじめに

チュニジアは北アフリカのいわゆるマグリブ諸国の一つだが、地中海沿岸にあって文化的にはアラブ、ヨーロッパ、アフリカの要素が融合している。音楽はアラブ音楽の一派をなし、モロッコやアルジェリアと共通したアンダルス音楽を源流に持つが、エジプトやトルコの音楽からの影響も強く、豊かで興味深い音楽伝統を有している。

一九三四年、チュニスに創設された「ラシディーヤ」伝統音楽研究所 Institut Rachidia de la musique tunisienne は、チュニジア初の音楽教育研究機関であり、アラブ圏でももっとも古いものの一つである。創設の目的は、チュニジア音楽の伝統を守りそれを活性化するだけでなく、新しいチュニジア音楽を創造し、質の高い演奏で継承発展させることであった。

本稿では、チュニジア音楽の位置付けと特徴を踏まえた上で、ラシディーヤ研究所設立の背景から、ラシディーヤに関わった主要な音楽家たちの功績や作品を含めて、ラシディーヤがチュニジア音楽に果たした役割を論考したい。また八十年に及ぶその歴史のうちには様々な出来事があったが、二〇一一年のいわゆるジャスミン革命以来大きな変動期にあるのも事実であり、その状況についても考察する(1)。

1. アラブ音楽の中のチュニジア音楽

1-1. 二つのアラブ音楽伝統 ~マルーフとシャルキー~

チュニジア音楽は、アラブ音楽のマグリブ（西方）楽派に属し、アンダルス音楽の系譜に連なる。アンダルス音楽はアラブ・アンダルス音楽ともいい、アラブ・イスラム教徒がイベリア半島（アラビア語でアンダルスと呼ばれた）を支配した八世紀から一二、一三世紀頃を頂点として発展した、豊かな芸術音楽である。レコンキスタ以後はおもに北アフリカの土地に移住したアラブ・イスラム教徒やユダヤ教徒によって、現在のモロッコ、アルジェリア、チュニジア、リビアなどの都市部で伝承された。アラブの撥弦《はつげん》楽器ウードがヨーロッパのリュートとなったことに代表されるように、スペインを通じて様々な楽器がヨーロッパに伝播して西洋楽器のルーツとなり、アンダルス音楽はヨーロッパ中世音楽の源泉の一つとなったことは周知のとおりである。また歌曲形式ムワッシャハや、歌と器楽の組曲ヌーバ（ナウバともいう）を発達させたことで知られる。

アンダルス音楽の成立について、チュニジアの音楽学者マフムード・ゲッタートは、アンダルスはすでに七世紀頃からマグリブと音楽的交流がさかんで、相互的発展をしていったとみなしている。アンダルスにとってマグリブはアラブ音楽の洗練と発展の源泉であり、アンダルスはつねにバグダッドともマグリブとも接触し、西洋音楽の要素も取り入れながら、豊かなものになっていった [Guettat 2000: 212]。アンダルスの大音楽家として有名なズィリヤーブ（七八九〜八五七頃）も、バグダッドの宮廷を出てから当時アグラブ朝の都であったチュニジアのケルアンに十年あまり滞在してチュニジア音楽を学んだ後、コルドバの宮廷に迎え入れられたという象徴的な足跡を残している [Guettat 1986: 18]。チュニジアでは、アンダルス音楽の流れを汲む古典音楽を、マルーフ（伝統に忠実な音楽の意）と呼んでいる(2)。

一方チュニジアは、地理的に地中海の東側のアラブ音楽圏にも近く、また一六世紀以降はオスマン帝国の支配も被ったことから、エジプトやシリア、トルコなどのいわゆるオリエンタル音楽（地元では「東の」という意味で「シャルキー」という）の影響も強く受けている。とくに一九世紀以降はエジプト音楽の影響が大である。マルーフとシャルキーでは、旋法、リズム、楽器など、音楽の構造や法則に違いがある。アンダルス音楽は西洋音楽と混合したため、今でもモロッコやアルジェリアの音楽に痕跡が見られるように全音階が基本であったが、チュニジアのマルーフはシャルキーの影響が大きく、微小音程を持つのが特徴である［松田二〇一〇a：二八八］。

現代チュニジアの音楽家にとってはどちらの教養も大事であり、アンダルス音楽マルーフの演奏家、オリエンタル音楽シャルキーの演奏家、そして両方を演奏する音楽家たちがいる。

1－2．チュニジア古典音楽マルーフとはどういうジャンルか

ヌーバとは通常「歌と器楽の組曲」と呼ばれるが、一つの旋法にもとづき、複数のリズムを持つ大曲である。いくつかの詩をつなげて歌うものを原型として、次第に他の構成要素が付け加わっていったものと考えられる。器楽演奏家の即興が入る部分もある。チュニジアでは古典的なヌーバ十三曲がアンダルス起源として伝えられてきた。しかしヌーバは、現在でも創作することが可能な構造と規則を備えている。後述する二〇世紀の代表的作曲家ケマイエス・テルナン（一八九四～一九六四）が、「ヌーバ・ナハワンド（別名ヌーバ・ハドラー）」を創造し、歴史的遺産を豊かにした。続いてサラーフ・アル・マハディ（一九二五～二〇一四）も「ヌーバ・アジャム・ウシャイラーン」と「ヌーバ・ザンクラー」を作曲した。もっと新しいところでは、ズハイル・ベルハニ（一九六二～二〇一三）作曲の「ヌーバ・ラムル」もある。したがって、現代にも開かれているジャンルといってよい。

王朝時代には宮廷で一日に一つのヌーバを上演し、日替わりで旋法の順番が決まっていたという。その場

合、ヌーバはコンサート全体やプログラムと言い換えることもできよう。現代ではヌーバの一部を取り出し、数曲の歌をつなげてワスラ（連結、メドレーの意）として演奏することも多い。その場合、旋法は同一で通し、リズムはいわば序破急のように、種類と緩急の変化に富むよう構成する。

このようなヌーバやワスラは一般にマルーフと呼ばれ、歌の内容は、恋愛、酒、自然、神、失われた故郷への郷愁、親しい人々や愛する人との別離など、あらゆるテーマに及ぶ。詩は韻を踏んだ形式美と、比喩や巧みな文学的表現に富んでいる。

マルーフには、作曲家を匿名にする習慣が長かった。新しく作られたものでも古いアンダルス起源と思われるよう、故意に作曲家の名前を伏せたのだという。作曲家を明記するようになったのは二〇世紀になってからのことである。そのため、創作された時代や変化の検証が困難である場合が多い［松田 二〇一〇a：二八七］。詩人の名前も同様に特定が難しいことがあるが、作曲家と同じく第一級の詩人の創作した格調高い芸術作品であることは明らかである。かくしてマルーフの総体は、独特の美学に支えられた大きな宇宙のように存在している。

いずれにしても、アンダルス音楽は、北アフリカの都市部で実践される教養と学識を要する古典音楽であり、芸術音楽である。アイルランドの音楽学者トニー・ラングロワは、「北アフリカのどの国でも、アンダルスとは、中世のイスラミック・スペインの黄金時代と結びついているだけに、高く評価される地位にある。その芸術音楽のジャンルは、洗練された芸術遺産という意味で西洋クラシック音楽と同様であり、西洋の中流家庭の子弟がクラシック音楽を身につけるのと同じように教育される」と述べている［Langlois 2009: 208］。音楽のジャンルに関してまさにそれは正しく、現代では西洋クラシック音楽と比較できる教育機関やメソッドが存在している。しかし長いアラブ音楽の伝統から見れば、それは比較的新しいことなのである。

1-3. アラブ音楽の伝統的教授法

アラブ音楽の伝統的な教育法は、師から弟子へ口伝で教えるのが基本であった。それには他に代え難い大きなメリットがあり、今でもそうした方法で伝授される場合も少なくない。

口伝による教授法とは、楽器にしろ歌にしろ、教師の演奏を繰り返し見たり聴いたりして真似ることから始まる。楽譜は用いず、耳で覚える。時間はかかり、非効率ではあるが、そのようにして覚えたメロディはなかなか忘れないものである。また、最終的には自分の創造性と美意識により、教師とは違った演奏をすることが求められる。むしろ自由な応用を加味するのがよい。教師もそのつど違うバリエーションを弾くものだ。

後述するように、現代では多くの古典楽曲は西洋式の五線譜に書かれるようになり、楽譜を用いた教育法が普及した。しかし楽譜を使って学んだにしても、最後は暗譜で演奏するのが原則で、各演奏家は独自の美学や即興性を加えてつねにフレキシブルに演奏しなくてはならない。とくにアラブ音楽で重要なジャンルであるタクスィーム（単独楽器による即興演奏）は、そのつど新しく生み出すことが原則ゆえ、楽譜に書くことはない。

しかし口伝教授法は、記憶に頼っているだけに欠落や消失が起きることも確かであり、実際に二〇世紀初頭にはチュニジア古典音楽の伝承が危機に瀕《ひん》し、存続が危ぶまれていた状況があった。芸術音楽遺産の保存や新しい教育方法が求められていた。

2. ラシディーヤ伝統音楽研究所

2-1. チュニジア音楽の新しい実践の場として

チュニジアは一八八一年からフランスの保護領となり、首都チュニスにはフランス風の建物が立ち並ぶ新市街ができ、ヨーロッパ文化も浸透していった。一八九六年にはチュニスにフランスのコンセルヴァトワールができて、西洋音楽を学ぶことが可能になった。また、レコード、ラジオ、映画などの新しく強力なメディアを通じて、エジプト音楽の影響が強まった。カフェでは、フランス語混じりのアラビア語で歌われる流行歌か、エジプト音楽がよく流れた[3]。

しかしチュニジア伝統音楽を聴く機会は少なくなっていった。古典音楽マルーフの豊かな遺産はどこへ行ってしまったのか? ましてやそれを系統的に学べる場はなく、またチュニジア人自身が公的な場所で音楽を実践することも、一九二〇年代まではほとんどなかった。当時の社会的タブーとして、とくに社会的階級の高い人たちは、音楽を愛好していても家庭内で私的に演奏するしかなかった。宗教歌手や宮廷および貴族の庇護《ひご》を受けた芸術家を別とすれば、いわゆる職業音楽家として人前で歌ったり演奏してよいのは、ユダヤ人か社会的階級が低い人々とされていた時代であった。音楽家になるのは軟弱な道楽者と受けとめられ、家族から猛反対された芸術家たちもいる [Davis 1997: 81; el Melligi 2000: 94]。

伝統音楽を修養する場としては、スーフィー教団の修道場ザーウィヤが中心であった。そうした集まりでは、宗教音楽の他に古典音楽マルーフも演奏されたのである。後述するバロン・ロドルフ・デルロンジェ（一八七二～一九三二、バロンは男爵の爵位）の秘書をつとめたチュニジアの音楽学者マヌービ・スヌースィは、次のように書いている。

「二〇世紀初頭までイスラム教の国々では、教団の修道場ザーウィヤがコンセルヴァトワールの役割を担っていた。すなわち、それが伝統に見合う正統的な音楽を聴ける、唯一の公的な場所であった［Snoussi 2003: 15］」

一九三四年、チュニジアで初めての音楽教育研究機関として「ラシディーヤ伝統音楽研究所」が創設される[4]。設立メンバーは、音楽家、詩人、文学者、医者、弁護士など七十一人の知識人や名士たちで、初代研究所長にはチュニス市長で芸術愛好家のムスタファ・スファルが選出された。設立の目的は、チュニジアの音楽遺産を保存・継承するだけでなく、その質を向上させ、さらには新しい音楽を創造する優れた音楽家を教育・育成することであった。ここで肝要なのは、宗教の場でなく純粋に芸術として音楽を学べることである。また、男性中心の集まりであったザーウィヤと違い、男女の別なく勉学できることで、現に最初のメンバーの中に女性歌手シャーフィヤ・ロシュディが含まれていた。

ラシディーヤという名称は、音楽を愛するあまりに王位を捨てたといわれるフサイン朝の王、ムハンマド・ラシッド・ベイ（一七一〇頃～一七五九）に由来する。ベイとはもともとオスマン帝国から派遣された官吏が土着化して王となった系統からしてトルコ系であるが、ムハンマド・ラシッド・ベイは、母親がイタリアの貴族であった。詩人でもあり、無類の音楽愛好家でウードとバイオリンをよくし、バルドーにあったベ

写真1 ラシディーヤ 1935 年。前列中央にムスタファ・スファル。女性はシャーフィヤ・ロシュディ。その左にケマイエス・テルナン。

イの宮廷内に音楽学校を創設したという［Louati 2013: 57］。ムハンマド・ラシッド・ベイは、トルコ音楽の教養にもとづいて自ら作曲した器楽音楽を多く導入し、アンダルス音楽の遺産ヌーバの構成をよりメリハリのあるものにした。ムサッダル、ファリガ、トゥシアなどと呼ばれる器楽部分である。一般に「歌と器楽の組曲」と言い換えられるヌーバも、それまでは歌の比重が大きかったのである。

2-2. ロドルフ・デルロンジェ男爵

ラシディーヤ伝統音楽研究所設立の背景には、バロン・ロドルフ・デルロンジェと、その周囲に集まったチュニジアおよび外国の傑出した音楽家や音楽学者たちの活動もあり、それがチュニジア音楽ルネッサンスの土壌を作ったといえよう。

ロドルフ・デルロンジェ男爵は、ユダヤ系ドイツ人銀行家であった父と裕福なアメリカ人の母の三男としてフランスで生まれ、イギリス国籍を有していた。カトリック信仰のもとに育ったという［Davis 2004: 50］。家族も音楽を愛好し、父はリヒャルト・ワーグナーのパトロンであり、兄の一人は作曲家であった。青年時代はパリのアカデミー・ジュリアンで美術を学び、また音楽の教養も身につけた。相続した土地のあったチュニジアのシディ・ブサイドを保養のために訪れたが、その風土を気に入り、一九〇九年に移り住む。十年の工事期間をかけて当時

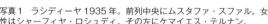

のイスラム建築の粋を集めた壮麗な館を建設し、そこを永住の地とした。自ら絵筆を取り、土地の風景画や肖像画などを残している。

シディ・ブサイドやハマメットなどチュニジアの景勝地はヨーロッパ人の好むところとなり、パウル・クレーやアンドレ・ジッドをはじめ多くの画家や文学者、文化人が訪れたことはよく知られているが、デルロンジェ男爵はモダニズムによってチュニジアの伝統文化が損なわれたり消滅したりすることに強い危機感を覚えた。チュニジアの王（ベイ）に、シディ・ブサイドの文化的保護を要請する文書を送り、一九一五年にはそれに応えた政令が出された。

写真2　バロン・ロドルフ・デルロンジェ

男爵はチュニジア音楽やオリエンタル音楽全般に造詣の深かった音楽家シェイク・アフマッド・ワーフィ（一八五〇～一九二一、シェイクは敬称）と出会うことによって、チュニジア音楽、そしてアラブ音楽に強い関心を持ったという。自らザーウィアにも出入りし、古典音楽マルーフを学んだ。その経験から、旋法体系の豊かさ、西洋音楽では用いられない音程、複雑なリズム体系など、アラブ音楽の特質や魅力を自身はよく分かっていたが、アラブ音楽をまったく知らないヨーロッパ人教師がチュニジア人に西洋音楽を教えている現実を深く憂慮した。

彼は残りの生涯を音楽学者として過ごし、邸宅を音

写真3　第一回アラブ音楽会議に参加したケマイエス・テルナンの楽団。中央にムハンマド・ガーニム。その右にケマイエス・テルナン。

楽家たちへの後援の場として定期的にマルーフの演奏会を催した。アフマッド・ワーフィに続き、ケマイエス・テルナン、ムハンマド・ガーニムなどチュニジアの優れた音楽家たち、またシリア人の大音楽家シェイク・アリ・デルウィッシュ（一八八四～一九五二）やレバノン人の学者イスカンダル・シャルフーンたちが、男爵の研究や著作を助けた。

アリ・デルウィッシュはアレッポ出身で、メヴレヴィ教団で修養したナイ（アラブのフルート）の名手であった。トルコの音楽院で学び、西洋音楽の知識もあった。エジプト政府はカイロの王立アラブ音楽院に彼を招き、エジプト音楽を含むオリエンタル音楽の大全をまとめる仕事を依頼していた。デルロンジェ男爵の要請により、後述するアラブ音楽会議の準備をするため、エジプト政府から一九三一年チュニジアに派遣された。滞在中、チュニジア政府の後援を受けて、チュニスのアラブ言語文学院 l'Ecole supérieure de langue et de littérature arabes でアラブ音楽の講義を開いた。一九三八年にも再びチュニジアを訪れ、ラシディーヤ伝統音楽研究所でオリエンタル音楽とナイ奏法の教鞭を執った［Guettat 2000: 239］。

またロドルフ・デルロンジェ男爵はチュニジア音楽のメロディを採譜し、保存しようとした先駆者の一人であった。フランスの**Paul Geuthner**社から一九三七年に出版（死後出版）された著書 *Mélodies tunisiennes* には、宗教音楽、古典音楽、子守唄、商人の歌、結婚式の歌など様々なジャンルのメロディが、五線譜にアラビア語の歌詞がアルファベット表記をつけて記譜され、フランス語訳も記載されている［d'Erlanger 1937］。

デルロンジェ男爵は、アラブ音楽が今後存続し発展を遂げるためには、西洋人にも理解可能な理論的基盤や法則が必要と感じ、アル・ファーラービー（八七二頃～九五〇）、イブン・スィーナー（九五〇～一〇三七）など中世アラブの学者たちの理論書をフランス語に翻訳した上で、現代のアラブ音楽における旋法やリズムなどの理論を体系化しようとした。フランス語によるその膨大な著作は、**Paul Geuthner**社から二十余年をかけて出版され（生前に出たのは第一巻のみ）、全六巻に及ぶ大著『アラブ音楽』となった［d'Erlanger 1930-1959］。今日でもアラブ音楽研究にとって重要な書物である。また男爵は、アラブ諸国および西洋の音楽家や学者が一堂に会して比較研究やディスカッションを行う国際会議を提唱していた。そしてそれはエジプトのファード国王後援のもと、一九三二年カイロにおいて「第一回アラブ音楽会議」として実現した。エジプト、シリア、イラク、トルコ、アルジェリア、モロッコ、チュニジアなどの音楽家や学者が集まり、ヨーロッパからはベラ・バルトーク、パウル・ヒンデミットらが招聘《しょうへい》されたことはよく知られている。残念ながら男爵自身は病が重篤で会議には出席できなかったが、彼の論文は発表された。

シディ・ブサイドの丘に建つ男爵の邸宅は「エンナジュマ・エッザッハラ」（金星の意）と呼ばれる。

一九八九年、エンナジュマ・エッザッハラは遺族によってチュニジア政府に寄贈され、数年後「地中海アラブ音楽センター Centre des Musiques Arabes et Méditerranéennes」として開館した。楽器博物館、音楽資料館、楽器工房、そしてシンポジウムやコンサート会場として用いられ、男爵の意思と理想を今に反映している。

2-3. ケマイエス・テルナンとラシディーヤ

シェイク・ケマイエス・テルナンはビゼルトに生まれたチュニジア二〇世紀を代表する歌手・ウード奏者・作曲家である。幼少よりいくつかのザーウィアでチュニジア古典音楽マルーフを聴き覚え、またカフェに出入りしてはエジプトの大歌手の歌うダウル、カスィーダなどアラブ古典音楽のレコードに心酔していたという。一九一五年チュニスに出て本格的な音楽活動をするが、第一次世界大戦でフランス軍に徴用されるはずだったところ、音楽による親交のあったナスール・ベイの親族の取り計らいでそれを免れた [el Melligi 2000: 95]。ケマイエス・テルナンは上述したロドルフ・デルロンジェ男爵のインフォーマントであったが、第一回アラブ音楽会議にはチュニジアの代表団として派遣され、貴重な演奏と録音を残した。小編成の室内楽団は、弦楽器はケマイエス・テルナン奏するウードとムハンマド・ガーニムの弾くラバーブで、他に打楽器のナッカラートやタール(5)、それに歌手が加わった。男爵の秘書マヌービ・スヌースィがカイロに同行した。

ラシディーヤ伝統音楽研究所が設立される一九三四年は、第一回アラブ音楽会議開催の二年後である。国際会議から帰還したケマイエス・テルナンは名実ともにシェイク(リーダー)であり、ラシディーヤ研究所のもっとも中心的な音楽家であった。アンダルス音楽の遺産マルーフの豊富な知識があり、歌唱法およびコーラスの指導をした。またウードの演奏に長じ、二〇世紀にはオリエンタル・ウードにとって代わられようとしていた四弦のチュニジアン・ウード（ウード・アルビー）の名手として、その楽器を後世に残すことになった。さらにラシディーヤ研究所で第一級の詩人たちと出会うことにより、作曲家としてのケマイエス・テルナンの活動期が始動する。不世出の歌手サリーハ（一九一四〜一九五八）のために「ラッビ・アーターニー・クッルシャイ・ビクマールルー（神は私にすべてを与えたもう、完璧に）」（詩：ベルハスィン・ベン・シェドリ）や「ガザーリー・ヌファル（恋人は去ってしまった）」（詩：ムハンマド・マルズーキ）をはじめとする名曲の数々を作曲した。マカーム（旋法）という観点からしても、オリエンタルのマカームも導入して、新しいチュニジア古典音楽を創造したといえる。また、組曲「ヌーバ・ハドラー」は、マカーム・ナハワンドで作曲され、二〇世紀にアンダルス音楽の遺産に付け加わった新しいヌーバであり、歴史的作品である。

写真4　ムハンマド・トリーキー

2-4. ムハンマド・トリーキー ～伝統音楽の記録～

チュニス生まれのバイオリン奏者・作曲家のムハンマド・トリーキー（一八九九〜一九九八）も、ムスタファ・スファルの熱心な説得に応じ、創生期のラシディーヤ研究所に加入した重要な音楽家の一人であった。ザーウィアのシェイクたちからチュニジア伝統音楽を学び、コンセルヴァトワールや個人教授でフランス人教師に西洋音楽とバイオリンを師事した。ヨーロッパの複数の楽団で活動した後、チュニジアで自分の楽団を作り、カマル・アル・クーライはじめエジプトの音楽家たちと知り合う。

ムハンマド・トリーキーは、アラブ音楽の偉大な師でウード製作者でもあったアブデルアジズ・アル・ジュマイルとその愛弟子アリ・スリティ（一九一九〜二〇〇七）とも、生涯固い友情で結ばれていた。チュニス旧市街にあったアブデルアジズ・アル・ジュマイルの工房は、エジプトからチュニジアに公演に訪れるヴァーチュオーゾたち〜イブラヒム・アリアン、ムハンマド・アブドゥ・サーリフ、サミ・シャワ（サーミー・アッシャウワー）など〜が、必ず立ち寄るサロンとなっていた。アリ・スリティは弁護士の家庭に生まれたが、アブデルアジズ・アル・ジュマイルの養子となり、音楽と楽器製作技法を学んだ。チュニジアの文学者アリ・ルアティは、アブデルアジズ・アル・ジュマイルとそのサロンについて、「当時のオリエンタル芸術を獲得しようとするチュニジア人音楽家にとって多大な影響があり、その中からチュニジアのウードの巨匠アリ・スリティが出た［Louati 2013: 151］」と書いている。

また先述したアリ・デルウィッシュがチュニスでオリエンタル音楽の講義を開いた時、ムハンマド・トリーキーの才能に注目してその広範な知識を伝授した。トリーキーは作曲家として歌曲、器楽曲、西洋音楽に多くの名曲を残した。

ラシディーヤ研究所においてムハンマド・トリーキーに課せられた仕事はまず、古典音楽マルーフのメロディを記録することであった。西洋音楽の知識があったトリーキーは、いろいろなザーウィヤのシェイクたちがそれぞれ記憶し、口頭で伝承していたメロディをまとめ、楽譜にした。

アラブ音楽には長い間、歌詞は記録しても旋律を記録する習慣はなく、旋律は師から弟子へ口伝で教授された（前述した伝統的教授法）。アラブ音楽は即興性や音楽家の個性を重んじる特質を持ち、ある楽曲を演奏しても演奏家によって表現が違うし、同じ人でも毎回同じように弾くとは限らない。むしろその場その時で新しく生み出すものがある。当然、一つの楽曲に複数のバリエーションができる。楽譜にすることは、本来そのように豊かな幅があるはずの音楽を、一つに固定することにつながる。その点で、音楽を譜面にして誰が弾いても同じようにならなければならない西洋音楽とは、考え方が違う。

写真5　アリ・スリティ

またやはり長い間、アラブ音楽は器楽よりも歌が中心であったことも関係しているだろう。詩があれば、アラブ音楽はマカーム（旋法）によって、複数のメロディを作り出すことが可能である。たとえば、アンダルスで活躍した音楽家ズィリヤーブが、「バグダッドを出る前から、一万篇もの詩を違ったマカームで歌うことができた［サラーフ・アル・マハディ　一九九八：二〇］」と伝えられているように、同じ詩を様々なマカームで歌うことは自然なことであった。実際に、チュニジアの音楽遺産のうち、有名な「ハッラムト・ビーク・ヌワーシ」（眠れぬ夜）は、現在でもアスバアイン旋法とムハイエル・イラク旋法のどちらでも歌われる。

写真6　サラーフ・アル・マハディ

中東には一九世紀から次第に西洋式の記譜法が広まる。チュニジアでもアフマッド・ベイ一世の所有する軍楽隊で、一八四〇年頃から西洋人の教師が西洋式の楽譜を用いて教育し、吹奏楽器など西洋の楽器を演奏しており、マルーフのメロディも一部楽譜にして演奏していた[Davis 2004: 52]。しかし一般には、ラシディーヤ研究所ができる以前は、伝統音楽のメロディはほとんど記録されていなかった。ムハンマド・トリーキーはケマイエス・テルナンはじめ複数のシェイクたちから聴き取ったメロディのうち、最良と思うものを選択して、楽譜にしていった。

このようにして記録された古典音楽マルーフの楽譜は、チュニジア独立後、サラーフ・アル・マハディの編纂により『チュニジアの音楽遺産』全九巻として出版された(6)。ムハンマド・トリーキー以後ラシディーヤ楽団のリーダーになった音楽家の中には、アブデルハミッド・ベラルジーヤ（一九三一～二〇〇六）のように、マルーフの旋律は固定されるべきでなくそのつど書き変えてよいという信念にしたがって、自分独自の楽譜を用いる音楽家もいた。一九七九年にラシディーヤ楽団指揮者となったムハンマド・サアダ（一九三七～二〇〇五）も、自分の楽譜を用いた。また、ケマイエス・テルナンとアリ・デルウィッシュが作成したという「ヌーバ・スィカ」の楽譜が発見され、二〇一三年にコンサートで演奏された例もある。しかしながら『チュニジアの音楽遺産』の刊行によって、少なくともチュニジア古典音楽マルーフは消失の危機を免れ、国家的規模におけるチュニジア伝統音楽教育の規範となった。

2-5. 質の高い音楽教育と楽団の育成

ムハンマド・トリーキーの任務は伝統音楽の記譜にとどまらず、音楽教育、そして楽団を組織することでもあった。楽器演奏家たちはムハンマド・トリーキーにソルフェージュやバイオリンを習い、楽譜を用いて演奏した。歌手たちは楽譜を用いず、ケマイエス・テルナンから歌を習った。楽器演奏家と合唱団が一緒にリハーサルする時には、ムハンマド・トリーキーが指揮をした[7]。

写真7　ムハンマド・サアダ

一九三五年、ラシディーヤ楽団はチュニス市立劇場で公演する。これが、いわゆるオペラハウスのようなコンサートホールで、男女混成のチュニジア人の楽団が、やはり老若男女の観客の前でコンサートを行う習慣の端緒を開いた[8]。また一九三八年にチュニジア・ラジオ放送が始まると、ラシディーヤ楽団の定期演奏会がラジオで流れるようになった。

一九三八年にはアリ・デルウィッシュが再びチュニジアを訪れ、ラシディーヤ研究所のカリキュラム作成や教育にたずさわった。こうしてラシディーヤは、いわゆるアンダルス音楽の系譜に属するチュニジア音楽マルーフのみならず、オリエンタル音楽シャルキーも学び、研究することが可能な場となる。またイタリア人ブヌラ教授によって西洋音楽の講義も開講され、包括的、系統的な音楽教育が実現した。マフムード・ゲッタートも書いているように、一九七二年にCentre national de la musique et des arts populaires（音楽および人民芸術国立センター）ができるまで、質の高い音楽を学べる唯一の音楽院として機能し、以後国立や私立のコンセルヴァトワールが多数できても、依然としてもっとも重要な存在であり続けた［Guettat 2000: 241］。

シャーフィヤ・ロシュディに続き、ファティヤ・ハイリ、サリーハなどのソロ歌手を輩出し、新しい楽曲が生まれ、まさにラシディーヤはチュニジア音楽のベル・エポックを創出した。ラシディーヤ楽団も、すでにトリーキーの時代からチェロ、コントラバスなど西洋楽器も加わり、次第に大編成になって、国を代表する楽団に成長する。

ムハンマド・トリーキーに続いて、一九四九～一九六四年はサラーフ・アル・マハディ、一九七二～一九七九年と一九九二～二〇〇六年はアブデルハミッド・ベラルジーヤ、一九七九年にはムハンマド・サアダなど、傑出した音楽家が楽団を指揮した。優れたナイ奏者・作曲家・音楽学者という点で、この三人は共通している。

そのうちサラーフ・アル・マハディを例に取ると、古典音楽マルーフは父シェイク・アブデッラハマーンの教えを受け、さらにラシディーヤでケマイエス・テルナン、アリ・デルウィッシュのもとで学び、西洋音楽も身につけて、若くして自身もラシディーヤで教鞭を執るようになった。フランスの大学で学位を取得し裁判官になったが、チュニジア独立後は教育省の要職に就き、以後一九八〇年代まで文化芸術、音楽政策を一手に統括した。

アブデルハミッド・ベラルジーヤも父のもとで伝統音楽を修養後、一九五〇年にはラシディーヤで学び、一九五七年にチュニジア・ラジオ放送楽団ができてからは生涯その指揮者であった。それと平行して、長期にわたってラシディーヤ楽団を指揮した。ラジオ放送楽団の演奏家も加わって演奏クォリティが飛躍的に向上したのも、アブデルハミッド・ベラルジーヤ指揮時代の特徴である。

ムハンマド・サアダはコンセルヴァトワールおよびラシディーヤで学んだ後、フランスとイタリアの音楽院でも勉学を重ね、帰国後はＲＴＴ（チュニジア・ラジオ・テレビ放送）楽団を指揮した。また一九八八年からは楽団「アル・ファン・アル・アラビー（アラブ芸術）」を主宰し、チュニジアおよびオリエントの旋法でサマイ、ルンガなどの器楽曲、歌曲など後世に残る名曲を作曲した。ケマイエス・テルナン、ムハンマド・トリーキーに比肩するチュニジアの代表的作曲家の一人である。

他にもヘディ・ジュイニー、サーディク・スライヤなどチュニジアの名高い音楽家たちの多くが、期間の長短はあれラシディーヤ伝統音楽研究所で学んだり、演奏した経験を持つ。八十年間、ラシディーヤはまさにチュニジア音楽を牽引してきたといえる。

3. ジャスミン革命とラシディーヤ

3-1. ズィアド・ガルサの降板

二〇一一年一月、チュニジアはいわゆる「ジャスミン革命」によって、アラブ諸国に波及する「アラブの春」の発端となり、それは芸術や文化の領域にも影響を及ぼした。たとえば高名な歌手たちが、ベンアリ元大統領とその一族につながりが深かったとみなされ、批判されたりした。

ラシディーヤ伝統音楽研究所でも、二〇〇六年に楽団のディレクターとなったばかりであったズィアド・ガルサ（一九七五〜）がそのポストを降りることとなった。二〇〇八年のマドリッドにおけるラシディーヤ楽団公演など、内外で素晴らしい業績を重ねていた最中だっただけに、音楽家や音楽愛好家からすれば大変に惜しまれる交代劇だった。今日から見れば、そうした状況は一時的な混乱であって、結局優れた芸術家たちは革命後も敬愛されているのには変わりないのだが、とかくその時期にはいろいろな分野で権力交代が図《はか》られたのであった。

ズィアド・ガルサは、チュニジア古典音楽マルーフのもっとも正統な継承者ターヘル・ガルサ（一九三三〜二〇〇三）の息子で、幼少時より父にマルーフの薫陶を受けた。歌の他、チュニジアン・ウード、バイオリン、アンダルス・ピアノなど多くの楽器演奏に秀でている。父ターヘル・ガルサはケマイエス・テルナンの直弟子で、ラシディーヤ研究所でも学び一九五八〜一九六四年にはそこで教鞭を執ったが、その後は生涯

写真8　ラシディーヤ2007年。中央にズィアド・ガルサ。

写真9　ターヘル・ガルサ

自分の楽派を率いて活動した巨匠であった。

ズィアド・ガルサはそれを機に、長年彼を信頼し支えてきた主要な演奏家たちを率いて、「マルーフおよびチュニジア音楽カルタージュ協会」(9)という別な楽団を作って、新たな演奏活動を展開した。それは国を代表する最高の楽団だったラシディーヤ楽団の、分裂の危機かと受けとめる向きもあった。一時的にベテランのフェトヒ・ズゴンダがその後のラシディーヤ楽団の管理を任され、新メンバーの人選や立て直しにはそれなりに時間がかかったようだ。二〇一四年夏、ラシディーヤ新楽団はバイオリン奏者ナビル・ザミート(一九六八〜)による指揮、歌手ソフィアン・ザイーディによる合唱指導で軌道に乗り始めた。

二〇一三年は故ターヘル・ガルサの没後十周年にあたり、ラシディーヤ研究所は六月にチュニス市立劇場で盛大な記念コンサートを催した。公的にはそれがズィアド・ガルサとラシディーヤの一種の和解のようなイベントとなり、以後ズィアド・ガルサはラシディーヤのチュニジアン・ウードの講義を引き受けたり、コンサートに出演するなど、再びラシディーヤとの絆を回復しつつある。

3-2. ラシディーヤ伝統音楽研究所の「改革」

革命後、ラシディーヤ研究所長にムラッド・サクリ(一九六五〜)が選出された。ムラッド・サクリはチュニス国立高等音楽院で学んだ後、フランスの大学院で研究した音楽家・音楽学者である。チュニジア音楽に関する論文や著書など学者としての業績も多い一方、チュニジアの偉大なウード奏者アフマッド・カーライ(一九六五〜二〇〇八)に師事したウード奏者で作曲家でもあり、ムラッド・サクリ・アンサンブルを主宰して活動した。彼は革命後のチュニジアの主要な音楽機関やフェスティバルのディレクターを複数兼任(ラシディーヤ研究所長、地中海アラブ音楽センター館長、カルタゴ・フェスティバルのディレクター）することとなった。

革命後のラシディーヤ研究所は、いくつかの改革を行った。まず、チュニジアの芸術家や評論家を講演者として、一般公開の教養講座を開講した。大歌手ロトフィ・ブシュナーク、その詩人として知られるアダム・フェトヒ、また地中海アラブ音楽センターの初代館長もつとめた文学者アリ・ルアティなどが、ラシディーヤに招かれて講演を行った。前述したズィアド・ガルサによるチュニジアン・ウードの講義、スラーフ・エッディン・マナー（一九四九～）によるナイの講義もあった。全体として、より「開かれた」ラシディーヤ研究所を目指す姿勢がうかがわれるようになった。

またラシディーヤは青少年向けの音楽教育にさらに注力するようになり、上記したラシディーヤ新楽団とは別に、青少年楽団ラシディーヤ・ジュニアも育成中である。

さらに、それまでの首都チュニス中心の中央集権的な在り方を見直し、地方都市に存続して来たマルーフ楽団やフランスで活動するマルーフ楽団との連携を強化するようになった。ケルアン、ビゼルト、スファックス、テストゥール、モナスティールなど各都市の楽団をラシディーヤの「支部」（アラビア語でフルーア、フランス語で filiale）と呼ぶようになった。もはや「ラシディーヤ」は単一の機関でなく、ラシディーヤ・ネットワークとして拡大成長し、学術研究や演奏活動を活性化していく方針だ。

チュニス旧市街にあるダール・ラシディーヤ（ダールは屋敷・邸宅の意）や新市街にあるチュニス市立劇場といえば、チュニスのラシディーヤ楽団がコンサートをする際の拠点だったが、積極的に地方都市の支部を招いて演奏の場を提供するようになった。二〇一三年二月の公式記者会見で、ラシディーヤ研究所は四半期の古典音楽マルーフ・コンサートの予定を発表し、三月は市立劇場で「ラシディーヤ・スファックス」(スファックス支部)、四月はダール・ラシディーヤで筆者の属する日本人アラブ古典音楽アンサンブル「ル・クラブ・バシュラフ」と発表された。アラブ人以外の外国人によるマルーフ・コンサートは初めてである。ル・クラブ・バシュラフは、メンバーは日本人だが皆チュニジア人の教師たちにアラブ古典音楽の教育を受け、チュニジアで長い活動実績を積んできたので、正統なマルーフ楽団として、「ラシディーヤ日本支部」という地位を与えられた。それはラシディーヤ・ネットワーク国際化の充実で、ル・クラブ・バシュラフの活動がラシディーヤの新しい動向と必然的にクロスしたのだといえる。

3-3. 日本人アラブ古典音楽アンサンブル「ル・クラブ・バシュラフ」

ル・クラブ・バシュラフは竹間ジュン(ナイ奏者・作曲家)と筆者(ウード奏者)が結成したアラブ古典音楽アンサンブルである。二〇一〇年子安菜穂(ボーカル)が加入し、現在のメンバーはその三人である。竹間ジュンはナイ奏者スラーフ・エッディン・マナーにナイ奏法とアラブ音楽理論を師事し、筆者はウードの巨匠アリ・スリティにウード奏法とアラブ音楽理論を師事した。子安菜穂はウード奏者ハリッド・ベッサ(一九五一〜)に、アラビア語歌唱法を師事した[10]。

ル・クラブ・バシュラフは二〇〇二年五月にフランスのl'Institut du Monde Arabe(アラブ世界研究所、通称IMA)主催「第3回音楽フェスティバル」、同年十一月にカイロ・オペラハウス主催「第十一回アラブ音楽フェスティバルと会議」でアラブ古典音楽を演奏した[11]。世界の代表的アラブ音楽祭に日本人が出演した最初である。ル・クラブ・バシュラフの最初のCD「ル・クラブ・バシュラフ〜チュニジアとエジプトの古

写真10 「ル・クラブ・バシュラフ」左より竹間ジュン、松田嘉子、子安菜穂。

典音楽～」（二〇〇〇）に注目したＩＭＡの音楽学者クリスチャン・ポへ（一九三八～二〇一〇）やカイロ・オペラハウス主宰ラティーバ・ヘフニー博士（一九三一～二〇一三）と、学術的音楽的交流が実ってのことであった。

他にバハレーン公演（二〇〇三、二〇〇九）、エジプト公演（二〇一一、二〇一二）など海外公演は多数あるが、やはりチュニジアが圧倒的に多い。二〇〇一年国際交流基金後援チュニジア公演ツアー（モナスティール、スファックス、チュニス）をはじめとして、二〇〇四年から二〇〇七年まで四年連続でチュニス・メディナ・フェスティバルに出演した。

チュニス・メディナ・フェスティバルとは、チュニス市立劇場他、メディナ（旧市街）のダール（旧貴族邸）やマドラサ（旧聖職者の学舎）などを会場として、毎年ラマダンの時期に行われる国際音楽祭である。ラマダンは周知のようにイスラム暦第九月で、日の出から日没まで断食する習わしがあるが、夜はコンサートや演劇などの娯楽が多い時期である。一九七〇年代以降メディナ保存協会の活動により修復され美しく蘇《よみがえ》った会場で、かつての宮廷音楽の雰囲気さながらにコンサートを楽しめることから、真の音楽愛好家をもっとも満足させるといわれる。チュニジアのアーティストの他、エジプトのヘフニー・アンサンブル（前述のラティーバ・ヘフニー博士所有の楽団）、シリアのサバーフ・ファクリ、ジャンルは違うがシャンソンのジョルジュ・ムスタキなど、歴代の有名な芸術家たちが出演した。ル・クラブ・バシュラフは、マドラサ・サーヘブ・エッタバア、ダール・ラスラム、クラブ・ターヘル・ハッダードなど最良の会場でチュニジア古典音楽を演奏して好評を博し、新聞でも大きく報道された。一例をあげれば、「それは文化の融合と、私たちの音楽が普遍に到達した証を象徴するコンサートであった。」（二〇〇四年十一月十一日付 Le Temps 紙、ロトフィ・ベン・ハリーファ記）

加えてコッバート・エンナハース宮殿（ムハンマド・ラシッド・ベイの夏の別荘であった宮殿）コンサート（二〇〇六）、ハマメット・フェスティバル（二〇〇八）、ナブール地中海芸術協会主催コンサート（二〇一〇）、テレビやラジオ番組出演など、数多くの演奏経験を重ねてきた。

3-4.「ル・クラブ・バシュラフ」ラシディーヤ伝統音楽研究所コンサート

ル・クラブ・バシュラフのラシディーヤ研究所におけるチュニジア古典音楽コンサートは、二〇一三年四月五日に行われた。

コンサートのプログラムに関して、ラシディーヤからの要請は、すべてチュニジア音楽で構成することであった。したがって、いくつかの古典音楽マルーフのワスラ（メドレー）に加え、ケマイエス・テルナン、ムハンマド・トリーキー、ムハンマド・サアダ作曲の器楽曲および歌曲を選曲し、ナイやウードのタクスィーム（単独楽器による即興演奏）を演奏した。また筆者の作品である「サマイ・ハスィン（ハスィン旋法によるサマイ）」（二〇〇七）は、日本人がチュニジアのハスィン旋法で作曲した古典器楽曲であり、これもプログラムに加えられた。記念すべきこのコンサートの録音から、ＣＤ「ル・クラブ・バシュラフ・コンサート・アット・ダール・ラシディーヤ」（二〇一三）を制作した[12]。

コンサート終了後ムラッド・サクリ研究所長から表彰の盾を受領し、ル・クラブ・バシュラフはラシディーヤ日本支部として、二〇一四年のラシディーヤ創立八十周年記念事業でも協力することを約束した。

3-5. ラシディーヤ研究所主催「タルニメット音楽祭」の開始

二〇一四年一月、ムラッド・サクリが文化大臣就任となったため、ラシディーヤ伝統音楽研究所長のポストはラシディーヤ運営委員会の主要メンバーであったヘディ・モホリに引き継がれた。ヘディ・モホリは前述したチュニス・メディナ・フェスティバルを長年仕切ってきた重鎮であり、ル・クラブ・バシュラフはメディナ・フェスティバルの連続出演時期から旧知の間柄である。

二〇一四年はラシディーヤ伝統音楽研究所創立八十周年という記念すべき年であり、新しい企画として、ラマダンの時期に行う「タルニメット音楽祭」（タルニメットは歌の意）が始まった。

ラシディーヤ伝統音楽研究所主催第一回「タルニメット音楽祭」は、二〇一四年七月四日〜七月二十六日に催された。主要なプログラムをあげれば、オープニングはチュニス市立劇場でのロトフィ・ブシュナーク。二十日にやはりチュニス市立劇場でズィアド・ガルサ。また、ダール・ラシディーヤで新楽団の歌手ソフィアン・ザイーディとドルサフ・ハムダーニ。その他ほぼ毎晩続いたのは、ダール・ラシディーヤを会場として、モナスティール、ビゼルト、テストゥール、ケルアン、スファックス、スースなど各都市のラシディーヤ支部の公演であった。

すなわちタルニメット音楽祭は、ロトフィ・ブシュナークは名誉出演の別格として、旧楽団のズィアド・ガルサ、新楽団のソフィアン・ザイーディの両方を包含し、またラシディーヤ各支部の古典音楽マルーフ演奏の比較研究に主眼をおいて、ラシディーヤの歴史と現在と発展を象徴している。ル・クラブ・バシュラフはラシディーヤ日本支部として、七月二十六日カリビア支部に続いて出演し、文字通りタルニメット音楽祭のフィナーレを締めくくり、ヘディ・モホリ研究所長から表彰の盾を授与された。

ル・クラブ・バシュラフの公演プログラムは、ムハンマド・サアダ作曲の器楽曲「サマイ・マズムーム（マズムーム旋法によるサマイ）」、ナイ・タクスィーム（マズムーム旋法によるナイの即興演奏）、ウード・タクスィーム（アスバアイン旋法によるウードの即興演奏）、古典音楽マルーフからワスラ・アスバアイン（アスバアイン旋法によるメドレー）、ケマイエス・テルナン作曲の歌曲「ラッビ・アーターニー・クッルシャイ・ビクマールー」であった。すべてラシディーヤに由縁のある楽曲だが、二〇一四年は歌手サリーハの生誕百年にもあたり、ケマイエス・テルナンがサリーハのために作曲した「ラッビ・アーターニー」は、とりわけ終演にふさわしい選曲だったといえよう。

なお、第一回タルニメット音楽祭に出演した外国人グループは、七月九日のトルコの旋回舞踏団と最終日のル・クラブ・バシュラフだけであった。

4. チュニジア音楽最新事情

4-1. 二〇一四年夏のフェスティバル

チュニジアの夏の主要な国際フェスティバルに、ともに一九六四年に始まったカルタゴ・フェスティバルとハマメット・フェスティバルがある。とくにカルタゴ・フェスティバルは、古代ローマ遺跡である円形劇場を舞台とし、世界各国から豪華スターも出演するので、ヨーロッパの観客も惹き付けて、毎夏のリゾートを華やかに演出してきた［松田二〇一〇b］。

二〇一四年はカルタゴ・フェスティバル五十周年という記念すべき年だった。第五十回カルタゴ・フェスティバルの会期は、二〇一四年七月十日〜八月十六日。オープニングは久々に祖国チュニジアのステージに立ったウード奏者アヌワル・ブラヒム。他には常連のレバノン人マルセル・ハリーフェやナンシー・アジュラム。チュニジア人常連ではナビーハ・カラウリ、サーベル・ルバイ。ズィアド・ガルサの新楽団「マルーフおよびチュニジア音楽カルタージュ協会」。チュニジア人ウード奏者リアド・フェヘリとベネズエラの管楽器奏者ペドロ・ウスタッシュの共演コンサート。他に有名どころではジョージ・ベンソン、ユッスー・ンドゥール、シェブ・マミ。少し異色なところでベルギーのストロマエ。

主要な公演の開始時には、チュニジア国旗を掲げた国歌演奏があり、またパレスチナ国旗を掲げて支援の姿勢を表明していた。革命前にはこうした演出はなく、純粋に音楽の祭典だった。革命後数年経過してもなお、カルタゴ・フェスティバルが、チュニジアの新しい国作りへの希望と世界平和というテーマやメッセージ性を離れられない状況にある。

先に述べたチュニス・メディナ・フェスティバル（第三十二回、二〇一四年七月二日〜七月二十一日）も、オープニングはドルサフ・ハムダーニ、クロージングはズィン・ハッダードと国内の大物だが、他はたとえばオリエンタル・チュニジア音楽「アウタール・アッタラブ（「陶酔の弦」）」というグループ、アメリカのゴスペルグループ、シディ・ブサイド市のマルーフ楽団、キューバン・マンボ・グループといったように、とくに目立つアーティストを表に立てないグループの公演が多い。また、八日のトルコ旋回舞踏団と二十日のズィアド・ガルサは、ラシディーヤ研究所のタルニメット音楽祭との共催プログラムであり、独自のイベントではなかった。

二〇一四年七月十六日アルジェリアとの国境付近でテロ事件があり、軍の兵士が十四人死亡し、負傷者も二十三人出たことが原因で、カルタゴ・フェスティバルとハマメット・フェスティバルは七月十八日から二十日までのすべての演目が中止あるいは延期になった。イスラム原理主義武装集団の掃討作戦を続けている地域でのことなので、平常の市民生活にはほとんど影響しない事件ではあったものの、チュニジア軍始まって以来の人的損失だったということで、カルタゴ・フェスティバルの新ディレクター、ソニア・ムバラク（ムラッド・サクリから引き継ぎ）も三日間の喪という苦渋の決断を迫られた。また同じくフェスティバル会期中に、パレスチナのガザ地区戦況が悪化したことに抗議して、革命前から様々なデモがくり広げられてきたブルギバ通りでは、数日間街頭デモが激しかった。フェスティバルが終わってみれば、主要なプログラムが無事に消化できただけでも、幸いだったといえるのかもしれない。

4-2. 二〇一五年春「ラシディーヤ」研究所記念事業「八〇、ヌーバ、アーシカ・ワ・ファン」

二〇一五年に入って、ラシディーヤ研究所は八十年の歴史を振り返り、その意義を認識した上で若い世代に伝えていこうとする記念事業「八〇、ヌーバ、アーシカ・ワ・ファン」（八〇、ヌーバ、熱情と芸術）を行った。五月二十二日から五月三十一日までの十日間、チュニス市立劇場、ダール・ラシディーヤ、地中海アラブ音楽センターその他複数の会場で、コンサート、シンポジウム、写真展などが催された。

オープニング・コンサートは、チュニス市立劇場において、ナビル・ザミート指揮でソフィアン・ザイーディを擁するラシディーヤ楽団。ヘディ・モホリ研究所長は、演奏に先立つスピーチで、発足後ほぼ一年を経過したこのラシディーヤ新楽団を祝福し「一九三四年以来の私たちの音楽遺産を継承発展させていることの楽団の一周年を心からお祝いする［La Presse, 二〇一五年五月二十四日文化欄。］」と述べた。コンサートは三部に分かれ、第一部はヌーバの器楽演奏。チュニジアに伝承される様々な旋法（トゥブー）を演奏した。第二部は若い女性歌手アヤ・ダグヌージュが、サラーフ・マハディ作曲「ダリル・フィラーク」、ケマイエス・テルナン作曲「フーク・アル・シャジャラ」などラシディーヤに縁の深い名曲を歌い、またシリアから招かれた歌手スハイブ・アル・ハラビがチュニジアの歌手アリ・リヤヒー（一九一二〜一九七〇）の持ち歌を歌って、観客を楽しませた。第三部はソフィアン・ザイーディの歌を中心とした「ヌーバ・アスバアイン」他が演奏された。

同じ日に旧市街のパレ・ハイレッディンで、ラシディーヤに関係する歴史的写真展も開かれた。翌二十三日にはダール・ラシディーヤでトルコから招かれた楽団の演奏。二十七日にはアルジェリアから招かれた歌手アッバース・リギのコンサート。二十八日にはマドラサ・スレイマニアで、アリ・サヤリ（チュニジア)、ウムラ・アブドラ・ムバラク(モロッコ)、ハムディ・ベナニ(アルジェリア)、アフマッド・ダオブ(リビア)などマグリブ諸国の音楽学者たちが集まり、アンダルス音楽に関するシンポジウムを行った。その他、二十九日に地中海アラブ音楽センターでカリビア支部のコンサート、最終日の三十一日にダール・ラシディーヤでスース支部のコンサートなどが行われた。

「八〇、ヌーバ、アーシカ・ワ・ファァン」には、ラシディーヤ研究所がチュニジア国内のラシディーヤ地方都市支部の活動と連携するだけでなく、チュニジア音楽に関係の深いトルコや北アフリカの国々とも今後議論や比較研究を深めていこうとする姿勢が表れていたといえる。

4-3. 二〇一五年夏のフェスティバル

第五十一回カルタゴ・フェスティバルの会期は、七月十一日~八月十八日であった。外国勢で注目されたのは、エジプトのアマル・マーヘルとパレスチナのムハンマド・アッサフだろう。アマル・マーヘルは持ち曲中心のステージをくり広げたが、チュニジア民謡「シディ・マンスール」をプログラムに含めるなど、チュニジア人聴衆へのサービスを忘れなかった。若きアイドル、ムハンマド・アッサフも、パレスチナとチュニジアの絆をさかんにアピールした。チュニジア国内勢としては、七月五日のハドラーという演目が人気を集め、チュニジアのスーフィー音楽を、現代的な美形の男女のパフォーマンスとした演出が目を引いた。八月十六日は「ラップ・チュニジアン」、クロージングはロトフィ・ブシュナークであった。

ラシディーヤ伝統音楽研究所主催第二回「タルニメット音楽祭」は、ラマダン中の六月二十七日~七月十二日に開催された。オープニングはケルアン支部、フィナーレはモナスティール支部のコンサートで、会期中ビゼルト支部のコンサートもあるという「ラシディーヤ・ネットワーク」重視の姿勢は初回同様だった。さらに、隣国アルジェリアのバイオリン奏者ハムディ・ベナニを招いて、チュニジアとアルジェリアのヌーバの近親性を確認した。また、注目すべき公演の一つは、フェトヒ・ズゴンダを中心とするタハト（少人数の室内楽団）のコンサートであった（六月二十八日）。ウードはフェトヒ・ズゴンダとハリッド・ベッサ。カーヌーンはタウフィーク・ズゴンダ、バイオリンはムニール・ズゴンダ、チェロにアブデルクリム・ハリルー、タール（タンバリン）はムハンマド・マブルークという名手たち。若い歌手アミン・サイードを加えて名曲の数々を演奏したが、チュニジアに根付く二つの音楽潮流マルーフとシャルキー双方の重要性を強調したプログラムであった。他に若手で実力ある人たちの舞台としては、七月一日のムハンマド・アリ・シェビル（歌とウード）で、女性歌手アヤ・ダグヌージュ、バイオリン、クラリネット、パーカッションという編成で、よい演奏を聴かせた。七月十日はナビル・ザミート指揮、ソフィアン・ザイーディが中心的歌手であるラシディーヤ楽団のコンサート。そこにナビーハ・カラウリの歌が加わった。

第三十三回チュニス・メディナ・フェスティバルは、六月二十日～七月十五日に行われた。有名歌手としてはチュニス市立劇場におけるライラ・ヘジャイジュ、ダール・ラスラムにおけるナビーハ・カラウリ。「フラメンコの夕べ」（スペイン）やオキラ・クア楽団のコンサート（キューバ）など、国際フェスティバルらしい演目もあったが、全体には前年と同じく、とくに花形スターのいないグループの公演が多かった。

4-4. 革命後の経済的停滞と課題

ジャスミン革命後、チュニジアは政治的に長い混乱と混迷の時期を経験した。二〇一四年一月には民主的な憲法が発足したが、革命前に比べれば観光客は激減し、経済事情はより悪化している。二〇一四年末の自由選挙において世俗主義を掲げて当選したベジ・カイドセブシ新大統領とともに、チュニジアはいっそうの民主化を進めるプロセスにあったが、二〇一五年に入り世界各地でイスラム過激派による事件が相次ぐ中、三月十八日にバルドー博物館襲撃事件、六月二十六日にスースのホテル襲撃事件と、外国人観光客を標的にした衝撃的なテロ事件が起きた。二〇一四年三月に解除されていた非常事態宣言が発令され、政府は過激派組織の摘発と治安回復に躍起となったが、観光産業は致命的な打撃を受けた。この経済的危機をどのようにして乗り越えるかが国としての大きな課題だ。

むろん、政治的経済的危機に直面する国はチュニジアばかりでない。シリアの内戦で、現在シリアの音楽家たちは大変な苦境にある。国を離れたり、国内で家族共々大怪我をした芸術家もいる。音楽の都アレッポとチュニジアは、前述したアリ・デルウィッシュの時代から交流がさかんで、サバーフ・ファクリ、サラッティン・タラブをはじめ多くの歌手やグループが毎年のようにフェスティバルに招かれ、チュニジアの聴衆をアラブ古典歌曲ムワッシャハーの陶酔へと誘ったものだが、今はかなわぬ夢となった。

他にも、豊かな音楽伝統が途絶えてしまうのではないかと危惧される国や地域は少なくない。そんな中で、チュニジアはまだしも希望が持てる国の一つである。小国ながら近代化が進み教育に力を入れて来たので、全体に国民の教養レベルが高い。高学歴で外国に留学して博士号を取得する人も多い。さらにいえば女性の地位も高く、各分野で社会進出が進んでいる。芸術音楽ではラシディーヤ研究所の貢献によって優れた音楽家が育ち、またその人たちが教育者となって後進を育成している。真に良い音楽を愛する聴衆の存在も、大事な財産といえる。

実際に、アンダルス音楽とオリエンタル音楽の伝統が存続し、チュニジア人はアラブの歴史的芸術家や古典楽曲をよく知っており、演奏技術も高い人が多い。たとえばナイ奏者を見ると、これもアリ・デルウィッシュとラシディーヤの教育が実ってのことに違いないが、サラーフ・アル・マハディ、ムハンマド・ラジュミー、ムハンマド・サアダ、スラーフ・エッディン・マナーと、素晴らしい演奏家が輩出し、その息子ナウフェル・マナーの世代まで、エジプトよりかえって層が厚いほどである。

ラシディーヤが創立以来理想としてきたのは、教養や学識にもとづく品格ある古典音楽の保持だった。ラシディーヤ楽団はチュニス市と文化省からの助成金で運営される。最初期から音楽家たちは、カフェや結婚式で演奏して日銭を稼ぐようなことは戒められ、また女性歌手たちはダンスを厳しく禁じられたという。しかしながら古典音楽のような芸術には余裕が必要で、国の財政が豊かな場合はよいが、苦しくなれば文化的な予算は削られる運命にある。ダール・ラシディーヤにある歴史的資料も、国の監督でよりよい保管状態におけないかという議論も時として起きているが、新たに資料館ができるような様子は今のところないようだ。

アンダルス音楽の歴史にはまだよく分からない点も多い。楽器の歴史、楽曲の変遷、旋法の種類など、共通のルーツを持つモロッコ、アルジェリア、リビアなどの国々との比較研究で解明されることもあるだろう。最近のラシディーヤが近隣諸国と共同研究を行う傾向にあるのは評価すべきで、そうした活動が今後も続けられることを願う。

おわりに

「ラシディーヤ」伝統音楽研究所創設によって、チュニジア音楽が存続の危機を脱し記録された事実、また近代的な教育方法の導入とともにラシディーヤ楽団が編成され、新しい音楽作品も創造された歴史を見てきた。チュニジア独立後も、チュニジアおよびアラブ古典音楽の学識と演奏において中心的な役割を果たし、ラシディーヤは優れた芸術家を多く輩出した。ジャスミン革命以後はいくつかの改革を経たが、ラシディーヤ・ネットワークが拡大充実し、ラシディーヤ日本支部もその一翼を担うことになった。八十年の歴史の上に立ちながら、今後もラシディーヤ研究所は芸術音楽の創造と洗練に貢献をし続けるだろう。当方にとってこの学術的交流は、チュニジアから寄せられた大きな信頼であると同時に重要な責務でもあると認識し、これまで以上に研鑽を積む所存である。

◆注

本研究は（独）日本学術振興会による科研費（研究代表者・松田嘉子／挑戦的萌芽《ほうが》研究　23652042、25580028、および15K12824）の助成を受けたものです。

（1）本稿は、拙論［松田 二〇一五］に加筆訂正したものである。主として、執筆時の二〇一四年夏より後のチュニジア音楽状況を付加した。

（2）アンダルス音楽の呼称は国や都市によって異なり、モロッコではおもに「アーラ」（楽器の意）、アルジェリアではトレムセンで「ガルナーティ」（グラナダ由来の音楽の意）、またチュニジアに近いコンスタンティーヌでチュニジアと同じマルーフと呼ばれることがある。［Poché 1995: 21-25］

（3）オスマン帝国の弱体化にともない、アラブ世界の西欧化が強まる中、一九世紀後半より二〇世紀初頭にかけて、エジプトの君主たちを中心にナフダと呼ばれるアラブ文化再建の機運が高まる。宗教音楽の歌手が、宮廷の庇護のもとに宮廷歌手となり、世俗の歌手となって、レコードなどを録音するようになる。代表的歌手にアブドゥ・アル・ハムーリー、ムハンマド・ウスマンなど。

（4）ラシディーヤの名称には変遷があり、今でも複数の呼び名がある。最初は「アル・ジャマイヤ・アッラシディーヤ・リル・ムスィーカ・アットゥニースィーヤ」（チュニジア音楽ラシディーヤ協会）という名称で保護領政府に認可され、助成を受けた。後に「アル・マアハド・アッラシディー・リル・ムスィーカ・アットゥニースィーヤ」（チュニジア音楽ラシディーヤ研究所）と名称変更し、さらに一九六五年に、「アル・マアハド・アッラシディー・リル・ムスィーカ・アラビーヤ」（アラブ音楽ラシディーヤ研究所）となったという。

「協会」（アラビア語でジャマイヤ、フランス語でassociation）という概念について、マフムード・ゲッタートによると、一九世紀末から二〇世紀初頭にかけてマグリブ諸国全体に、独立の機運にも影響を受けて、様々な文化的・芸術的「協会」創設の運動が広がった。これらの協会の特徴は、文化的アイデンティティを促進しながらも、西洋文化の影響や近代化、改革に対して前向きで開かれていたことである。ラシディーヤ公式ウェブサイト www.larachidia.com には、アラビア語で「アル・ジャマイヤ・アル・マアハド・アッラシディー」あるいは「アル・マアハド・アッラシディー・リル・ムスィーカ・アットゥニースィーヤ」、またフランス語では Association de l'Institut Al-Rachidi de musique が正式名称とある。普通は単にラシディーヤ la Rachidia と呼ばれる。

（5）エジプトなどではリクと呼ぶタンバリン型の打楽器を、チュニジアではタールという。

（6）原題はアラビア語でアットゥラース・アル・ムスィーキー・アットゥニスィー、フランス語で *Patrimoine musical tunisien*、出版は Comité national tunisien de la musique, Tunis, 1967-1979.

（7）こうした伝統にしたがい、今でもラシディーヤでは、オーケストラ（楽団）のディレクター（指揮者）は誰々、コラール（合唱団）のリーダーは誰々、という言い方をする。全体の主宰すなわちラシディーヤ研究所長のことはアラビア語でライス、フランス語で Président というが、それは別の人であってもよいし、兼任することもある。

（8）ラシディーヤ公式ウェブサイト www.larachidia.com 参照。詳しい日付は不明だが、"Au début de la saison culturelle de l'année 1935, la troupe de la Rachidia constituée des meilleurs talents musicaux de l'époque présente son premier concert au théâtre de la ville de Tunis."（「一九三五年の文化シーズンの始め、当時もっとも音楽的才能に恵まれた人たちからなるラシディーヤ楽団はチュニス市立劇場で初のコンサートを開く」筆者訳）とある。文化シーズンとは、一年のうちでもっとも芸術の行事が多いラマダンの時節のことを指すと考えられる。

（9）アラビア語でジャマイヤ・カルタージュ・アル・マルーフ・ワル・ムスィーカ・アットゥニスィーヤ、

フランス語でAssociation Carthage de Malouf et Musique Tunisienne

(10) アリ・スリティはアブデルアジズ・ジュマイルのもとで学び、ムハンマド・トリーキーとともに演奏活動し、ラシディーヤ研究所ではアリ・デルウィッシュに学ぶ。フランスでトルコ人楽団とともにウード奏者として長く活動し、帰国後RTTのディレクター、チュニス国立高等音楽院教授をつとめ多くの後進を育て、「チュニジアのすべての音楽家の父」と呼ばれる。その偉大な業績によって、ブルギバ元大統領から勲章を授与された。スラーフ・エッディン・マナーはラシディーヤでサラーフ・アル・マハディに学び、ラシディーヤ楽団の主要ナイ奏者として長く活躍し、同時にチュニス国立高等音楽院教授をつとめた。ハリッド・ベッサはラシディーヤでバイオリン奏者カドゥール・スラルフィーに学び、アリ・スリティにウードを師事し、ラシディーヤ楽団員として活躍した後、チュニス国立コンセルヴァトワール教授となった。どの教授たちも皆、ラシディーヤとは深い関わりがあったことになる。

(11) 邦楽器（筝）を含んでいたので、出演時にグループ名を「ヤスミン・トリオ」とした。

(12) CD楽曲解説、コンサート関連映像などは、ル・クラブ・バシュラフの公式ウェブサイト（www.arab-music.com）参照。

◆参考文献

サラーフ・アル・マハディ著・松田嘉子訳　一九九八『アラブ音楽』Pastorale出版。

松田嘉子　二〇一〇a「アラブ音楽とマルーフ～マルーフとシャルキー～」鷹木恵子編著『チュニジ

アを知るための六〇章』明石書店、二八六～二九一頁。
松田嘉子　二〇一〇b「夏の音楽フェスティバル ～カルタゴとハマメットの国際音楽祭～」鷹木恵子編著『チュニジアを知るための六〇章』明石書店、二八一～二八五頁。
松田嘉子　二〇一五「チュニジア伝統音楽研究所〈ラシディーヤ〉」『多摩美術大学研究紀要』第二十九号、一〇九～一一三頁。
Davis, Ruth 1997 "Traditional Arab Music Ensemble in Tunis: Modernizing Al-Turath in the Shadow of Egypt." *Asian Music*. 28-2: 73-108.
Davis, Ruth 2004 *Ma'louf*. Oxford: Scarecrow Press, Inc.
d'Erlanger, Le Baron Rodolphe 1937 *Mélodies tunisiennes - hispano-arabes, arabo-berbères, juive, nègre*. Paris: Paul Geuthner.
d'Erlanger, Le Baron Rodolphe 1930-1959 *La musique arabe*. Paris: Paul Geuthner.
el Melligi, Tahar 2000 *Les Immortels de la chanson tunisienne*. Tunis: Les Editions Media Com.
Guettat, Mahmoud 1986 *La tradition musicale arabe*. Tunis: Ministère de l'Education nationale.
Guettat, Mahmoud 2000 *La musique arabo-andalouse - L'empreinte du Maghreb*. tome 1. Paris: Editions El-Ouns.
Langlois, Tony 2009 "Music and Politics in North Africa." Laudan Nooshin（ed.）*Music and the Play of Power: Music, Politics and Ideology in the Middle East, North Africa and Central Asia*. Surrey: Ashgate Publishing, Ltd., pp.207-228.
Louati, Ali 2013 *Musiques de Tunisie*. Tunis: Simpact.

Poché, Christian 1995 *La musique arabo-andalouse*. Paris: Actes sud.

Snoussi, Manoubi 2003 *Initiation à la Musique Tunisienne, vol. 1 musique classique*. Tunis: Centre des Musiques Arabes et Méditerranéennes Ennejma Ezzahra.

10 中東少数派の自己認識
――あるシリア正教徒の音楽史観と名称問題

飯野　りさ

1．はじめに――中東における民族と宗教

二〇一一年の年頭から激しさを増したアラブの春からシリア内戦、二〇一四年六月の過激派組織ＩＳ（イスラム国）の国家樹立宣言、二〇一五年一月の日本人人質の殺害事件と、この数年で中東は日本のメディアでも大きく取り上げられ、日本人にとってもあまり好ましくない意味で馴染みのある地域となった。イス

ラームやムスリム（イスラム教徒）に対する情報が求められ、中東に対する関心が高まる中で、徐々に一般にも知られるようになったのが中東にもムスリムでない人々が居住していることである。本稿ではその中でも中東のキリスト教諸派の一つであるシリア正教会の信徒たち、すなわちシリア正教徒の自己認識と彼らの名前に関する問題（名称問題）について、ある信徒が著した音楽案内書の紹介とともに考えてみたい。

「シリア正教徒の音楽を研究なさってるんですか、で、シリア正教徒って何人《なにじん》なんですか」とは、一度ならずとも筆者に投げかけられた質問である。シリア正教徒とは、キリスト教が成立した後、セム系言語の一つであるシリア語の文化を基に宗派としての核が成立し、歴史的にはヤコブ派と呼ばれた人々で、シリア正教は今日のシリア北部からトルコ南東部に広まり、ギリシア語名エデッサ（現在のウルファないしはシャンルウルファ）やニシビス（ヌサイビン）を中心に栄えた。中世にはペルシアやアラブの勢力に翻弄《ほんろう》されながらも信仰は途絶えず、オスマン帝国期にはマルディンに総大司教座がおかれ、ミディヤットを中心としたトゥール・アブディーン地方に多くの信徒が居住していた（**地図1**参照）。確かに、日本語で「シリア正教徒」といえば宗派名であるようなので、民族的には誰なのかを知りたくなっても当然であろう。しかし、現状に照らして答えると、シリア正教徒は宗派的にもまたある意味で民族としてもシリア正教徒なのである。シリアやレバノンに居住している、ないしは居住していた人々は、アラビア語を話すがアラブ人ではなく、トルコ南東部すなわち南東アナトリア地方の場合、クルド語も話すがクルド人ではなく、ウルファにいた人々はアルメニア語も話したがアルメニア人ではない。すなわち、シリア正教徒とは、典礼語として古典シリア語を使用し、母語としてないしは生活言語として口語シリア語[1]を話す人々もいる、宗教を核とした、ある種の民族的な集団なのである。彼らの言語であるシリア語による自称は、単数形がスリヨーヨー Suryoyo、複数形

地図1　トゥール・アブディーン地方（筆者作成）

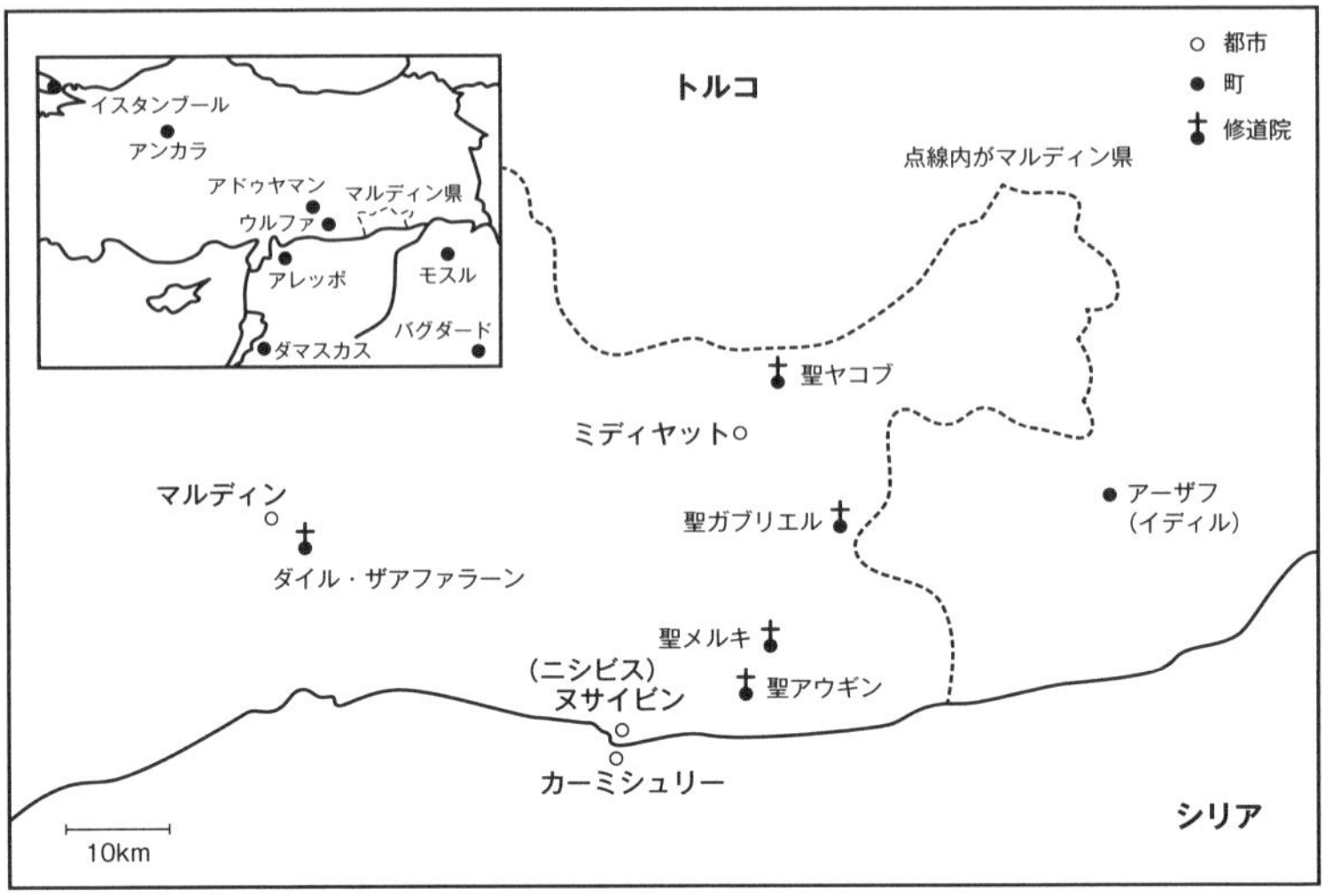

がスリヨーイェ Suryoye である。

これに対して、日本では自身を日本人と定義しても、宗教が何かを自覚的に表明する人はあまり多くないように思う。しかし、たとえば、ヨーロッパ諸国の宗教的アイデンティティーを考えると、普段は宗教など気に留めず、また個人的には無宗教と公言する人もいるであろうが、その一方で北欧や北ドイツはプロテスタント、南ドイツからフランス、スペイン、イタリアなどはカトリック、さらにバルカン半島やギリシアなどはオーソドックス（正教）が優勢であると言え、文化の基層からキリスト教の影響が消えることは決してない。

視点を中東に向けるならば、宗教は個人のアイデンティティーとしても重要であるが、集団区分という点でも決して無視できない要素である。たとえば、エジプトの場合、エジプトという国に住んでいるのはエジプト人であり、多くはムスリムである。しかし、キリスト教徒であるコプト教徒などの少数派もおり、宗派としてのアイデンティティーを保ちながら暮らしている。視点をイラクへと移してみよう。イラクの人口構成を考えるとき、民族としてはアラブ人が人口比で多数派である中でクルド人人口にも言及されるが、他方、その中でもアラブ人はムスリムが多数で、さらにシーア派とスンニ派に大別されると説明され、宗派区分が重視される。また、本稿で話題としているシリア正教会と同じシリア語を典礼語とし、かつて歴史的にネストリウス派と呼ばれた東方アッシリア教会の信徒たちや、独自の宗教を持つヤズィーディーなどの少数派の存在も知られ、宗教はやはり集団区分に重要な役割を果たす。そしてさらに遡《さかのぼ》れば、現在のイラクはアッシリア、シュメール、アッカドなどの古代文明にもたどれ、バグダード博物館にはイラク南部のウル遺跡から出土したシュメール文明期の楽器リラが収蔵され(2)、イラクの音楽的シンボルともなってきた。このように、この地域は宗教的にも民族的にも多様で、歴史的にも複数の流れがこの地の時間を織りなしている。多くの文明や文化が積もり重なった上での現在があるため、それぞれが層を成しているような重層的な歴史を形成し、それが人々の集団意識にも影響しているのである。

最初の質問に戻ろう。このような中東の重層的な歴史の中でシリア正教徒の集団としてのアイデンティティーは形成され、彼らは宗派として存続しながらも、言語や文化を共同体内で分かち合い、他者からも一つの社会文化的な集団として区別されてきたのである。ゆえに、質問に対しては日本語では、「シリア正教徒はシリア正教徒です」としか答えようがない。元々日本語では馴染みのなかった人々の名前であり、また、ヨーロッパで歴史的に使用されてきたヤコブ派という呼称も他称であることも考慮すると、シリア正教会の信徒すなわちシリア正教徒としか表現できないという事情もある。では英語ではどうだろうか。これも少々厄介で、シリア正教会は以前はSyrian Orthodox Churchと名乗っていた。しかし、近年はSyriac Orthodox Churchと正式な英語名称を変更した。それゆえ、この教会の名称からすると、彼らはかつてはシリア人

Syrianとなり、近代国家であるシリア・アラブ共和国の国民の名称と同じになり紛らわしい。ではSyriacではどうなのか。この英単語は日本語では「シリア語」と翻訳されていて、言語そのものやそれにかかわる形容詞として使用され、人にはあまり使ってこなかった。昨今は、この単語がシリア正教徒を指し示すようになり始めているが、それでも日本語ではシリア人になってしまう。結局、誤解を極力減らすため、かつ宗教がこの集団にとり非常に重要であることも加味するとシリア正教徒はシリア正教徒なのである。

さらにこの集団の一部の人々は、自らをアッシリア人と名乗っていて、シリア正教徒でアッシリア人という表現も存在する。一般にアッシリアとは、古代アッシリア人すなわち現在のイラクのモスルの対岸にあったニネヴェを中心に紀元前に栄えた国・文明として知られている。版図としてはシリア正教徒の故郷とも重なっているため、土地を中心に考えると決して荒唐無稽ではない。しかし、アッシリアという単語は古代文明との結びつきが強く、現代人を指し示す呼称としては使い難いと感じる人が多いのではないだろうか(3)。

2. シリア正教徒の名称問題――少数派の名前

このような、シリア正教徒なのかアッシリア人なのかという「名称問題」の起源は比較的新しい。一九世紀にはオスマン帝国支配下で暮らす人々が多かった彼らは、アラビア語でスリヤーニー（複数形：スリヤーン）、トルコ語でもスリヤーニーで、オスマン帝国の他の集団同様に、宗派が社会的な集団として認知されていたため、集団の名称には特に問題はなかっただろう。アッシリア人という呼称の使用は一九世紀末頃からであろうと推測されていて、当時、彼らの居住地域に入ったヨーロッパ人、特に伝道者たちなどが彼らをアッシリア人と呼んだり、古代遺跡の発掘などでこの地域の古代史が明らかになりつつあった中で使用され始めたらしい。一九世紀末といえば、名称の問題だけでなく、彼らを取り巻く政治状況も劇的に変化した時期に当たる。ヨーロッパ列強が中東への政治的勢力拡大を画策し、オスマン帝国が民族としてのトルコ人の国であるトルコ共和国へと変容する時期でもあった。様々な政治的緊張が東アナトリア、特に南東アナトリア地方から非トルコ人（非ムスリム）を排除する動きへとつながって、第一次世界大戦期にはアルメニア人やシリア正教徒らの虐殺や迫害が起こった。そして一九二〇年代前半にはトルコ国外への強制移住により、彼らの多くがシリア、レバノン、イラクなどへと移住していった。中核的故郷であるトゥール・アブディーン地方に残った人々もいたが、その後、一九七〇年代にはトルコ国籍を持つ場合はトルコ人労働者としてドイツに行ったり、また、一九八〇年代から九〇年代にはクルド人ゲリラと政府軍の紛争のはざまで犠牲となったりしたことから、スウェーデンなどへと移住し、トゥール・アブディーンの人口は二〇〇〇年代の半ばで二千五百人ほどになってしまったという。シリア内戦が悪化する中、シリア国内に定住していた人々が逆にトゥール・アブディーンへと避難する例も今日では数限りないが、その多くがヨーロッパ、北米さらにはオーストラリアへと逃れている。

中東の外に出たとき、やはり名称をめぐり問題となった。彼らに出会った人々はこう思った、「宗教がシリア正教ならば民族は何なのか、彼らは一体誰なのか？ Vilka är de?（スウェーデン語で『彼らは誰なのか？』(4)

の意）」。現在、スウェーデンの首都であるストックホルムから南に五十キロほどの土地にセーデテリエ（セーデルテリエ）という都市があり、そこを中心に十万人ほどがスウェーデン在住である。彼らの第一陣はレバノンに無国籍状態で滞留していた集団の一部で、一九六七年に難民として受け入れられた人々であった。この人々がアッシリア人 assyrier と名乗ったためなのか、スウェーデンで彼らは長く「アッシリア人」と呼ばれてきた。また、スウェーデンの民族音楽学者も、一九九〇年代末に彼らの音楽空間をインターネット上に発見して論文を書いたが、そこにあったのは「アッシリア」を名乗る音楽空間であった。ゆえに、この学者は躊躇《ちゅうちょ》なくアッシリアという単語を論文で使用しているが [Lundberg 2009]、音楽自体は本稿で対象としている人々の音楽である。しかし、その呼称を使用しない人々も多くおり、スウェーデンやドイツ、そしてオランダへと移住した彼らや彼らの子弟がインターネットでつながり始めて一九九〇年代に顕在化したのが、アッシリア人 Assyrian と名乗るべきか、シリアック人 Syriac[5] と名乗るべきかという論争である[6]。この延長線上に、オランダのライデン大学で博士号を取得したシリア正教徒の研究者アットーによるアイデンティティーに関する論文 [Atto 2011] があり、そこでは折衷案として Assyrian/Syriac アッシリア・シリアック人という単語が使用されている。

また、シリアック系の人々は民族的にはアラム人で宗教はシリア正教と名乗ることもある。この場合は、イエスの時代やその前後は、現在のシリアやレバノン、パレスチナなどではアラム語が話され、イエスがアラム語話者であったこと、そして典礼語である古典シリア語がアラム語系であることなどがよりどころになっている。ドイツ語ではアッシリア人というよりもアラム人とされることが多い。

では、アッシリア人なのか、アラム人なのか、シリアック人なのか、ミディヤット出身の音楽家ガブリエル・アスアドの音楽に関する著作をひも解いて、考えてみよう。

3. アスアド著『歴史を通してたどるシリア音楽』にみる自己の位置付け

アスアドの著作『歴史を通してたどるシリア音楽』は、一九九〇年にシリアでアラビア語で出版された。上記のような事情を知らずに同書を手に取ると、最初に得る感想は「面食らった」という言い回しが適切なのではないだろうか。まず、ここでシリア音楽とアスアドが書いているのは、現在のシリア・アラブ共和国の音楽でもなければ、オスマン朝期のこの土地、シャームの地の音楽を対象としたものでもない。シリア正教徒の音楽である。この七十頁ほどの本を購入したときは、予想に反するその中味とタイトルのあまりの乖《かい》離《り》（と当時は思っていた）に筆者は驚いた。しかも、同書の前半はシュメールやアッカド、そしてアッシリア、アラムなどのメソポタミア文明が話題になっており、後半がシリア正教の聖歌に関する説明になっている。すなわち、彼にとっての同胞たちの歴史は決してイエス以降に始まるのではないのである。彼にとってのこの集団の歴史は、イエス以前のメソポタミア文明期とイエス以後のシリア正教期に分かれているのであり、当然ながら音楽史的にもそうなのである。

まずは、執筆者であるアスアドについて確認しよう。同書の執筆者名は、ジュブラーン・マクディスィー・サウミー（サウメ）とあるが、これはアスアドのことである。彼は一九〇七年にトゥール・アブディーン地方の中核都市ミディヤットに生まれたが、当時の不穏な政治情勢のため、一九一〇年代にはベイルートやダマスカスなどに移住する。一九五〇年代にはシリア北東部のカーミシュリーに移り、その地のアラブ文化センターで芸術部門に携わり、一九五八年から一九七三年にはその近郊のマーリキーヤの文化センターの責任者であった。一九七九年にスウェーデンに移住、一九九七年に同地で没している[7]。集団区分としては日本語では「シリア正教徒」であるが、彼に関するウィキペディア[8]や彼の作品を集めて後にスウェーデンで制作されたCDなどではアッシリア人として紹介されている。本稿で説明している背景を知らない場合、アスアドがシリア正教徒でアッシリア人と名乗っている集団に属することは、にわかには理解できないだろう。

さて同書であるが、前述のように前半はイエス以前の音楽に関する記述で、後半がシリア正教会の聖歌の伝統に関するものである。一見するとこの二つはあまり関連性の明確でない、非連続的な音楽史のように思える。しかし、アスアドにとってはこれら二つの時代はつながっており、そのつなぎ目の役割を果たしているのは音階で、その重要な鍵が先に紹介したイラク南部のウル遺跡から出土したリラである。

アラビア語ではキサーラと説明されているこの楽器は、一九二九年にイギリス人の考古学者レナード・ウーリー（一八八〇～一九六〇）が三台発見し、そのうちの一台が先に紹介したバグダード博物館に、残りの二台は大英博物館とペンシルバニア大学の博物館に収蔵されている。いわゆるギリシアの竪琴に近い構造をしており、ハープと呼ばれることも多いが、ごく単純に説明するとハープは弦の長さで音程を調節しているのに対して、リラの弦はみな同じ長さで、弦の太さやその張り加減で音程を調節する仕組みになっている。

シュメールなどの古代文明におけるリラの調弦に関しては楔《くさび》形文字の粘土板などにも情報があり、それを基にした研究もなされているが、アスアドが各弦の調弦などに関して何から情報を得たのかは彼の記述からは明らかでない。いずれにせよ、メソポタミア文明のこのような音階に関する知識が、現在のシリア正教の音楽にも生かされ、それはアラブ音楽の音階などに関する知識のもとにもなっていると説明している。特に彼が強調したいのは、この音階に関する知識とシリア正教会で今日も使用されている八つの旋律群で用いる音階の関連性であるようだが、彼の意図は必ずしもはっきりしない。

音階以外には、ウルのリラと同様に遺跡の出土品などが説明に用いられている。マルディンから西へ六十キロほどの地点のシリア側にテル・ハラフ遺跡があり、出土した像が音楽と関連があるのではとして紹介している。同遺跡はシリアのラアス・アイン近郊で、ユーフラテス川の支流であるハーブール川沿いにあり、紀元前一〇世紀頃はアラム人の都市であったとみなされている。

ここまでの説明がシュメールやアッシリア、そしてアラムなどの文明に関係するキリスト教が興る前の歴史になり、次にキリスト教の興ったのちの説明になるが、論調はがらりと変化する。考古学的遺物や粘土板などの記録から明らかになっているのは、音階などに関する情報であり、どんな歌があり、どのような旋律だったのかということは説明されていない。他方、キリスト教の興ったのちの歴史の説明は、聖歌の作家たちが中心で、記述の内容は彼らの伝承などに変わる。

まず、アスアドは、教会における聖歌使用の起源などを説明している。新約聖書の『使徒言行録』によるとイエスの弟子たちはマルコの母マリアの家で祈りを捧げたと伝えられているが、一九四〇年に発見された碑文によると、その土地は、今日、エルサレムにあるシリア正教会の聖マルコ修道院教会となっている場所であった。当時、普及していたアラム語の歌が使われ始め、最初は旧約聖書の詩編などが歌われ、この時代にミサや聖務日課の時間などに関する決まりごとができ始めたと書いている。教会内に歌が導入された典拠として挙げているのは、「詩編と賛歌と霊的な歌によって語り合い、主に向かって心からほめ歌いなさい。[エフェソの信徒への手紙5:19]」や、「キリストの言葉があなたがたの内に豊かに宿るようにしなさい。知恵を尽くして互いに教え、諭し合い、詩編と賛歌と霊的な歌により、感謝して心から神をほめたたえなさい。[コロサイの信徒への手紙3:16]」などの聖書の言葉である。新約聖書のこれらの書簡（手紙）は伝承では使徒パウロの手によるとされていることから、このようなパウロの呼びかけにより、歌が教会に取り入れられたとしている。

こうした説明の後に、シリア正教の聖歌の伝統に関して書かれており、その記述は二世紀後半から三世紀に活躍したバル・ダイサン（一五四～二二二）から始まる。バル・ダイサンはエデッサで生まれ、その地の王であるアブガル八世（在位一七七～二一二）に仕え、シリア正教会に初めて歌を正式な形で導入した人物とされ、百五十の聖歌を残したとされている。彼の信奉者は当時としては教養があり富裕な人々で、彼の作った聖歌には教会では異端とみなされた信条なども歌われていた。彼の後、四世紀に活躍したのが、現在は正教だけでなくカトリックでも聖人とされている聖エフレム（三〇六～三七三）である。彼はニシビスの生まれであるが、ペルシアの侵攻から逃れてエデッサに定住し、多くの聖歌や韻文による説教を残した。その中には教会の祝祭などで使用する歌も含まれており、今日、独特の伝統を保つシリア正教会の聖歌群の基礎を築いたと伝えられている。バル・ダイサンの聖歌の内容に批判的であったが、歌詞を変えて旋律は残し、自らも数多くの聖歌を作ったといわれている。さらに五世紀のラッブーラー（四三五没）の伝承が続く。ラッブーラーはアレッポの南二十五キロに位置するキンナスリーンに生まれ、後にエデッサの司教となった学者で、神に歎願《たんがん》するタフシェフトーという詩の形式は彼に由来するとみなされている。また、シンプルな四音音階の歌を作った、陶工であったシェムウーン・クーコーヨー（四八五〜五三六）などに関しても言及している。

こうした聖歌作家たちについてアスアドはさらに十五名の名前を挙げているが、最後の人物は一二世紀のヤアクーブ・イブン・サリービーであった。アスアドはさらに続けて、同じく古典シリア語を典礼語とするネストリウス派の聖歌作家が二十二名いると記述しているが、他には同派に関する記述はなく、ここでこの話題を追加した彼の意図は推し量ることはできない。この本はこのように、シリア正教の聖歌の伝統に関する記述で終わっている。

同書はその分量からも概説であり、また、情報の古さゆえの事実誤認もあるが、二〇世紀を生きたアスアドが音楽を通して自らのアイデンティティーをどのように捉えていたかを垣間見ることができたかと思う。教会が示すことのないキリスト以前の歴史に関して、彼は、音楽、特に音階などに関する知識を通して古代文明と自らのアイデンティティーを重ねていたのである。

4. おわりに

アスアドにとり、シリア正教徒の住んでいた土地はすべて郷土であり、そこにいた人々は関係があると考えるのは不思議ではない。アスアドの意図としては、シュメールやアッカドの音階は歴史的にアッシリア、アラムへと受け継がれ、シリア正教の時代へと移行しているゆえに、自らの共同体は古代文明とつながっているのである。それゆえ、彼にとってはアッシリア人と名乗ることは矛盾がない。その一方で、この土地の歴史の堆積層を無視すると、極端な場合は、過去との連続性を全く認めず、近年報道されているような過激派組織ＩＳ（イスラム国）による古代遺跡の破壊へとつながる。歴史に関してある種のバランス感覚の必要な土地なのである。

しかしながら「アッシリア」の使用を拒否している人々もおり、アッシリアかシリアックかという問題は、今日、解消されることなくこの集団に様々な問題を投げかけている。二派に分かれているという現実は、当事者たちに複雑な日常を創出する。現在、スウェーデン在住のあるシリア正教徒の女性は、夫と自らの実家がそれぞれにシリアック派、アッシリア派と異なるために、結婚以来、この二派の差異や対立になにかと苦労し、心を砕いてきたという［George 2011］。この対立はプロ・サッカーにも影響し、スウェーデンの一部リーグにも登場することのあるシリアンスクＦＣとアッシリスクＦＦは長年のライバルである。シリアック系が教会系、アッシリア系が世俗系という傾向から、この問題は教会系か非教会系かという問題とも受け取ることができ、両者は教会を中心としたコミュニティーと世俗派協会などを組織する集団という実生活上の生活領域も違えば、アッシリア問題にみるように歴史観も異なっている。しかし、アッシリア人と名乗っている人々でも、シリア正教会に所属し、その上でアッシリア人を名乗るのであり、あくまで宗教はアイデンティティーの一部に含まれている点に十二分の注意を払うべきであろう。

この状態は研究者にとっても難しい。先にも説明したように、故郷であるトゥール・アブディーンに残る人口はきわめて少なくなっている。そのような状況下では、そこに残る人々、とりわけ修道院や教会は彼らにとり最後の砦《とりで》である。しかし、トゥール・アブディーンの修道院群の中でも非常に重要な聖ガブリエル修道院は、土地の所有権をめぐって裁判で争われ、敗訴となったら土地を奪われる危機にさらされた。この状況下で共同体内のアッシリア対シリアックの対立は棚上げされ、移住先の一つであるベルリンなどでは共同でデモを行い、修道院を守るために様々な取組が行われた。その一つが、この問題に関する英語による論文集の出版である。しかしながら、論文集『トルコからのシリア正教徒の緩慢な消滅』[Omtzigt et al. 2012]は、そのタイトルにシリアックという単語が使用されているものの、各論文ではアッシリアを使用するかシリアックを使用するかは執筆者に委ねられたため、両者が混在し、また、それに関する説明もないため、事情を知らない読者には両者が同一集団とはにわかには分からない可能性がある内容となっている。文献学者や宗教学者はSyriacを使用し、シリア正教徒はSyriacsやSyriac peopleと表現されているが、その一方で、政治に携わっていたりする者やNGOの関係者などはアッシリアという単語を使っている。シリア語文献学やシリア正教研究はあくまでシリア語で書かれ続けた文献を資料として成立しているゆえに、対象となる人々はシリアック人である一方で、民族性などを重視する政治舞台ではアッシリアが使用されるのである。

アッシリアかシリアックか、非常に悩ましい状況を説明してきたが、最後に、アスアドが書いていない近現代の状況を説明し、二派ではあるものの、やはり一つの集団であることを確認したい。トゥール・アブディーンやその周辺からのディアスポラ（離散）の始まりは、公式には一九一五年四月の虐殺事件からとされている。この第一次世界大戦期の虐殺・迫害をシリア語でセイフォー Seyfo（「剣」の意）といい、一九二〇年代前半には強制移住により、多くの人々が南東アナトリア地方からシリア、イラク、レバノンなどへと移り住み、ディアスポラ状態となった。アスアド自身、ディアスポラを歌う歌を作曲し、その後の世代の作曲家たちも、ヨーロッパやアメリカなどの更なるディアスポラの地で望郷の思いを歌い、ディアスポラ歌謡は一つのジャンルとして確立しているように思える。このディアスポラという現実は、アッシリア人と名乗ろうが、シリアック・アラム人と名乗ろうが分け隔てなくこの共同体の一員たちにふりかかってきた。古代アッシリア人とこの共同体を学術的な確証を持って直接関連付けるのは難しく、ましてやその名称をめぐっては共同体内で結論の出る問題でもないだろう。そうした中で確かなことは、様々な議論や問題が共同体内に混乱と対立をもたらしてはいるものの、両者は、今日では教会の聖歌の世界だけでなく、その外でもディアスポラや郷土愛を歌う世俗歌謡文化を分かち合いながら生きてきたという事実であり、この集団は、宗派集団であるだけでなく、教会の外でも歴史や文化を分かち合っている、それがシリア正教徒共同体なのであるということだ。

注

（1）口語シリア語の中でも最も知られているのはトゥール・アブディーン地方の方言であるトゥーローヨーである。古典シリア語はアラム語系統の言語であるため、今日でも話されている口語シリア語を現代アラム語ということもある。

（2）ハープと翻訳されることもあるが、形状としては古代ギリシアの竪琴に近い撥弦《はつげん》楽器。

（3）また、先ほど紹介した東方アッシリア教会の信徒や場合によってはカルデア教会の信徒もアッシリア人と名乗ることもあり、現代アッシリア人の定義も簡単ではないことを念のため指摘しておく。

（4）司祭であるワンネスによると、この集団が誰なのかを調査するために、スウェーデン政府はルンド大学のアラビア語学者にこの件を依頼した。ルンド大学は一六六六年に創設された、スウェーデンではウプサラ大学（一四七七年創設）に次ぐ歴史のある名門校である。

（5）ここでまた、日本語表記上の問題が発生する。本文でも説明したように、典礼語としての **Syriac** はシリア語と翻訳されている。この場合、**Syrian** と英語で呼ばれている言語が存在しないので問題はない。しかし、**Syriac** を人に用いた場合、シリア語を話すからシリア人と訳すと、この場合は **Syrian**（シリア人）という英単語との関係がねじれてしまう。そこで、便宜上、ここではシリアック人と翻訳する。シリアック人はつまりシリア正教徒である。

（6）スウェーデンにおける名称問題は、アッシリアを名乗る集団に対する教会からの破門予告にも発展したほどこの共同体にとり重要であった。ちなみにシリア語でアッシリア人に当たる単語はオシュローヨー、シリアック人（シリア正教徒）に当たる単語はスリヨーヨーとなる。アラム人に当たる単語はオロモーヨーである。

（7）彼の息子サルダナパール氏は現在、スウェーデン在住である。ちなみにこの名前は古代アッシリアの王の名に由来している。

（8）http://en.wikipedia.org/wiki/Gabriel_Asaad（二〇一六年五月に閲覧）

◆参照文献

As'ad, Kabrī'īl 1990 *al-mūsīqā al-sūriyya 'abra al-tārīkh*. no publisher mentioned.

Atto, Naures 2011 *Hostages in the Homeland, Orphans in the Diaspora: Identity Discourses among the Assyrian/Syriac Elites in the European Diaspora*. Leiden: Leiden University Press.

George, Kima 2011 *På jakt efter min historia fann jag mitt hemland*. Norsborg: Recito.

Lundberg, Dan 2009 "Translocal Communities: Music as an Idenity Marker in the Assyrian Diaspora." Ursula Hemetek et al.（eds.）*Music in Motion: Diversity and Dialogue in Europe*. Bielefeld: Transcript Verlag, pp.153-172.

Omtzigt, Pieter et al.（eds.）2012 *The Slow Disappearance of the Syriacs from Turkey: And of the Grounds of the Mor Gabriel Monastery*. Zürich: Lit Verlag.

Wannes, Süleyman 2008 *Syrisk-Ortodoxa Kyrkan: Bildandet, ankomsten och utvecklingen i Sverige*. Linköping: Süleyman Wannes.

Zeitoune, Abboud 2007 *Music Pearl of Beth-Nahrin: An Assyrian/Syriac Discography.* Wiesbaden: [Assyrische Demokratische Organisation].

聖書からの引用は日本聖書協会出版の新共同訳によっている。

資料1

国民国家の中の伝統音楽
——オマーンの事例から

樋口　美治

1．はじめに——オマーン国の概要と音楽

オマーン ʿumān はアラビア半島の南東に位置し、砂漠と長い海岸線に囲まれている。北部の山地、モンスーンの影響を受ける南部のドファール地方 ẓufār（以下ドファール）を除いては降雨量が極めて少なく、国土の多くは、高温で乾燥した気候である。人口は約四百四十万人で、そのうちオマーン国籍者は約二百四十万人であり、その大多数がアラビア半島の南部と北西部を起源とする諸部族に属するアラブ人で

あるが、ザンジバーリー zanzibārī と呼ばれるかつての東アフリカの領土からの帰還民とその子孫が多数含まれ、また、海岸部を中心に約二十五万人のバルチスタンに出自を持つバルーチー al-balūshī をはじめ、バハレーン系のバハレーニー baḥrainī、ペルシア系のアジュミー al-ʿajumī、インド系のラワーティーヤ al-lawātīya 等が少数派として存在する。その他、インド亜大陸からの労働者・技術者をはじめ、英国や他のアラブ諸国からの外国人約二百万人が、首都圏をはじめとする都市部を中心に長期にわたって居住している。言語は公用語がアラビア語であるが、東アフリカから帰還した人のスワヒリ語、バルチスタン語等がそれぞれのコミュニティーの言語として話されている他、英語やウルドゥー語も都市部で広範に話されている。

　オマーンは、アラビア半島の他の国々と同じく部族社会であり、歴史的には、紀元前二世紀頃イエメンからやってきたアズド族 al-ʾazd 系のヒナイ族 al-hināwī とアラビア半島の北方からのアドナーン族 al-ʿadnān 系のガーフィリー族 al-ghāfirī の二大勢力の系譜をひいた多くの部族の長く複雑な合従連衡による均衡の上に成立してきた。現在オマーンには、アラブ系と少数の非アラブ系を合わせた約百二十の部族が存在するが、最有力部族ブーサイード族 al-būsaʿīdī のスルターン sulṭān による絶対君主国家である。オマーンの諸部族の約六割がイスラム教イバード派 al-ʾibāḍiyya であり、約三割強がスンナ派、残りは少数のシーア派である。また、各部族は、砂漠や半砂漠の非定住地である「バーディヤ al-bādiya」のベドウィン系の諸部族と、海岸部や内陸のオアシスや山間部などに点在する町や村を定住地とする「ハダル al-ḥaḍar」系諸部族に大別される。今日では諸部族の生活形態は大きく変化しているものの、婚姻関係も族内結婚が基本で、首都圏で働くオマーン人の大半も週末には地元に戻って生活するなど、オマーンの部族社会の慣習や連帯感は極めて強固である。オマーンの伝統的音楽文化も、こうした部族社会としっかりと結びついている。オマーンのアラブ系のすべての部族に伝わる戦いに関わる「剣舞」は、各部族内のアイデンティティーと連帯を確認するための歌舞として今日でも脈々と受け継がれている。また、非アラブ系の各部族もそれぞれ独自の伝統を受け継いでいる。

オマーンには木造帆船ダウ dāw によるインド洋貿易の長い歴史があり、モンバサやザンジバルをはじめとした広範な東アフリカ海岸部にコミュニティーを形成した。石油発見以前のオマーンの盛衰は、インド洋貿易の対外勢力との覇権争いと国内の部族間抗争の動向に左右された。一七世紀前半にはポルトガル勢力を駆逐し、一八世紀半ば以降オマーンによるインド洋交易は繁栄し、特に東アフリカとの交易は隆盛を極め、オマーンは東アフリカ沿岸部を中心に海外領土を拡大し、本土の不安定な状況もあり、一八三二年にはザンジバルに遷都した。東アフリカとの交易と領土拡大による人と物の移動は、オマーン本土の海岸部と東アフリカ沿岸部の音楽文化にも相互に大きな影響を与えた。

オマーンの伝統音楽は、「バーディヤ」のベドウィンの生活や習慣に基づいたもの（アラビア語の詩の朗唱、部族間の戦いに関わる歌と踊り）が基層をなし、「ハダル」における航海や漁業、農耕といった生活様式に関するもの、東アフリカやペルシアの音楽文化と混合したもの、イスラム教の信仰に関わるものによって形成されているが、ベドウィン系部族に伝わる歌唱、農耕や放牧の仕事歌などを除いて、ほとんどが歌と打楽器の演奏と踊りが一体となったものである。オマーン各地方には、それぞれに特色ある伝統音楽が継承されている。東部沿岸シャルキーヤ地方 al-sharqīya（以下シャルキーヤ）は、かつての海洋交易の拠点であった港町スール sūr を中心に、伝統音楽が豊富な地域である。海洋貿易最盛期のダウの船員はシャルキーヤ出身者が多く、彼らは東アフリカ海岸部に居住し、通婚、混血が進み、東アフリカ海岸地域の音楽文化と混ざり合った音楽を生み出した。北部沿岸のバーティナ地方 al-bāṭina（以下バーティナ）は、漁民とベドウィンの生活様式に基づいた音楽が豊富である。バーティナは港町ソハール ṣuḥār を中心に、一〇世紀半ばまではインド洋交易の中心であったが、東アフリカの影響はシャルキーヤと比して薄く、首都圏とともにバルーチー、アジュミーの音楽が多く伝わっている。ダーヒラ地方 al-ẓāhira（以下ダーヒラ）とブレイミー地方 al-braymī（以下ブレイミー）は、ベドウィンの音楽文化が中心で、伝統音楽の種類や名称などは隣接するアラブ首長国連邦と類似している。内陸のダーヒリーヤ地方 al-dākhirīya（以下ダーヒリーヤ）は、かつてのオマーンの都であった古都ニズワ nizwā を中心にイスラム教イバード派の伝統が深く根付いた保守的な土地柄で、女性が婚礼の歌などの例外を除いて音楽に参加することはほとんどなく、農耕、特にナツメヤシ収穫の仕事歌が今でもごく僅かに残されているが、オマーンの他の地域に比して音楽文化は乏しく、東アフリカやペルシアなど外来の音楽文化の影響も限られている。南部ドファールは、隣接するイエメンのハドラマウト地方 ḥadramaut（以下ハドラマウト）と共通する音楽文化が継承されている。また、ドファールの海岸部は一一世紀から一二世紀にかけてインド洋交易の中心であり、シャルキーヤと並んで東アフリカの影響を強く受けた音楽が盛んである。ドファールの北部山岳地帯には、南アラビア語ジッバーリ jibbālī を母語とする部族が放牧の歌を伝承している。ホルムズ海峡に突き出た半島の飛び地ムサンダム地方 musandam（以下ムサンダム）は海と山で孤立しており、漁労の歌とベドウィンの音楽が中心である。

オマーン地図

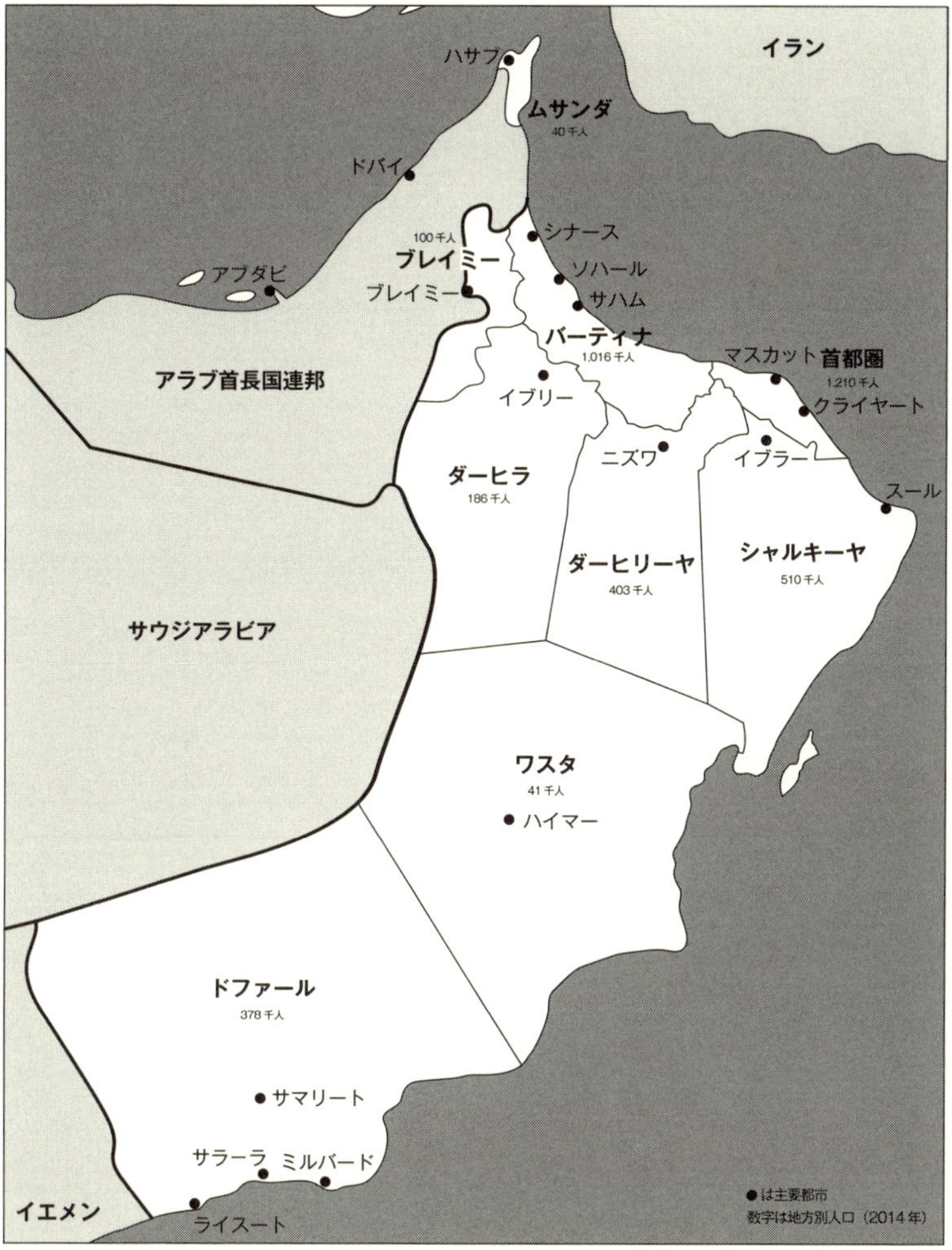
イラン
ハサブ
ムサンダ
40千人
ドバイ
シナース
100千人
ブレイミー
ソハール
アブダビ
ブレイミー
サハム
バーティナ
1,016千人
マスカット
首都圏
1,210千人
アラブ首長国連邦
イブリー
クライヤート
ニズワ
イブラー
ダーヒラ
186千人
スール
ダーヒリーヤ
403千人
シャルキーヤ
510千人
サウジアラビア
ワスタ
41千人
ハイマー
ドファール
378千人
サマリート
サラーラ
ミルバード
イエメン
ライスート
●は主要都市
数字は地方別人口（2014年）

表 1　オマーンの主な伝統音楽の地方別分布
（★ムダイマとショーバーニーヤは分類上両方のカテゴリーに属しているために重複表記）

	首都圏 al-'āṣima	バーティナ al-bāṭina	ダーヒラ ブレイミー al-ẓāhira al-braymī	シャルキーヤ al-sharqīya	ダーヒリーヤ al-dākhirīya	ワスタ al-wasṭa	ドファール ẓufār	ムサンダム musandam
				剣舞				
ラズハ al-razḥa	●	●	●	●	●	●		●
ラズハ・カビーラ al-razḥa al-kabīra	●	●	●		●	●		
カサーフィーヤ al-qaṣāfīya	●	●	●	●	●			
アーズィー al-'āzī	●	●	●	●	●	●	●	●
ハンバル al-hanbal		●	●	●	●		●	
ハッブート al-habbūt							●	
アイヤーラ （ワッハービーヤ） al-'ayyāla （al-wahhābīya）		●	●	●	●			●
				ベドウィンの音楽				
ラズハ・バダウィーヤ al-razḥa al-badawīya		●	●	●	●	●		
ハンバル・ブーシュ hanbal būsh		●	●			●		
タグルード al-taghrūd		●	●	●	●	●	●	
ターリク al-ṭāriq		●	●	●	●	●	●	●
ワンナ al-wanna		●	●	●	●	●		
ルワーフ al-ruwāḥ								●
ナドゥバ al-nadba								●
				宗教（イスラム教に関わる）の音楽				
マウリド／マーリド al-mawlid / al-mālid	●	●	●	●	●		●	●
ハドラ al-ḥaḍra							●	
タイミーナ al-taymīna	●	●	●	●	●			●
タフルーラ al-tahlūla		●			●			
カルナカシュ qarnaqashu	●	●	●		●			●
シャアバーニーヤ al-sha'abānīya							●	
アハマッド・カビール 'aḥmad al-kabīr							●	
ヒドマ・フサイン khidma ḥusayn		●						

	首都圏 al-'āṣima	バーティナ al-bāṭina	ダーヒラ ブレイミー al-ẓāhira al-braymī	シャルキーヤ al-sharqīya	ダーヒリーヤ al-dākhirīya	ワスタ al-wasṭa	ドファール ẓufār	ムサンダム musandam
仕事歌								
航海の音楽								
ギナー・バハル ghinā' al-baḥr		●		●				●
シッラ・マフタフ shlla al-makhṭaf				●				
★ムダイマ al-mudayma	●	●		●			●	
★ショーバーニーヤ al-shūbānīya		●		●			●	
漁の音楽								
ナヒマ al-nahima		●						●
シッラ・サンブーク shilla al-sanbūk		●		●				
農耕の歌								
タシィーフとドゥアサ al-taṣīfu / al-dwāsa		●			●		●	
スィナーワとジャーズラ al-sināwa / al-jāzra		●			●		●	
ギナー・ヒルト・ビ・ブーシュ ghinā' al-ḥirth bilbūsh					●			
ギナー・ヒルト・ビ・トゥール ghinā' al-ḥirth bilthūr					●			
放牧の歌								
ニダー・ワ・ギナー・ライー nidā' wa ghinā' al-ra'ī							●	
タウブナーン al-tawbnān								
ナーナー nānā							●	
娯楽や通過儀礼に関する音楽								
ソウト al-ṣawt	●	●		●				
シャラハ（ドファール） al-sharḥ（ẓufār）							●	
バラア al-bara'a							●	
カサバ al-qaṣaba							●	
タブル・ニサー（ダーン・ダーン） ṭabl nisā'（dān dān）	●	●		●	●		●	
クワーサ al-kuwāsa		●	●		●			●
チャフ・チャフ tshaḥ tshaḥ		●		●	●			
ウンム・ブーム 'umm būm				●				

	首都圏 al-'āṣima	バーティナ al-bāṭina	ダーヒラ ブレイミー al-ẓāhira al-braymī	シャルキーヤ al-sharqīya	ダーヒリーヤ al-dākhirīya	ワスタ al-wasṭa	ドファール ẓufār	ムサンダム musandam
ビン・アバーディー bin 'abādī				●				
ムガーイド mughāyḍ				●				
バサーイル （ハンブーラ） basāyr（al-ḥambūra）				●				
ザッファ al-zaffa	●	●						
マナーナ al-manāna	●	●						
キール・クール qīl qūl		●						
ジュルウィージュ al-julwīj								●
サハバ al-saḥba								●
アフロ・オマーニー音楽								
レワ al-līwa	●	●		●				●
タンブーラ al-ṭanbūra				●				●
メイダーン al-maydān	●	●	●	●			●	●
ルブーバ al-rubūba							●	
フン・ズヌージュ fun al-zunūj							●	
マダール al-madār							●	
★ムダイマ al-mudayma	●	●		●			●	
★ショーバーニーヤ al-shūbānīya		●		●			●	
アシア・オマーニー音楽								
スィールワーン al-sīrwān	●	●						
コーザーク・ワーキフ al-kūzāk al-wāqif	●	●						
コーザーク・ジャーリス al-kūzāk al-jālis	●	●						
レーラールー lī lā lū	●	●						
ナイルーズ al-nayrūz		●						
バーキト al-bāqit		●						

2. 伝統音楽の楽器

オマーンの伝統音楽で演奏される楽器は、そのほとんどがリズム楽器である。オマーンのアラブ諸部族に古くから伝わる大小二種の両面皮円筒型胴太鼓であるラフマーニー **al-raḥmānī** とカースィル **al-kāsir** の組み合わせが、最も広範に演奏される。また、片面皮円錐《えんすい》型胴太鼓のムソンドー **al-musundū** をはじめとして東アフリカから伝わったリズム楽器も多い。メロディーを奏でる楽器は極めて限られており、ミズマール **mizmār** やカサバ **qaṣaba** などの気鳴《きめい》楽器が海岸部や南部ドファールの音楽に散見される他、シャルキーヤを中心に、ペルシア湾岸アラブ諸国でポピュラーなソウト **ṣawt** と呼ばれる比較的新しい都市音楽において撥《はっ》弦《げん》楽器ウード **al-ʿūd** が演奏されている。

■膜鳴《まくめい》楽器

両面皮円筒型胴太鼓

ラフマーニー al-raḥmānī：オマーンの伝統音楽の中心的打楽器で、低音を出す六〇cm程度木製の大型の太鼓。膜面は直径五〇cm程度で山羊か羊の皮。手のひらで打ち、主たるリズムを刻む。まれに撥《ばち》で打つ場合もある。

ラフマーニー・タウィール al-raḥmānī al-ṭawīl：ラフマーニーより大型の重低音を出す木製の太鼓。膜面は山羊か羊の皮。縦置きで、手のひらで片面のみを打つ。内陸の一部でのみ演奏される

写真1　ラフマーニー（左）とカースィル（右）

（スールにて　1988年筆者撮影）

写真2　タブル・ワーキフ

（イブリーにて　1989年筆者撮影）

カースィル al-kāsir：ラフマーニーとともにオマーンの伝統音楽の中心をなす四五cm程度の木製の小型の太鼓。膜面は直径三〇cm程度で山羊か羊の皮。手のひらか撥で打ち、主に高音の装飾的リズムを刻む。

カースィル・カスィール al-kāsir al-qaṣīr：カースィルより小型の木製の太鼓。膜面は山羊か羊の皮。主に内陸部やダーヒラで演奏される。手のひらか撥で打ち、高音の装飾的リズムを刻む。

カースィル・ムファルタフ al-kāsir al-mufalṭaḥ：カースィルより胴が短いフラットな小型の木製の太鼓。膜面は山羊か羊の皮。主にダーヒラで演奏される。撥で打ち、より高音の装飾的リズムを刻む。

ランナ al-ranna：ラフマーニーとカースィルの間の中型の木製の太鼓。膜面は山羊か羊の皮。手のひらか撥で打ち、カースィルとともに装飾的リズムを刻むことが多い。

ミルワース al-mirwās：主にドファールの音楽やソウトで演奏される非常に小さな木製の太鼓。膜面は山羊か羊の皮。指で打ち、高音の装飾的リズムを刻む。ペルシア湾岸諸国から東アフリカ沿岸地域で広く演奏されている。イエメンのハドラマウトからの移民によりインドネシアやマレーシアにも音楽とともに伝わっている。

片面皮円錐型胴太鼓

ムソンドー・タウィール al-musundū al-ṭawīl：東アフリカから伝わった一二〇㎝程度の木製の太鼓。股に挟み固定し手のひらで打ち強く深い音を出す。膜面は牛の皮。ナツメヤシの実、灰、油を混ぜたものを膜面の中心部に塗りミュート音を出す。

ムソンドー・カスィール al-musundū al-qaṣīr：小型のムソンドー。

タブル・ワーキフ al-ṭabl al-wāqif：立てて演奏する大型のムソンドー。

ムソンドー・ジャーリス al-musundū al-jālis：座って演奏する大型の太鼓。足のついたものとないものがある。より大型のものが南部では演奏される。膜面は牛の皮。演目によって両手の撥か片手の撥と手のひらで演奏される。スワヒリ語でンゴマ・クウ **ngoma kuu** とも呼ばれている。

枠型胴太鼓（タンバリン）

ドゥフ・カビール al-duf al-kabīr：直径五〇㎝程度の大型の木製枠のタンバリン。枠に鈴のついたものもある。

ドゥフ・サギール al-duf al-ṣaghīr：シンバルのついた小型のタンバリン。女性によって演奏されることが多い。

鍋型胴太鼓

クータ al-qūṭa：金属か陶製の胴に皮を張った小型のティンパニーで、撥で打つ。カルナカシュ等、子供によって演奏される場合があるのみ。

■体鳴《たいめい》楽器

直接打奏体鳴楽器

スィハール siḥāl：銅や真鍮《しんちゅう》製の一対の小型シンバル。

タナク tanak：ブリキ缶か金属製の皿で、二本の撥で打ち鳴らす。名称は英語の tank からきている。東アフリカではパト pato と呼ばれるが、オマーンでも同じ呼称が使われることもある。

間接打奏体鳴楽器

マンジュール al-manjūr：羊の蹄《ひづめ》を多数繋いだものをベルトにつけたもの。踊り手が腰に巻いて体を揺すってリズムを刻む。

ヒルハーシュ khirkhāsh：多数の金属製の小さな鈴を繋いだもの。踊り手が肩から斜めに掛け体を揺すって演奏する。

ヒルハーシャ khirkhāsha：中に乾燥した穀類、小石などを入れた金属製のマラカス。

ルブース al-lubūs：女性が足首に巻く小さな鈴を繋いだもの。

アダド al-'aḍad：中に乾燥した穀類を入れた女性の腕輪。踊りの際にリズム楽器とする。

■気鳴楽器

自然型トランペット

ブルガーム al-brughām：牡牛、オリックスやアイベックスの角でできた単音のトランペットでリズム楽器として演奏される。東アフリカ海岸部ではスィワ siwa と呼ばれ、象牙や木製、真鍮製の大型のものもある。

ジム または**イム** al-jim：大型巻き貝の貝殻でできた単音のトランペット。リズム楽器として海岸部で多く演奏される。

写真3　ブルガーム

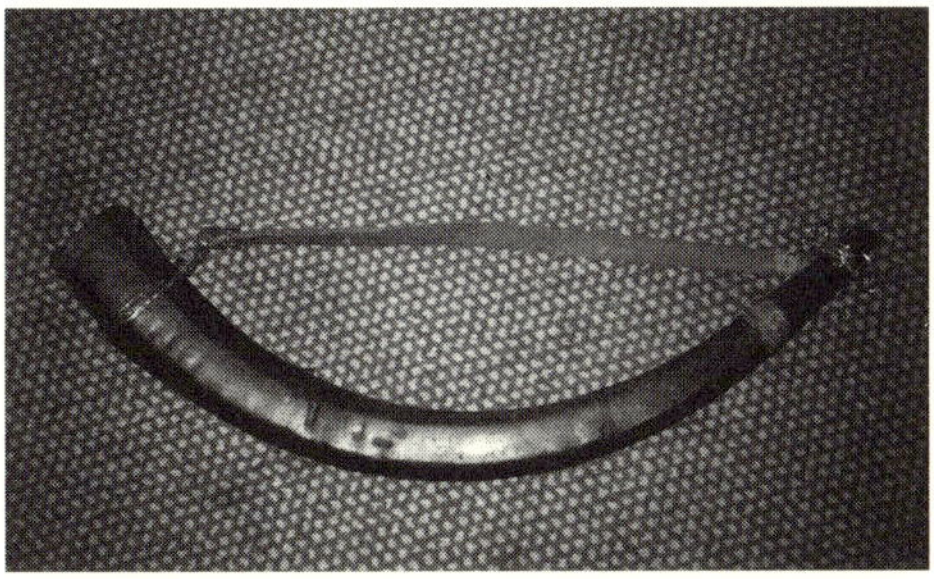

（Oman Center for Traditional Music 所蔵　1987 年筆者撮影）

円筒管型単式オーボエ

ミズマール al-mizmār または**スルナーイ** al-surnāy：メロディーを奏でる数少ない楽器で、海岸部のアフリカ系やバルーチー・ペルシア系の音楽で演奏される。

複式クラリネット

ズマル al-zumar：東アラブ諸国で多くみられる双管クラリネット。バーティナ、ドファールで演奏されている。

単式縦吹フルート

カサバ al-qaṣaba：南部のドファールで演奏される葦《あし》や金属製の斜めに構えて吹く歌口を持たないフルート。多くのアラブ諸国ではナーイ al-nāy と呼ばれる。

バグパイプ

ハッバーン al-habbān：クウェートやバハレーンで多くみられる伝統的なバグパイプのハッバーンではなく、英国の軍楽隊によって持ち込まれたスコットランドのグレート・ハイランド・バグパイプが、近年、海岸部の伝統音楽においてミズマールにかわって、盛んに取り入れられ演奏されている。

■弦鳴《げんめい》楽器

タンブーラ al-ṭanbūra：大型の六弦のリラ（ペンタトニック／五音音階で調律）。牡牛の角のプレクトラムで低音のリズムを刻むように弾く。アフリカ起源の同名の音楽のみで演奏される。元来、治癒儀礼として用いられた。

ルバーバ al-rubāba：かつてベドウィンの詩人が演奏した一弦の弓奏楽器だが、現代のオマーンでは、ほとんど消滅した。

ウード al-ʻūd：アラブ楽器を代表する複弦六コースのフレットのないリュート。スールを中心に海岸部の都市で、湾岸諸国でポピュラーな都市歌謡であるソウト ṣawt において演奏される。オマーンでは、ハドラマウトから音楽とともに、東アフリカ海岸部、マレーシア半島やインドネシアにまで伝わったイエメンの複弦四コースのリュートであるカンブース al-qanbūs（オマーンではカッブース al-qabbūs、スワヒリ語ではキバンガラ kibangala、コモロではガブスィ gabusi、インドネシアやマレーシアの伝統音楽ザピン zapin で演奏されるガンブス gambus）が、かつては演奏されていたが、今日ではウードにとってかわられた。

3．剣舞（フヌーン・サイフ／funūn al-sayf）

アラビア半島の各地には、アラブの各部族の勇猛さと一族の結束力を示すため、即興詩の朗唱とともに剣や盾の技能を披露する「剣舞」が広く継承されている。オマーンではラズハ al-razḥa、サウディ・アラビアではアルダ al-ʿarḍa、クウェート、バハレーン、カタールではアルダ・ハルビーヤ al-ʿarḍa al-ḥarbīya、アラブ首長国連邦ではアイヤーラ al-ʿayyāla と呼ばれる。こうした「剣舞」は、芸能や娯楽のための踊りを意味するアラビア語のラクス raqṣ とは明確に区別され、部族内の結束を確認する儀式として認識されている。剣舞は、カビーラ qabīla、ハーラ ḥāra、カルヤ qarya といった部族社会集団や地域社会集団の結束と強く結びついて、それぞれの部族集団の構成員である長老から若者までの男性の集団によって演じられる。こうした剣舞の集団はフォルカ furqa と呼ばれ、機会がある度にフォルカの責任者マスウール masʾūl により招集される。通常、部族長であるシェイフ shaikh かコミュニティーの智者ラシード rashīd がマスウールを務める。

剣舞には音楽的リーダーが別にいてアキード ʻaqīd と呼ばれるが、代表者がアキードを兼ねていることもある。剣舞で演奏される楽器は、部族の共有であることが多く、個人による所有は珍しい。

ラズハ al-razḥa

ラズハは、元来、部族間の抗争に際した戦意発揚、宣戦布告、勝利宣言と祝勝、紛争の仲裁と和解といった目的で招集され演じられた「剣舞」である。また、結婚、割礼、建屋の新築、火災の鎮火後、海岸部では航海の前、航海からの帰還に際しても部族の一体感を高めるため頻繁に催された。表立った部族間の争いがなくなった今日では、国家の祝日、イスラム教の祝祭にあたっての地域首長への挨拶《あいさつ》、結婚式、公式のゲストや重要な訪問者を歓迎する際などに行われている。ドファールの一部を除いてオマーン全土の各部族によって受け継がれている。

ラズハは二つのグループに分かれ対面で行われる。ラズハの参集を告げる太鼓に続いて、自らの集団を讃え、ラズハを催す意味を表現する即興詩の朗唱で始まる。各コミュニティーの詩人 shāʻir は、決められた形式に則った即興詩の朗唱を行い、続いて一列に並んだ参加者は、太鼓奏者が詩に合わせて刻むリズムに合わせて、詩のフレーズを唱和する。詩人は賞賛、皮肉、謎かけを織り込んだ即興詩の創作技能を競う。各グループの参加者の列の間は広く開けられ、この空間でグループを代表する腕自慢の戦士が剣 sayf や盾 dirʻ の技能や戦士の一対一の勝負を競い、これを両グループが交互に繰り返す。ラズハは、ハンバル al-hanbal、アーズィー al-ʻāzī、カサーフィーヤ al-qaṣāfīya、ラズハ・カビーラ al-razḥa al-kabīra と呼ばれるパートで構成され、順序立てて数時間にわたって演じられる。

ハンバル

ラズハの会場に参集する時とラズハの中盤での参加者の行進。カースィルとラフマーニー、ブルガームの演奏による先導で、手には剣、短剣 khanjar、ライフル、竹の杖などを持ち、年長者を先頭に隊列をなし、各部族の詩人が毎回ラズハに先立って創作した短い詩を繰り返し唱えながら行進する。一つの列は短く、武器を携行するため間隔を空けて多くの隊列を組む。行進は男性のみで行われるが、誕生祝いなどの限られた機会には列の最後尾に例外的に女性が参加する。

カサーフィーヤ

部族の若者によって演じられるラズハの導入部で、カースィルとラフマーニーによる速いテンポの単純なリズムと短い即興詩の朗唱と唱和、剣と盾の技能を披露する。ラール・カサーフィー lāl al-qaṣāfī とも呼ばれ、ラズハの前座として未熟な若者の練習として演じられる。

写真４　ハンバル

（スールにて　1989 年筆者撮影）

写真５　カサーフィーヤ

（サハムにて　1988 年筆者撮影）

アーズィー

ラズハにおける即興詩の競演。ラズハの導入部と最終部では、参加者は、各グループで輪を作り廻る。各グループを代表する詩人は輪の中で、部族の貴人の賞賛の詩を朗唱（基本的に節づけない）して始まる。今日では、現スルターンを讃えるものが多く、シャルキーヤでは、地域とスルターンを讃えるアーズィーは、タユータ **al-taʻayūṭa**、タイータ **al-tayīṭa** とも呼ばれる。この後、各グループの詩人たちはそれぞれの詩作を競う。詩節の区切りでは、朗唱者は剣を高く抱え揺さぶり、他の参加者は賞賛の合いの手を叫んだり、太鼓を叩いたり、発砲したりする。

写真6　アーズィー

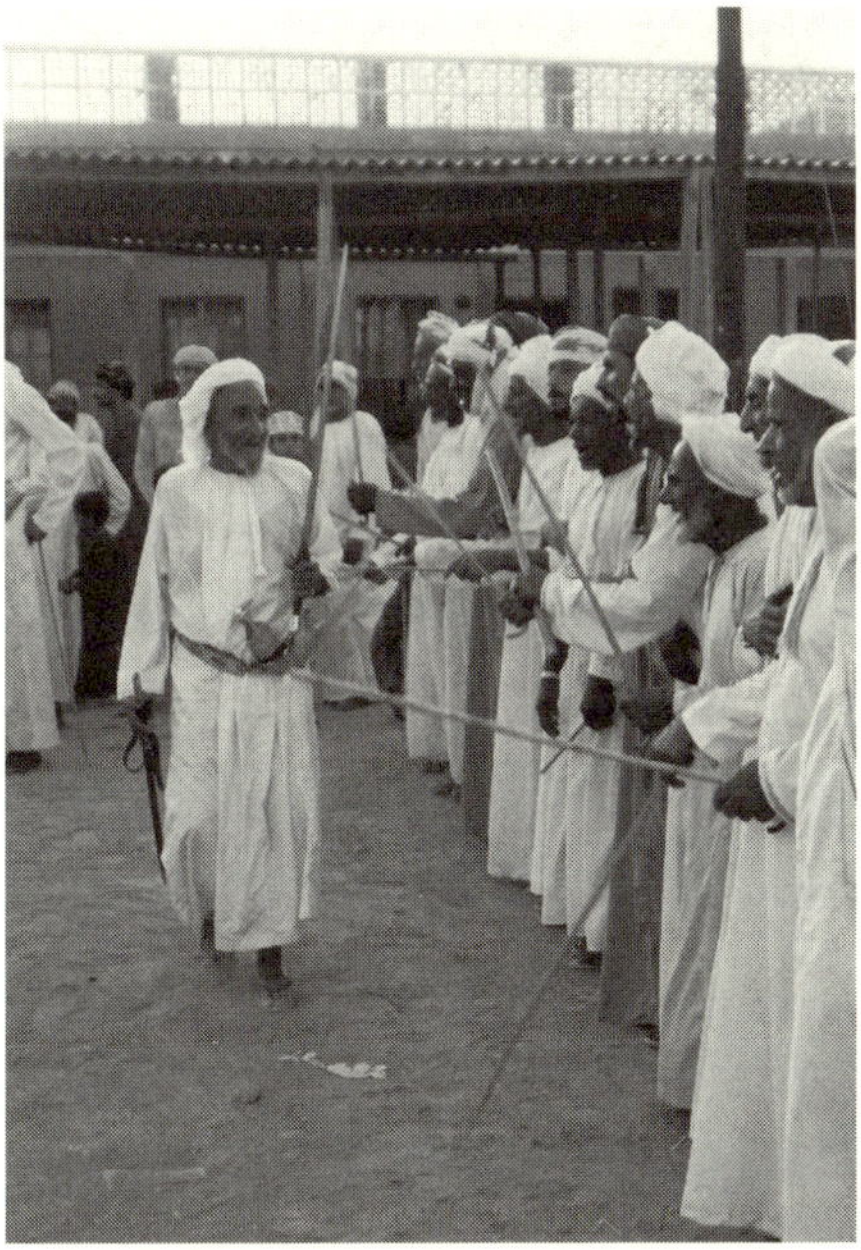

（クライヤートにて　1988 年筆者撮影）

アーズィーの形式

アーズィーは口語の四行連句のA－A－A－Bの押韻パターンの詩節を繰り返す口語詩

アルフィーヤ al-ʼalfīya：アラビア語のアルファベットであるアリフ（ا）からヤー（ي）までのそれぞれの文字で始まる単語を順に詩節の頭に次々に謳《うた》い込んだ詩

アダディーヤ al-ʻadadīya：アラビア語

図1　アーズィーの形式

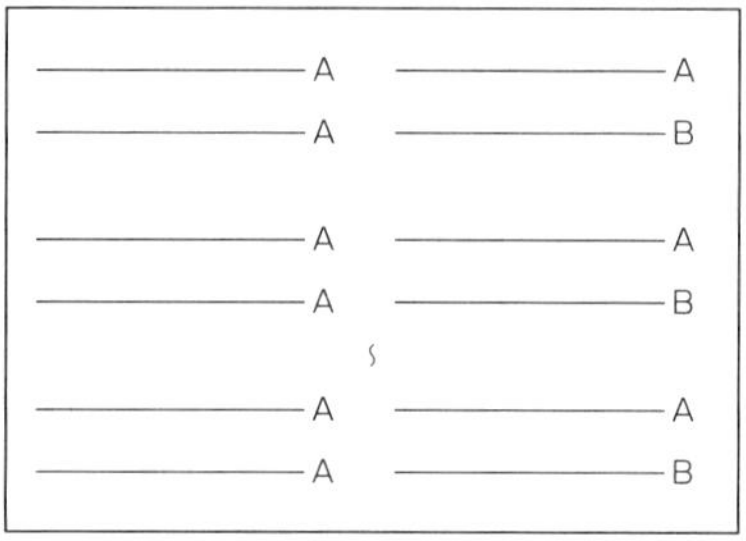

図2　グシードの形式

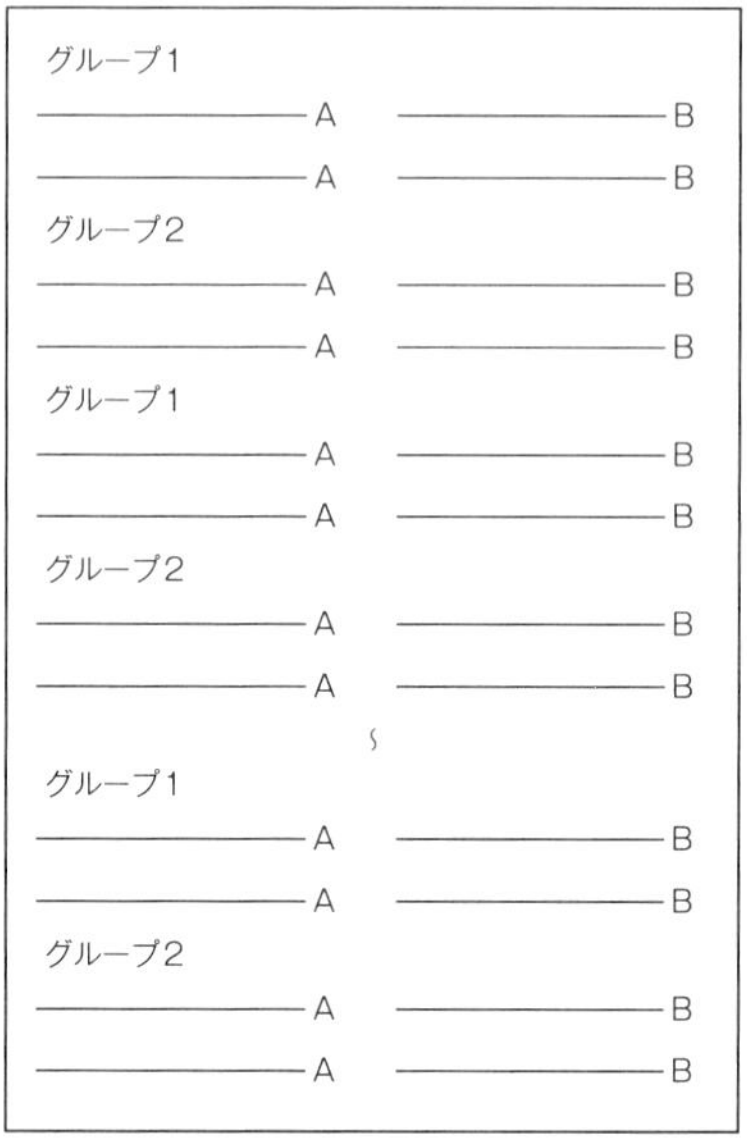

の数字一／ワーヒド wāḥid から十／アシャラ ʽasharaまでの数字を順に詩節の中に謳い込む数え歌の形式の詩

ムトゥラク al-muṭlaqa：自由に創作される四行連句形式に則った詩

ラズハ・カビーラ

年長の参加者によるラズハの中心部分で、双方のグループが即興詩の詩節を交換することによって競われる。有能な詩人キバール kibār によって、即興詩の詩節が朗唱され、太鼓奏者が詩の韻律に合わせて刻む三拍子系のゆったりとしたリズムに合わせて、同じグループのメンバーが唱和する。これを受けて、相手のグループのキバールによって次の詩節が唱えられるまで、同じ詩節が延々と唱和される。

ラズハ・カビーラの詩は、イーラール、ウーラール、イーラール ʼīlāl ʼūlāl ʼīlāl（特に意味はな

譜例1　剣舞の代表的なリズムの例（ラズハ、アイヤーラ）

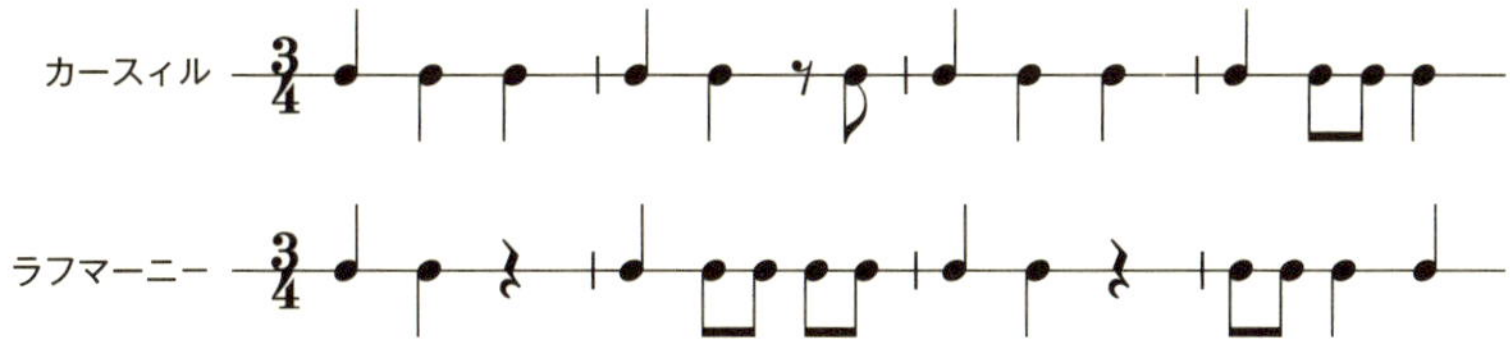

い）というフレーズで始まり、ラール・ウード al-lāl al-ʻūd とも呼ばれる。

ラズハ・カビーラにおける口語詩は、四行連句のＡ－Ｂ－Ａ－Ｂの押韻パターンの詩節を対抗する両グループが交互に繰り返し、口語の長詩グシード qusīd（文語フスハーのアラブの古典長詩カシーダ qaṣīda 形式に沿った口語詩）の形式となる。国家の祝祭日など、対抗の形で行われない場合には、ラズハが実施される目的（部族間争い、調停や和解、祝い事）に応じて決まるが、謎かけを詩に謳い込み相手方に詩による返答を迫る。

詩作の争いが繰り広げられる一方で、二列の空間では、各グループの実力の拮抗した代表の競技者が、剣と盾で実戦さながらの一対一の戦いを次々に行う。優劣が明確になったところで、勝負は相手を傷つけずに決着させるが、激しさのあまり負傷することもある。また、実戦形式の戦いの他に、重い剣を抱えながら高くジャンプし、剣を高く投げ上げ地上すれすれで受け止めるといった技術を競い合う。詩作と剣の競技は長時間にわたり繰り広げられ、途中で両グループが会場の周りを廻るハンバルを行い、気勢を上げることもある。二つの部族が対抗する時は、ラズハのために代々伝わる太鼓を使用する。

写真7　アイヤーラ

（サハムにて　1988年筆者撮影）

アイヤーラ al-ʿayyāla とワッハービーヤ al-wahhābīya

アラブ首長国連邦と隣接するダーヒラ、ブレイミー、バーティナ、および内陸のダーヒリーヤの一部の代表的剣舞で、地域によってアイヤーラとワッハービーヤの両方の呼称が混在している。ラズハに似た部族内の結束を固める歌と踊りで、元来、部族抗争の戦勝の祝いの剣舞として始まった。現代では、国家の祝日、結婚式など祝いの際に行われる。ムサンダムでは、ラムサ al-ramsa またはラマーシーヤ al-ramāsīya と呼ばれる。

ラフマーニー、カースィル、ランナ、ドゥフ・サギール、スィハールなど地域によって異なった種類の打楽器演奏のリズムに合わせ、対面二列になった参加者が、隣り合わせで手首をつかみながら腕を組み、もう一方の手には竹の杖を手に持ち、頭を上下に揺すりながら、足はゆっくりと膝を曲げステップは踏まずに、体を左右上下に揺すり三拍子系のゆっくりとしたリズムにあわせて踊り、グシードを交唱する。双方の列の間で銃や剣、短剣を高く掲げ、剣を持ったものは、剣を高く投げ上げ、地上すれすれで受け止める。アラブ首長国連邦では、若い女性がリズムに合わせて長髪を回すように頭を大きく振りながら踊ることも多いが、オマーンでは女性の参加はみられない。

ハッブート al-habbūt

ラズハのハンバルに似たドファールの戦士の剣舞の行進。部族の年配者から順に若者の男性が剣、短剣、銃などの武器を抱えて数列の長い縦隊になり、叫び声を上げて高く飛び跳ね、勇猛さを示しながら長時間にわたって、あらかじめ用意された短い二行詩を交唱しながら行進する。ハッブートでは楽器は演奏されない。

シッラ al-shilla

ハンバルに似たムサンダムの男性の行進。列の先頭では、ラフマーニー、カースィル奏者の傍らで、剣を高く掲げ飛び跳ねたり、戦いを模して剣を交えたりしながら進む。その後から大勢の男性が歌いながら行進する。元来は、結婚式直前の新郎が沐浴のため海に向かう時に催された。

4. ベドウィンの音楽（フヌーン・バーディア funūn al-bādiya）

タグルード taghrūd、ターリク al-ṭāriq、ワンナ al-wanna

オマーン各地には、ベドウィンの即興詩の歌唱の伝統がある。いずれも楽器の演奏を伴わず、狭い音域の単調なメロディーを繰り返す独唱や交唱で歌われる。ラクダの背に乗り移動するベドウィンの勇猛さやラクダを賞賛する即興詩の比較的速いテンポの独唱は、タグルード・ブーシュ taghrūd būsh と呼ばれる。ラクダの騎乗中やテントの中での娯楽として、また、戦士の戦勝の出迎え、交易の旅の出迎えの時に歌われた。タグルード・ヘイル taghrūd khayr は、馬の背に乗るベドウィンの勇猛さや駿馬を賞賛する短い詩の独唱で、馬を勇気づける掛け声が入る。競馬の前に歌うことが多い。ターリクは、それぞれラクダに騎乗した男性が、ラクダのゆったりとした速度に合わせ、片方の歌い手が歌うと他方が唱和する形で歌う。ワンナは、長い旅の夜に歌う口語の即興詩グシードのゆったりとしたリズムの歌唱。詩のテーマは、家族へ再会の思い、一族に伝わる思い出などである。いずれの詩歌も、今日では、生活様式の急激な変化から、本来の姿で創作され歌われることはなくなったが、ラクダレースや競馬の前、詩のコンテスト、ナショナルデーや伝統芸能フェスティバルなどで披露されている。タグルードは近年ユネスコの無形文化遺産に指定され、隣国アラブ首長国連邦とともに、国家を挙げて古い詩歌の記録や新たな詩作の継承を奨励している。

図3　タグルードの詩の形式

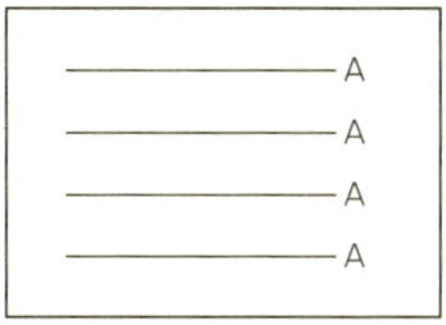

4行から12行程度の短い口語詩、各行（バイト bayt）は、1つの句（シャトル shaṭr）のみで、各行で脚韻を踏む

図4　ターリクとワンナの詩の形式

ターリクは5行から8行程度の短い口語詩、ワンナの長詩（グシード）。各行は上の句（サドル ṣadr）と下の句（アジュズ 'ajuz）2つの句で構成され、それぞれの句末で異なった韻を踏む。

写真8　ラクダレースへ向かうベドウィン

（シーブにて　1989年筆者撮影）

ベドウィンの剣舞／ラズハ・バダウィーヤ al-razḥa al-badawīya

ベドウィンの各部族による結婚、割礼、イスラム教の祝祭、戦いに向かう前と帰還に際して、一族の老若男女が参加して催されたラズハ。ハンバルはラクダの背に乗っての行進でハンバル・ブーシュ hanbal būsh と呼ばれる。

ルワーフ（ハワー）al-ruwāḥ ／ al-hawā

ムサンダムとアラブ首長国連邦東部の山間部のベドウィンの太鼓演奏と踊り。ラマダーン明けや犠牲祭などの祝祭日、結婚の祝いなどで催される。七〜八名、多い時は五十名に及ぶ男性が、一列になりラフマーニーを叩き、上下に軽く飛び跳ね、集団が弧を描くように進みながら踊る。すべての太鼓奏者は、同じリズムを刻む。左手で膜面の中心部をミュートさせながら深く沈む音を刻み、右手で枠に近い部分を叩き高く固い音を刻む。ルワーフは、ほぼ一日繰り返して演じられ、時間によって区分され、早朝はスィーラフ al-sīrḥ またはサーラフ al-sārḥ、午前中はサードル al-ṣādr またはサードリー al-ṣādrī、正午はルワーフ al-ruwāḥ、夕刻まではスィーリーヤ al-sīrīya またはサーリー al-sārī と呼ばれ、それぞれの区分に係る短いフレーズを繰り返し唱和しながら演じられる。かつては、女性も参加し、太鼓のリズムに合わせ踊っていた。

ナドゥバ al-nadba

ムサンダムとアラブ首長国連邦の山間部のベドウィンの部族の結束を示す叫び。リーダーが左手を額に当て、右手を高く挙げ叫ぶと部族の仲間が、高音部から低音部までの様々なピッチでポリフォニックに繰り返して叫ぶ。

5．宗教（イスラム教に関わる）音楽 al-funūn al-dīnīya

オマーン人の六割を超える多数派のイスラム教イバード派においては、祈りの時を告げるアザーン ʼadhān を節づけることもなく、宗教音楽と捉えられるものは見受けられない。一方で、バーティナからシャルキーヤにかけての海岸部や南部ドファールのスンニー派、バハレーニー、アジュミー、ラワーティーヤといった少数のシーア派の宗教行事には、少なからず音楽が付随する。

マウリド al-mawlid、マーリド al-mālid

預言者ムハンマドの生誕を祝う古典詩の朗唱とズィクル dhikr（唱念）。男性のみが参加し、朗唱者はキラーア qirāʻa と呼ばれる。詩はバルザンジー al-barzanjī と呼ばれる預言者ムハンマドの生涯を綴った書 ʻiqd al-jawhar fī mawlid al-nabiy al-ʼazhar に則していることが一般的である。キラーアは基本的には、楽器を伴わずに独唱する。バーティナをはじめ北東沿岸部のスーフィー教団に属する人々は、膝をつき二列に並び、神や預言者を讃える言葉を唱和しながら、数人のドゥフ奏者の叩き出す単純なリズムに合わせて前後に体を揺すり、ズィクルを行う。預言者を讃える朗唱とズィクルは、交互に繰り返され、夜の祈りアシャー ʻishāʼ から夜明けの祈りファジュル fajr にかけて数時間にも及ぶ。マウリドは、オマーンをはじめとしたアラブからの文化的影響を強く受けた東アフリカの海岸地域と同じく、預言者ムハンマドの生誕日だけではなく、イスラム暦に基づく祝祭、結婚式、割礼、快気祝い、新居への引っ越し等祝い事、月曜と木曜の夜などにも頻繁に催される。南部ドファールのサラーラ ṣalāla とミルバート mirbāṭ のモスクで催される預言者を讃える詩の朗唱とズィクルは、ハドラ al-ḥaḍra と呼ばれる。

タイミーナ al-taymīna

子供が聖典コーラン qurʼān をすべて暗記した時の祝い。子供たちは、宗教的な内容の古典詩カシーダを朗唱するクッターブ kuttāb（コーランの学校）の師ムアッリム muʻallim に先導され行進し、それぞれの節の終わりにアーミーン ʼāmīn と唱和する。子供による聖典コーランの暗誦も披露される。

タフルーラ al-tahlūla

巡礼月の最初の九日間に行われる宗教的なカシーダの朗唱に合わせた行進。クッターブの子供たちをはじめとする聴衆が各節で allāh ʼakbar – al-ḥamd lillāh – subḥāna llāh – lā ʼilāh ʼillā llāh と大声で唱える。

カルナカシュ qarnaqashu

ラマダーン月の中日の夜、子供たち祝いの歌。菓子を求め、二つの貝殻を打ち付けて単純なリズムを刻み、家から家への移動し、「カルナカシュ、カルナカシュ、お菓子をください」と歌う。貝殻を打ち付ける音がカルナカシュと聴こえるためそう呼ばれる。内陸では石を使うためトゥク・トゥク ṭuk ṭuk と呼ばれる。お菓子を貰えば賞賛し、不在の場や貰えなかった場合は風刺する。

シャアバーニーヤ al-sha'abānīya

ドファールでイスラム暦第八月シャアバーン sha'bān の中日の夜 layla al-barā'a に行われる。古典宗教詩の朗唱。

アハマッド・カビール 'aḥmad al-kabīr

エジプトのタンタに聖廟《せいびょう》がある聖者サイイド・アハマッド・バダウィー al-sayyid aḥmad al-badawī のタリーカに属するドファールのサラーラの教団員は、犠牲祭／イード・アドハー 'īd al-'aḍḥā の二日目に、乳香を焚き、ドゥフのリズムに合わせ聖者を讃える詩を唱和しながら行進する。

ヒドマ・フセイン khidma ḥusayn

シーア派第三代イマームのフセインの殉教日アシューラー 'āshūrā, の日、殉教日から四十日目にあたるアルバイーン al-'arba'īn をはじめイスラム暦第一月のムハッラム muḥarram の月には、首都圏やバーティナでシーア派のアジュミー al-'ajumī の人々によって、イマーム・フセインの殉教を悼む詩（カシーダ形式）が節づけて朗唱され、参加者は右手で胸を打ちながら詩節を交唱する。

6. 仕事歌

海に関わる音楽／フヌーン・バハル funūn al-baḥr

ペルシア湾岸には、バハレーン、クウェート、カタールで石油発見以前の主たる産業であった真珠採りをはじめとする漁労に関わる伝統音楽があり、漁労の仕事歌はナヒマ al-nahima やガウス ʾaghānī al-ghawṣ と呼ばれる。オマーンでは、漁労の仕事歌 funūn ṣaid al-ʾasmāk としてナヒマ、漁業用の小型船サンブークを漕《こ》ぐ時の歌シッラ・サンブーク shilla al-sanbūk が、ムサンダムからバーティナの海岸部に継承されている。ナヒマはナッハーム nahhām と呼ばれる独唱者の歌唱に呼応して、共同作業を行う漁師が合いの手を入れる。特に、夕刻から夜明けの休息や娯楽の歌ハッダーディー haddādī やフィジュリー fijrī に代表される、長く重いリズムパターンと複数グループの手拍子の組み合わせによるポリリズムが特徴的である。ナヒマで歌われる詩は、ペルシャ湾岸地域一般では、神への感謝や預言者ムハンマドを讃える内容のA－A－A－Bの脚韻を踏む四行詩マウワール al-mawwāl かA－A－A－B－B－B－Aの脚韻を踏む七行詩ズヘイリー al-zuhayrī の形式の口語詩であるが、オマーンの漁労作業の仕事歌は、単調な作業を紛らわすためのユーモアに富んだ軽い内容で、脚韻を踏んだ短い口語即興詩のフレーズを繰り返して交唱する。

一方、オマーンでは古くは八世紀頃からモンスーンを利用した帆船ダウによる東アフリカやインド亜大陸との交易が盛んで、一八世紀から一九世紀にかけては、海洋大国として隆盛を誇り、ダウ船航海の船員の仕事歌である海の歌 ghinā' al-baḥr が伝承されている。ダウ船の航海には、必ずラフマーニー、カースィル、ムソンドーといった太鼓をはじめとする楽器が持ち込まれ、船員たちは交代で、太鼓や手拍子のリズムに合わせて共同作業を行ったり、専門の作業をするものを励ました。また、航海の休息の際には、船上の娯楽とし

表２　ダウ船の航海の船上作業と仕事歌

シッラ・ハムール（shilla al-ḥamūl）	荷を積み込む際の神に航海の安全を願う歌
シッラ・ナーズィル（shilla al-nāzil）	荷下ろし作業の際の神への感謝の歌
ジャッラ・マーシューワ（jarra māshūwa）	オールで船を漕ぐ作業の歌
ナズウ・シャラーア（naz' al-sharā'）	帆を上げる作業の歌で帆の種類によって異なる
シッラ・ワスティー（shilla al-wasṭī）	主たる帆を上げる時
シッラ・カルミー（shilla al-qalmī）	後ろの帆を上げる時
シッラ・ファティニー（shilla al-fatīnī）	小さな帆を上げる時
サクバ・ダジュル（ṣaqba al-dajl）	マストを立てる作業の歌
ハズル・ダジュル（khazr al-dajr）	マストをねかせる作業の歌
シッラ・アマール（shilla al-'amār）	ロープを修繕する作業の歌
シッラ・バールーン（shilla al-bārūn）	錨を上げる時の歌
ギナー・マスーブル（ghinā' al-masūbl）	ダウの清掃の歌
シッラ・バダーイー（shilla al-badā'ī）	帆を上げた後、風が静かな時に歌う
スクバ・ダクル（ṣuqba al-daql）と ハズラ・ダクル（khazra al-daql）	航海を占う歌
シッラ・マフタフ（shilla al-makhṭaf）	新しく建造された船の処女航海の歌

（スールでの聴き取りによる）

写真９　航海の歌の演奏

（スールのスポーツクラブでの公演
1988 年筆者撮影）

て、各作業を模した動きを伴った海の歌を演じた。仕事歌は、各作業の名称とともに表2のように細分化され、各作業のリズムに合わせて、ほとんどが神への感謝や預言者ムハンマドを讃える短いフレーズが繰り返して歌われる。

オマーンのダウ船による航海には、長い歴史があるが、オマーンが一八四〇年から一時期ザンジバルに遷都したように、東アフリカ沿岸部との交易の航海はその中核を占めていた。ダウ船交易は、モンスーンとインド洋特有の海流を利用し、十一月から三月にかけては北東からの風により東アフリカに向けて航海し、七月から九月にかけては南西からの風を受けてアラビア半島に向けて航海するが、二十~三十日にも及ぶ危険を伴うものであった。船員たちは風向きが変わるまでの間東アフリカに居住したり、また、シャルキーヤの出身者をはじめとした交易に携わる多くのオマーン人が部族間抗争の続くオマーン本土から生活の中心をザンジバルを中心とした東アフリカに移すこととなり、航海に関する音楽も東アフリカの影響を強く受けている。

ムダイマ al-mudayma とショーバーニーヤ al-shūbānīya

ムダイマは、航海中の船内や上陸中の船員の東アフリカの音楽文化の影響を強く受けた娯楽の音楽で、ムソンドー、ラフマーニー、カースィル、タナクの演奏による激しいポリリズムに合わせ、船員たちが二グループに分かれ、叫びながら半拍ずらした手拍子を打ち、リーダーであるアキード ʿaqīd の先導でスワヒリ語とアラビア語の混在した歌を交唱する。船長から指名された船員は、次々に船内の各作業の動きを敏捷《びんしょう》に跳ねながら演ずる。

ショーバーニーヤは、元来は、交易船ダウが港に接岸し、荷降ろし作業の後、独唱者アキードに合わせアラビア語とスワヒリ語が混在した歌を交唱しながら、右手にオールを掲げて二列縦隊を組んだダウ船員の行進の音楽である。列の先頭では、ムソンドーを股に挟んだ打楽器奏者がラフマーニー、カースィル、ブルガームの演奏者と激しいポリリズムを刻む。出迎えに出た人々も、手にナツメヤシの枝などを掲げて唱和する。今日では、シャルキーヤの代表的な伝統音楽として、様々な祝いや、賓客を迎える時に演じられている。

写真 10　ショーバーニーヤ

（ナショナルデー　シーブスタジアムにて　1987 年筆者撮影）

最近では、ムダイマとショーバーニーヤには、ハッバーンの演奏が加わることが一般的になっている。

ペルシア湾の伝統的真珠採りは二〇世紀半ばまでには日本をはじめとした養殖真珠産業の発展により壊滅し、その他の漁業も近代化とともに大きく変化し、ダウ船による交易の航海も蒸気船の登場以降大きく衰退し、二〇世紀の終盤にはオマーンでもほぼ消滅した。オマーンをはじめ湾岸諸国の本来の仕事歌としての海に関わる音楽は姿を消し、伝統芸能や娯楽音楽として継承され、ダウ船のセットで各作業を模した動きを伴って伝統音楽祭で演じられたり、スタジオで演出された演目としてテレビ放映されている。

農耕の仕事歌／フヌーン・ズィラーア funūn al-zirāʻa

ダーヒリーヤ、バーティナ、ドファール各地方には、収穫と脱穀などの作業の歌タシーフ al-taṣīfu とドゥアサ al-dwāsa、ファラジ（水路）から牛を使って水をひく作業の歌シィナーワ al-sināwa、井戸からラクダを使って水を汲み上げる作業の歌ジャーズラ al-jāzra、ラクダで耕す作業の歌ギナー・ヒルト・ビ・ブーシュ ghināʼ al-ḥirth bilbūsh、牛で耕す作業の歌ギナー・ヒルト・ビ・トゥール ghināʼ al-ḥirth bilthūr が伝わっていたが、農作業の近代化とともに、ほとんど忘れ去られた。

放牧の歌／フヌーン・ライー funūn al-raʻī

ドファールの山岳地帯は、夏場のモンスーンの影響で雨量に恵まれて緑に覆われ、牛、山羊、ラクダの伝統的放牧が営まれている。放牧の作業の際の歌と独特な掛け声として、ラクダの水やり／ニダー・シカー・イブル nidāʼ siqāʼ al-ʼibul、羊の水やり／ニダー・シカー・ガナム nidāʼ siqāʼ al-ghanam、羊の餌やり／ニダー・ライー・ガナム nidāʼ al-raʻī al-ghanam、牛の餌やり／ニダー・ライー・バカラ nidāʼ al-raʻī al-baqara、山羊の乳絞り／ニダー・ハルブ・ガナム nidāʼ ḥalb al-ghanam、ラクダの乳絞り／ブーバ・リ・ラダー・イブル būba liraḍāʼ al-ʼibul、ラクダの出産／ニダー・ウィラード・ナーカ nidāʼ wilāda al-nāqa や、タウブナーン al-tawbnān、ナーナー nānā と呼ばれる作業の休息や娯楽の歌が継承されている。これらの歌は、同地方の南アラビア語ジッバーリ jibbāli による古くから伝わる短い数行の口語詩で、音域の狭い単純なメロディーで、楽器を一切伴わず、男性によって繰り返しメリスマティックに独唱や斉唱される。

7. アフロ・オマーニー音楽 al-funūn al-ʼafrū ʻumānīya

シャルキーヤ、首都圏、ドファールの海岸部を中心に、インド洋海洋貿易の長い歴史によって伝わった東アフリカを起源としたアフロ・オマーニー音楽が、東アフリカに出自を持つ人々によって継承されている。

レワ al-līwa

東アフリカのバントゥー系の人々が伝えたとされる歌舞。アラビア半島の紅海岸、イラクのバスラからオマーンまでのペルシア湾岸の諸地域、またバルチスタン、シンド、グジャラートなどインド亜大陸に至るまでに拡がっている。いずれの地域でも、今日まで、アフリカ系の出自を持つ人々を中心に演じられており、イラクではヘーワ al-hīwa、バルカ barqāʼ ではカタミーリー al-katamīrī と呼ばれている。レワはスワヒリ語では、「酔う」（動詞／kulewa）を意味する。東アフリカで発酵醸造酒を飲む集まりの際に催された歌舞でキレワ kilewa と呼ばれたという説があるが、今日、東アフリカの海岸地域では、レワと呼ばれる歌舞はない。オマーンでは、バーティナからシャルキーヤにかけての海岸地域のアフリカ系とバルチスタン系の男性によって祝祭日や週末の夕刻に娯楽として催されている。

レワは広場や空き地などの屋外で催される。演じられる時には、その舞台となる地面は神聖な場所として扱われ、必ず裸足で入らなければならない。中心には国旗が掲げられ、ムソンドー・ジャーリス、ラフ

写真 11　レワ

（マトラにて　1989 年筆者撮影）

マーニー、カースィル、タナクの打楽器奏者が旗の周りを囲むように座り、ミズマール奏者がその周りを自由に歩き回りながら演奏する。演奏は、ミズマール奏者の自由なリズムのペンタトニックのメロディー独奏で始まり、打楽器奏者がゆったりとしたテンポのポリリズムを刻みながら演奏する。しばらく演奏が続いた後、十人前後（多い時には数十名）の踊り手の一団が、ユニゾンでスワヒリ語とアラビア語の混ざった歌を歌いながら踊る。踊りは、飛び跳ねたり、膝を深く曲げたりするような激しい動きはなく、腕を上げ下げしながら、前方に一歩ステップを踏み、体を半身回し、後方に一歩ステップしまた半身回す動きを繰り返しながら、一連で弧を描くように時計と反対周りで演奏者の周りを廻って進む。ゆったりとしたテンポは、スィバーターal-sibāṭā と呼ばれるパートで徐々にテンポを上げ、最終パートであるブーム al-būm では、速いテンポで激しいリズムとなり、踊りも手や頭、体を揺するように激しくなり、踊り手は時としてトランス状態になることもある。午後の遅い時間から始まり一曲は三十分ぐらい続き、休息をとり、日が暮れるまで続けられる。レワの歌詞は、ザンジバルやモンバサの思い出、離別、航海の厳しさなどをテーマとしたスワヒリ語の詩が中心である。

レワは男性のみで演じられるが、バーティナのスウェイク al-suwaiq では、女性が踊りに加わることもある。楽器奏者は、今日では、ほぼ半職業的な演奏家であり、結婚式など東アフリカ系の人の祝い事に招聘《しょうへい》される。循環呼吸[1]で演奏するミズマールの奏者の数は限られており遠隔地にも出向く。ミズマールの演奏家は、ほとんどバルチスタン系である。

譜例2　タンブーラのリズムの例

タンブーラ al-ṭanbūra

タンブーラは、人に取り憑《つ》いた悪い霊／ジン jin を祓《はら》う儀礼の歌舞である。アラビア半島に広く伝わるアフリカ起源の治癒儀礼であり、ヌビア地方から伝わったことを示すヌーバーン nūbān、エチオピア起源とされるザール zār とも呼ばれる。オマーンでは中心となる六弦のリラと同名のタンブーラと呼ばれ、元来はジンが取り払われるまで長時間に及び、何度も繰り返して行われた。現在は娯楽音楽として、シャルキーヤのスールとムサンダムに残っているのみである。

リーダーであるアブー・タンブーラ abū-ṭanbūra は、タンブーラをリズム楽器のように演奏しながら、スワヒリ語とアラビア語混合の短いフレーズの詩をペンタトニックの単純なメロディーで歌う。続いて、ラフマーニー、カースィル、タナクの打楽器奏者とマンジュールを胴に巻いた少年が腰を揺すってリズムを刻み、男女混成のメンバーが同じフレーズを歌いながら、一列になって手拍子を打ちながら前後にステップを踏んで延々と繰り返し踊る。

メイダーン al-maydān

かつてアフリカ系の奴隷であった人々が広場（メイダーンは広場を意味する）に集まって行う夜の娯楽の歌舞。al-razḥa ʾawlād al-ʿabīd（奴隷の子孫のラズハ）とも呼ばれ、今日でもアフリカ系奴隷の子孫とされる人々が演じる。

メイダーンは、イスラム教の礼拝サラー al-ṣalāt、娯楽性の強いスンナ al-sunna、客人が加わるサラーム al-salām の順で進行する。各パートは、以下の三つの小パートで構成される。

・**ヨーヨー** yū yū：即興詩の独唱を次々と繰り返す

・**タドウィーラ** al-tadwīra：ムソンドー・ワーキフ、ラフマーニー、カースィル、ブルガームの演奏が加わり、演奏しながら広場を一周廻る。独唱者の唱える即興の口語詩グシードを各節で二列対面の多くの男女がゆったりとしたテンポで繰り返し歌い踊る。

・**タグリーバ** al-taghrība：リズムが二拍子の単純で早いリズムに変わる

夜明け前に、ガバーシー **al-ghabāshī** と呼ばれるメイダーンに招かれた客人との別れ、謝辞、賞賛をテーマとした即興詩の交換を行い終演する。

ルブーバ al-rubūba

ドファールの男女の東アフリカ系の職業的楽団による歌舞。ラフマーニー、カースィル、ムソンドー・ワーキフ、イムによる演奏とスワヒリ語とアラビア語が混ざった男女の交唱の歌に合わせて、四～五人ずつの男女が対面二列になり右手を挙げて体を回転させつつ前方にステップを踏みながら進み、列が交差した後、旋回し元に戻ることを繰り返して踊る。最近では、電子オルガンの伴奏が加わることが多い。

譜例3　ルブーバのリズムの例

フン・ズヌージュ fun al-zunūj

女性や子供も混じり大勢で催される喜びを表すドファールの歌と踊り。ムソンドー、ラフマーニー、カースィル、イム奏者のポリリズムの演奏に合わせ、独唱者のリードに応じて、スワヒリ語とアラビア語が混ざった歌を交唱し、二列に対面した男性の列が踊る。最後に、女性の踊り手の輪の中で男性の踊り手が剣を持ち叫びながら高く飛び跳ねる。

マダール al-madār

イスラム教の祝祭日、国の祝祭日などに賓客を迎えた時に催されるドファールの歌いながらの行進。ムソンドー、ラフマーニー、カースィル、ブルガームの速いテンポのポリリズムの演奏に合わせてスワヒリ語の歌を男女が交唱し、男性は剣やハンジャル、杖を掲げ、女性は手を高く上げて体を左右に揺するように踊りながら行進する。

8. イラン・インド亜大陸系の音楽／アシア・オマーニー音楽 funūn al-'asiu-'umānīya

オマーンの海岸部に数世紀にわたってイランやインド亜大陸から移住してきた集団は、今日では外見上はオマーン化しているが、程度の差はあれ、それぞれ同族内の結びつきは強固である。彼らの大半は、首都圏からバーティナの海岸部とダーヒラの一部に居住して、独自の文化を継承している。かつて一部がオマーン領であった時代もあるバルチスタンからの非アラブの最大部族を形成するバルーチー al-balūshī と、人口数は少ないもののイラン系のアジュミー al-ʿajumī は独自の伝統音楽を継承している。

バーティナのソハールやシナースにはバルーチーとアジュミーの職業的楽団が存在し、婚約、結婚、割礼の祝いの際に、国内のバルーチー、アジュミーのそれぞれのコミュニティーに招聘される。バルーチーの楽団は、男性の打楽器とミズマールの楽器奏者と歌手、女性の踊り手と歌手で構成されている。ほとんどの楽曲はバルチスタン語で歌われ、聴衆は、演奏中に祝儀の金銭を投げ入れるのが習慣となっている。ソハールには、アジュミーのバーキト al-bāqit とスィールワン al-sīrwān を専門とした楽団がある。

バルーチーの代表的歌舞

コーザーク・ジャーリス al-kūzāk al-jālis

カーシィル、タナク、ミズマールで構成された楽団の演奏に合わせ、輪になって座った女性の歌い手たちが、手拍子を伴いユニゾンで歌う。楽団の中から交代で女性ペアが輪の中心で踊る。

コーザーク・ワーキフ al-kūzāk al-wāqif

数名の女性とカーシィルとミズマール奏者がゆったりとしたテンポで踊る。

レーラールー lī lā lū

ラフマーニー、カーシィル、ミズマールの楽器奏者の演奏に合わせ、独唱者のリードで、踊り手は交唱で歌いながら、胴体と膝を地面に着くように曲げ伸ばしを繰り返し、スティックを持った腕と胴体を横に揺すり、輪が時計回り旋回していくように踊る。ゆったりとした動きから徐々に速くなり、最後は歓声を上げて終わる。

アジュミーの代表的歌舞

バーキト al-bāqit

バーティナのソハールとサハムに伝わるアジャムの歌と操り人形芝居。参加者が円を囲み、中央に独唱者が座り、ラフマーニー、カースィル、ドゥフ、タナク奏者による楽団のリズムに合わせて、独唱者の歌うペルシア語とアラビア語混合の歌をリードにして、参加者は手拍子をしながら同じフレーズを交唱する。傍らで黒い布を被った人形使いが、男女一対の操り人形芝居を演じる。トラと鳥の被りものした人が演ずることもある。

スィールワーン al-sīrwān

ソハールとバルカに伝わるアラビア語とペルシア語が混在した歌謡。バルカでは女性も加わる。車座になった中で、独唱者に呼応して、手拍子を伴い交唱される。

ズマル al-zumar

ダーヒラのダンクのアジュミーの歌舞。ラフマーニー、カーシィル二拍子のリズムに、ミズマール奏者が同じフレーズのメロディーを繰り返し、ユニゾンで歌う。数名の女性の踊り手が膝を曲げ、ステップを踏むだけの単調な踊り。聴衆は、踊り手の頭にお金を祝儀として置く。

ナイルーズ al-nayrūz

イラン暦の新年（春分）を祝うノウルーズ **nowrūz** の本来の意味が失われ、名前だけが残ったと考えられるパーティナの音楽と踊り。パーティナの海岸部の人々は、真夏の間は猛烈な暑さと湿気を避けるため避暑地として内陸に行き、涼しくなると海岸部に戻る。アジュミーの人々は海岸部に戻る際に、老若男女問わず着飾って、女性はナツメヤシの枝や花束を抱え、男性は手拍子で、ラフマーニー、カーシル、ムソンドーのリズムに合わせて歌いながら海岸に向かって行進する。行列が海に着くと、男性は肩の高さまで海に入り歌い、数人の男性は牡牛かライオンを模した仮面をつけ動物に扮《ふん》して踝《くるぶし》まで海につかりながら腰を揺らして踊る。女性はハルフーラ **halhūla**（アラブ女性の感情を表す舌を揺らしながらの叫び声）を繰り返す。

9．女性楽団の音楽／女性の参加する音楽（フヌーン・ニサー funūn al-nisā'）

シャルキーヤやバーティナの海岸部を中心にフォルカ・ダーン・ダーン furqa al-dān dān、フォルカ・タブル・ニサー furqa ṭabl nisā' と呼ばれる女性の楽団がある。楽団は、歌唱、舞踊、手拍子を演ずる複数の女性、僅かな数の男性の打楽器奏者で構成される（数少ないが女性の打楽器奏者や男性の歌い手が入っている場合もある）。楽団のメンバーは音楽や踊りを生業《なりわい》としているわけではなく、婚約、結婚、割礼といった通過儀礼、イスラム教の祝祭日などの祝宴の際に召集されて演じる(2)。

タブル・ニサー ṭabl nisā'

ラフマーニーとカースィルの演奏に合わせ、女性メンバーが右手を隣の人の肩に添え一列になってゆったりとしたステップを踏んで、歌いながら踊る。左手には銀色のスティックが握られリーダーに合わせて揺する。ダーン・ダーン dān dān とも呼ばれる。

クワーサ al-kuwāsa

バーティナ、ダーヒラからアラブ首長国連邦に拡がる娯楽の歌舞。バルカやアラブ首長国連連邦ではダーン al-dān と呼ばれ、この地方では最もポピュラーな娯楽の歌舞。

写真 12　フォルカ・ニサー

（スールにて　1988 年筆者撮影）

写真 13　クワーサ

（イブリーにて　1989 年筆者撮影）

男女がそれぞれ二列対面となり、前方に二ステップと後方に二ステップを交互に繰り返す。男女とも同じ詩節を三～四度ずつ繰り返して斉唱する。

列の間には、ラフマーニー奏者と複数のカースィル奏者。列から離れた参加者が列の間で代わる代わる一人で踊りを繰り返すこともある。踊りは、裸足でなければならない。

譜例4　クワーサのリズムの例

チャフ・チャフ tshah tshah

楽団のリーダーを務める年配の女性が独唱で歌う。独唱者は、小さいタンバリンとタウースを打ち、他の女性メンバーは手拍子、男性はラフマーニー、カースィルを演奏する。座位と立位の二部構成で、立位の際には女性メンバーは独唱者を挟んで対面平行二列に並び前後左右にステップを踏んだラインダンスを繰り返す。元来ベドウィン起源のゆったりとしたテンポであったが、町で演じられるようになって速いテンポのものとなったとされる。聴衆は用意された鍋などに祝儀の金銭を投げこむ。

ウンム・ブーム 'umm būm

シャルキーヤの夕刻の娯楽の踊り。ラフマーニーとカースィルの演奏に合わせて、女性のメンバーが二列対面でステップと膝の曲げ伸ばしのラインダンス。

ムガーイド mughāyd

一列になった女性メンバーが、ラフマーニーとカースィルのリズムに合わせて、前後に体を揺すりながらステップを踏み斉唱する。

バサーイル basāyr

ペアの女性メンバーが屈《かが》んで、双方が右手のひらを相手の額に触れるか、額をくっつけた姿勢で蛙とびのように飛び跳ねるシャルキーヤの踊り。男性の打楽器奏者も屈んで跳ねながらラフマーニーとカースィルを演奏する。ハンブーラ ḥambūra とも呼ばれ、ベドウィン起源といわれている。

ビン・アバーディー bin 'abādī

ユーダン・ユーダン yūdan yūdan という言葉で歌い始めるシャルキーヤの女性の斉唱。スールのシャルハ al-sharḥ とも呼ばれ結婚式の娯楽として歌われるが、元来は船を出迎える時の歌。

マナーナ al-manāna

結婚前夜の新婦がハンナ ḥanna で化粧をする時の祝い歌の女性メンバーによる斉唱。

ザッファ al-zaffa

結婚や割礼の行進で歌われる歌のラフマーニーとカースィルのリズムに合わせた女性メンバーの斉唱。ハルフーラで囃《はや》し立てる。

・**ザッファ・スブーフ** zaffa al-subūḥ：結婚前夜の新郎が灌漑《かんがい》用水路ファラジ falaj で沐浴や剃毛を行う際の家族と友人たちの行進。花婿の着替え（結婚衣装）を持った女性が加わる。現在では、ほとんど残っていない

・**ザッファ・トゥール** zaffa al-thūr：結婚の前日、花婿と家族と友人が結婚披露で食される牡牛を連れて先導する行進で結婚の前日に催される。バルカで頻繁に行われ、ズマルの演奏も加わる。

・**ザッファ・アルース** zaffa al-ʻarūs：結婚式の際の花婿と家族と友人の行進と斉唱。花婿は緑の布で覆われる。

・**ザッファ・マフトゥーン** zaffa al-makhtūn：男児の割礼の祝いの行進。男児の祝いの衣装を乗せた台を持ち上げて踊る。

キール・クール qīl qūl

娯楽、祝い事の際の歌のラフマーニーとカースィルの演奏のリズムに合わせた独唱。独唱者は男児の場合が多い。楽団の中の女性ペアが交代で踊る。

10. ドファールの音楽／ムサンダムの音楽

ドファールとイエメンのハドラマウトに共有する伝統音楽

南部ドファールには、前述したアフロ・オマーニー音楽をはじめオマーンの他地域と共通した歌舞に加えて、隣接するイエメン、特にハドラマウトと共通する伝統音楽が継承されている。

写真 14　バラア

（イエメン・サナアにて　1988 年筆者撮影）

バラア al-bara'a

ドファール海岸部の結婚の祝いや娯楽の短剣踊り。イエメンでは各部族の勇猛さと結束を示すオマーンにおけるラズハと同様な役割の短剣による剣舞で、タールやクータによる二拍子系の打楽器演奏と即興詩の朗唱に合わせ、右手にハンジャルを持ち、ステップを踏みながらジャンプし旋回する舞踏。二名以上の複数（多い時には数百名）の男性が弧を描くように並び、ステップしながら軽く飛び跳ね旋回し、動きをシンクロさせ時計と反対周りに円を描くように進む。右手のハンジャルはステップに合わせ上下に振り、時として頭上に振りかざす。今日のドファールでは、バラア本来の意味合いは薄く、娯楽の音楽となっており、多くの場合、カサバとミルワース、カースィルの演奏と女性を含んだ斉唱の歌謡の軽快なテンポに合わせて、若い男性ペアが代わる代わる、演奏家や他の参加者の囲む空間でシンクロしながら踊る。

シャルハ al-sharḥ（スールのシャルハとは同名異物）

ハドラマウトとドファールの海岸部の娯楽の舞踊で、ザンジバルにも伝わっている。ズマルかカサバの奏でる単調なメロディーの繰り返しとミルワースやカースィルの打楽器演奏と手拍子に合わせて、参加者の囲みの中で、男女のペアが離れて対面し、上体を揺すりながら軽快に滑るようなステップで前進し、交差した後振り向いて元の位置に戻る踊りを次々に交代しながら踊る。

カサバ al-qaṣaba

カサバの即興による独奏。

ムサンダムの音楽

ホルムズ海峡を望む荒涼とした岩山のムサンダム半島は、アラブ首長国連邦を挟んだオマーンの飛び地で、かつては小舟による限られたものを除いて他地域とのアクセスが困難であった。ムサンダムにはオマーン各地と共通した伝統音楽の他、ラフマーニー、ランナ、カースィルの太鼓演奏に合わせ二列対面となった複数の男女がハリ・ジュルウィージュと同じフレーズを唱えながら前後にステップを繰り返す踊りジュルウィージュ **al-julwīj**、二列対面の複数の男女が交唱し、女性の列が前後に足を摺《す》りながら踊るサハバ **al-saḥba** と呼ばれる踊りが娯楽の歌舞として伝わっている。

11. 新たな伝統音楽？　湾岸アラブの都市歌謡／ソウト al-ṣawt

ペルシア湾岸諸国の代表的都市歌謡のソウトが、オマーンではシャルキーヤのスールを中心に演奏されている。ソウトは、ヒジャーズ al-ḥijāz やサナア ṣan‘ā’ のアラブ古典歌謡の流れを汲むとされ、ウードの演奏とアラブの古典詩や新たに創作された口語詩の独唱で、太鼓と手拍子によるリズムを伴う。二〇世紀初頭にバハレーンとクウェートで、湾岸の都市歌謡のジャンルとして確立し、一九二〇年代以降の多くの録音が残されている。

ソウトは、楽器演奏による導入部であるイスティフラール istihlāl、自由リズムの詩の冒頭部分の朗唱イスティマー istimā‘、ソウト本編、終演部分の短い詩の歌唱と演奏タウシーハ tawshīḥ のパートで構成される。ソウトは、ソウト・アラビー al-ṣawt al-‘arabī、ソウト・シャーミー al-ṣawt al-shāmī のリズムと詩の形式によって二種類に分類される。基本リズムはミルワースによって刻まれ、手拍子が二グループに分かれて打ち鳴らされ、片方のグループは半拍ずらした裏打ちを入れる（**譜例7**参照）。メロディーは、ラースト rāst、バヤーティー bayātī、セガー sikā、ヒジャーズ ḥijāz といったアラブ古典音楽の旋法体系マカームのバリエーションに基づいているが、多くの楽曲の音域はペンタコルド ‘aqd khumāsī の範囲である。ソウト・アラビーの詩歌は、七行詩ズヘイリー zuhayrī の形式の口語詩で、タウシーハでは古典アラビア語フスハーの二行詩である。ソウト・シャーミーの詩歌では、左右一対の句（シャトル）で一行（バイト）を構成し、各バイトは共通の韻律で統一され、脚韻も同一文字で統一されたアラブの定形詩カシーダ qaṣīda の形式で、タウシーハは一行だけである。

写真 15　ソウト

（スールのスポーツクラブでの公演　1989 年筆者撮影）

譜例 5　ソウト・アラビーのリズムの基本形

譜例 6　ソウト・シャーミーのリズムの基本形

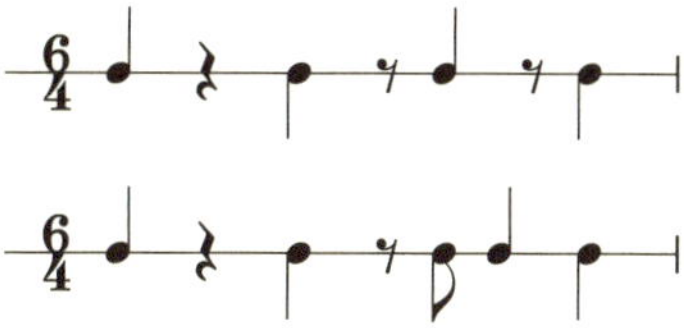

譜例7　ソウトのリズムの例

譜例8　アラブ古典音楽の旋法体系マカームの例

マカーム・ラースト maqām rāst

マカーム・バヤーティー maqām bayātī

マカーム・セガー maqām sikā

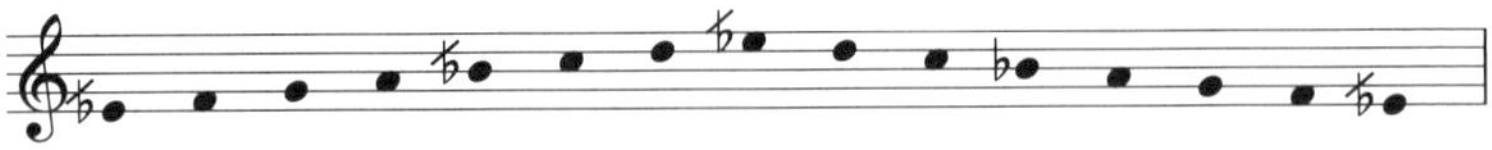

マカーム・ヒジャーズ maqām ḥijāz

ソウトは、湾岸諸国の男性の夜の室内集会サマル al-samar で娯楽音楽として楽しまれていた。広間に集まった参加者は壁に沿って並んで座り、ウードの弾き語り奏者の独唱と数名のミルワースの奏者に合わせて、ペルシア湾岸地域の伝統音楽で特徴的な手拍子でリズムを刻み、二名ずつ交代で中央に出て、ステップを踏み、半回転とジャンプと跪《ひざまづ》く姿勢を繰り返しシンクロしながらザッファン zaffān と呼ばれる踊りを踊る。二〇世紀中頃以降は複数のバイオリンやカーヌーン qānūn なども加わり、テレビの音楽番組で頻繁に放送されている。

急速な近代化に伴う生活様式の変化で、今日のオマーンでは、ソウトを基礎にした湾岸諸国、サウディ・アラビアやイエメンのポピュラー音楽が浸透しており、中でもハドラマウト出身でジェッダを拠点に一九七〇年代から活躍するアブー・バクル・サーリム abū bakr sālim が絶大な人気を博している。また僅かながらサーリム・ビン・アリー sālim bin ʻalī やサラーハ・ザジャリー ṣalāḥ al-zadjarī のようなオマーン人の人気歌手も現れてきた。

一方、アラビア語とスワヒリ語のバイリンガルな東アフリカから帰還した人々の間では、一九世紀後半にザンジバルの宮廷に持ち込まれた近代アラブ音楽を基礎に、広範な東アフリカ沿岸地域で各地のローカルな音楽とインドの映画音楽や西洋ポップスなどの要素を取り入れて多様に変化し発展した娯楽音楽タアラブ taarab、特にザンジバルのものが圧倒的な人気を博している。

注

（1）鼻から吸った息を口腔内にため、頬を使って絶え間なく口から空気を吐き出すことにより、息継ぎによる無音状態をなくす演奏技法。

（2）内陸部のダーヒリーヤでは、女性が歌舞を演ずることは極めて少なく女性の楽団は存在しないため、近隣のシャルキーヤやバーティナから招聘される。

参照文献

Abdulaziz, Mohammed H. 1979 *Muyaka: 19th Century Swahili Popular Poetry*. Nairobi: Kenya Literature Bureau.

Hiṣṣa, al-Rifāʿī 1985 *ʾaghānī al-baḥr*. Kuwait: That Al Salasil.

Al-Maamiry, Ahmed Hamoud 1985 *Oman and East Africa*.（*Third Revised Edition*）New Delhi: Lancers Books.

Muḥammad, Ghānim 1987 *shiʿr al-ghināʾ al-ṣanʿānī*. Beirut: dār al-ʿauda.

Muḥammad, al-Ghaylānī 1987 *min ʾaghārīd al-baḥr wa al-bādiya*. Ruwi: dār jarīda ʿumān liṣaḥāfa wa al-nashr.

Yūsuf, Shawqī 1985 *al-taqrīr mashrūʿ jamʿ wa tawthīq al-mūsīqā al-taqlīdiya al-ʿumāniya*. Muscat: Oman Centre for Traditional Music, Ministry of Information, Sultanate of Oman.

比較的入手が容易なオマーン伝統音楽のＣＤ

OMAN, Traditional arts of the Sultanate of Oman /（CONCIEL INTERNATIONAL DE LA MUSIQUE, D 8211, 1993 AUVDIS : UNESCO）

Omani Music :（Al Roya Press & Publishing House）

資料2

ラウンドテーブル

討論参加者

小田淳一（東京外国語大学アジア・アフリカ言語文化研究所）
斎藤完（山口大学教育学部）
谷正人（神戸大学発達科学部）
西尾哲夫（国立民族学博物館）
堀内正樹（成蹊大学文学部）
水野信男（兵庫教育大学＝司会）
飯野りさ（東京大学東洋文化研究所）
酒井絵美（東京藝術大学大学院）
樋口美治（元・オマーン伝統音楽研究センター）
岡本尚子（洗足学園音楽大学）
岡本祥子（ピアニスト）

「交錯する芸術――中東と西洋」一

二〇一三・一・一六（土）一五：三〇～一七：〇〇
於、山口大学教育学部音楽棟演奏講義室

問題提起

芸術は自身の文化圏を超えて、自由に行き来し、交錯し、ときには衝突し、またときには融合し、それを契機として、新鮮な作品を果敢に生みつづけてきた。このラウンドテーブルでは、おもに中東でフィールドワークに従事する研究者たちが、自己の体験をふまえ、かつ具体的に演奏のデモンストレーションをまじえながら、中東と西洋のあいだで芸術がいかに交錯し、その変化に富んだ、豊かな軌跡を描いてきたかについて、縦横に語りあう。

ロドリーゴ《アランフェス協奏曲》をめぐって

水野　冒頭に、スペインの作曲家、ロドリーゴ（一九〇一〜一九九九）の《アランフェス協奏曲》の一部を聴いていただこうとおもいます。ギターとオーケストラの協奏曲です。まず、その第二楽章のカデンツァの部分で、ギターのソロです。

CD UCCG-3394《アランフェス協奏曲》第二楽章　カデンツァ

このカデンツァは、楽譜にはきっちり書かれてはいるのですが、だまって聴いていると、これはまさにアラブ音楽のタクシーム taqsīm（即興演奏）ですね。スペインでは、中世を通じて、イスラーム勢力が活発に活動しました。もちろんロドリーゴは近代の人なのですが、このカデンツァは、かつてのアラブ音楽の響きそのものを投影しているのではないか、と感じます。つまり、私にはタクシームの手法をそのままうけついでいるような気がするのです。この《アランフェス協奏曲》は、みなさんよくご存知のとおり、マドリードの南郊にある、かつて宮殿の栄えた町、アランフェスにちなんだ音楽なのですが、とくにこの協奏曲の第二楽章の主旋律は、そのアランフェスの優雅な雰囲気をよくつたえていることで有名です。

CD UCCG-3394《アランフェス協奏曲》第二楽章　冒頭部分

じつはこの旋律をそっくり借用して、レバノンのファイルーズが〈リベイルート〉〈ベイルートに寄す〉という歌をうたっています。

CD REL CD 505〈リベイルート〉

歌詞大意：ベイルートよ　心から平和がお前の上にあらんことを　ふるい町並みや港　そこに住む人びと、そして彼らの心　それらは火と硝煙に消えていった　ベイルートに平和がもどらんことを　ベイルートよ私の許へ戻っておくれ

ファイルーズがこの歌をうたったのは、一九七〇年代から八〇年代にかけて、レバノン内戦がもっとも激しさを増したころでした。こうして、ウードのタクシームが、二〇世紀のロドリーゴまで浸透していき、次にはそのロドリーゴの旋律を、レバノンの現代の歌手、ファイルーズが借用して、その旋律で新曲をうたっているという、「芸術の往来」をたどることができるとおもいます。

さて、ここで、関連する話題の別の例として、西洋の「トルコマーチ」をとりあげてみましょう。トルコマーチの源流は、トルコのメフテルハーネ（軍楽）であることは、よく知られています。メフテルハーネは西洋に伝わっていって、いわゆる「トルコマーチ」になりました。その経緯ですが、オスマン帝国は版図をヨーロッパに広げるべく、まずはウィーンを包囲します。大規模なウィーン包囲は、一五二九年と一六八三年におこりました。しかし、いずれの場合も、ウィーンの城壁（市壁）があまりにも堅固だったため、オスマン軍は、攻略できませんでした。（当時の城壁の一部がいまも、リンク通りの脇にありますが、それから類推し

ても、たしかに当時の城壁は相当に堅固なものだったようです）。その侵攻に際して、オスマン軍は、城壁の外で、メフテルハーネを演奏していたわけです。籠城していたウィーンの市民は、このメフテルハーネを、壁ごしに、興味をもって聴いたのです。むかしの戦争は文化をも運んだのでしょう。メフテルハーネは、まずウィーン市民のあいだで流行するようになり、やがて、ヨーロッパ全体にひろまっていきました。これは、中東の音楽が、西洋に影響を与えた顕著な例ということになります。メフテルハーネは芸術音楽にもはいっていきました。モーツァルトはピアノソナタK三三一の第三楽章に、このトルコマーチをいれていますね。その描写力は群を抜くもので、トルコ人をしてさえ、舌を巻くほどの正確さだったようです。とにかくその当時は、トルコ・ブームで、彼のジングシュピール《後宮からの誘拐》は、その全体のシチュエーションが、トルコといわれています。ベートーヴェンも、《アテネの廃墟》の劇中音楽に、トルコマーチを書いていますし、例の《第九》の第四楽章の一部にも、トルコマーチを彷彿させる箇所がでてきます。このほかにも、当時のいろんな作曲家が、トルコ風の作品を書いています。それを様式的には、「アッラ・トゥルカ」alla turca（トルコ風に）といって、楽典用語にさえなっています。

ちなみに、さしも優勢を誇ったトルコ軍のメフテルハーネは、くだって一八二六年には廃止され、ヨーロッパの軍楽隊にとってかわられました。

当時、ちまたでは、ピアノにシンバルや太鼓の音のでる装置をつけ、ペダル操作で、アッラ・トゥルカを表現することも、はやりました。斎藤さん、これについて、コメントしていただけますか。

斎藤　ヤニチャーレン・ペダルをもったピアノのことですね。いまでもみられます。日本では、浜松市楽器博物館に所蔵されています。一八世紀の初頭あたりは、かなりはやったようです。なお、オスマン軍がヨーロッパにもたらした影響には、ふたつのレベルがあります。

まず、「野蛮なトルコ人」、「脅威の対象としてのトルコ人」がもたらしたのは、軍楽隊でした。つまり、音響兵器のように敵を威嚇したりとか、味方を統率したりとか、西洋の人びとが気づかなかった音の側面を気づかせた、つまり音の活用法ですね。それをまず、ひとつの局面だとすると、一六八三年の第二次ウィーン包囲以降、「野蛮なトルコ人」はこんどは脅威ではなくなって、「エキゾチックはトルコ人」として、いわゆるトルコ趣味的な、いわゆる愛玩の対象になるわけです。おそらく、モーツァルトなり、ベートーヴェンなり、ハイドンなり、トルコをモチーフにした音楽が作られたというのは、この二番目の局面においてです。概して、水野さんのおっしゃったとおりですが、そこにはこのように、ふたつの局面があったということです。

東アラブ地域におけるヴァイオリン

水野　こんなわけで、中東と西洋というふたつの文化圏をとりあげても、芸術がたえず交錯し、展開していく現象が理解できるとおもいます。次に、「楽器の往来」です。たとえば、エジプトの王墓の壁に描かれているレリーフにみられる楽器は、世界の楽器の源流とみていいでしょう。それらはやがて、東流、西流をくりかえすことになります。メソポタミアもそうですね。いまここで、「楽器の往来」について、すこし考えてみたいとおもいます。酒井さんに「東アラブ地域におけるヴァイオリン」というテーマでお話しいただきたいのですが、そもそもヴァイオリンは、どこでうまれたのでしょうか。ヴァイオリンの元祖は、これまたエジプトあたりかもしれません。ヴァイオリンは、西洋音楽では、もっとも表現力に富んだ楽器です。そのヴァイオリンは、いまではひろく中東地域でみられます。その時期はおそらく、植民地時代からでしょうか。西洋列強が、東西アラブ圏や、アフリカに攻め込んでいった時期に、ヴァイオリンも渡っていったとみていいでしょう。ここでも「戦争は文化も運ぶ」という現象の一端をうかがいしることができます。それでは、酒井さん、おねがいします。

酒井　私は、東アラブ地域の人びとが自分たちの古典音楽を演奏するに際し、西洋からやってきたヴァイオリンをどのように変容させてきたか、についてお話しします。最初から結論のようになってしまうのですが、もうすこし具体的には、ヴァイオリン演奏のスタイルや奏法が、時代の要請に対してどう変わってきたか、ということです。

　ヴァイオリンはアラビア語ではカマンジャあるいはカマーンなどと呼ばれます。今日では「アラブ音楽の花形楽器」と形容され、東アラブ地域で、なくてはならない楽器です。アラブ音楽におけるヴァイオリンの場合、二〇世紀エジプトの大歌手ウンム・クルスームの背後で演奏される大楽団がまず思い浮かぶかもしれませんが、それ以前から、タフトというもっと小さな編成の古典音楽アンサンブルにも組み込まれています。つまりヴァイオリンは、西洋からやってきた楽器とされるだけではなく、アラブ音楽を演奏するための古典楽器として認識されています。

では、いつから東アラブ地域でヴァイオリンが使われるようになったのでしょうか。どこの国にいつごろどんな経緯で入ってきたのか、という詳細な記録は、残念ながら発見されていません。一八世紀初頭にはヴァイオリニストがいたとする記述もありますが、それはかぎられた地域のほんの少数で、一般的には、だいたい一九世紀後半にもたらされ、その後一九世紀末から二〇世紀前半にかけて、徐々に普及してきたといわれています。この時代東アラブ地域にはいってきたのは、ヴァイオリンだけではありません。ピアノやチェロ、あとはすこしおくれて、ギターやアコーディオンなど、ほかにもさまざまな楽器が伝わりました。そして、現在もそれらは大規模なアンサンブルやポップスのなかでは使われています。しかし、同時期にとりいれられた楽器のうち、ヴァイオリンだけが、ひろく古典楽器として認知されています。なぜ、ヴァイオリンは古典音楽のなかにとけこむことができたのでしょうか。もっとも大きな理由は、ヴァイオリンにはフレットや鍵盤、あるいは指孔といった音程を確定するものがないからです。アラブ音楽には、微小音程が存在するため、どんな音程でも自由に操れる楽器であるかどうかは、音楽の正確さ、豊かさに直結するのです。もうひとつの理由は、ヴァイオリンの歴史によるものです。東アラブ地域にヴァイオリンがもたらされた当初は、ラバーブという二弦の擦《さつ》弦楽器のかわりとして演奏されました。このスライドには、ふたつ例を示しました（スライドにふたつのラバーブの写真を投映）。ラバーブは地域によって、形状がこのようにいろいろことなっています。しかし、そもそもヴァイオリンは、歴史的にはラバーブがアンダルシア経由でヨーロッパに伝わって、一六世紀なかごろに現在のかたちになり、その後急速にヨーロッパ全土にひろまったという説が有力です。この説を信じるならば、アラブ地域がヴァイオリンをいわば「逆輸入」したといえ、現在ヴァイオリンが東アラブで地域特有の楽器として君臨するのも当然とも考えられます。

けれども里帰りしてきた西洋楽器のヴァイオリンを、そっくりそのまま導入したわけではありませんでした。そのもっとも顕著な例は、調弦の変更です。調弦をウードとおなじテトラコルドを基準のものとしたことで、アラブ音楽を弾きやすくしました。（ピッツィカートで「ソ－レ－ソ－ド」と実演）。この調弦の変更は、アラブ音楽にとってもうひとつのメリットがあり、楽器へのテンションがさがるため、音色がまったりとあたたかなものとなりました。また、当時の写真をみると、楽器に松脂《まつやに》が白くつもっていますが、こうして、キーンと響くのではなくこもったぬくもりのある音にするなど、アラブ音楽の演奏にとってよりふさわしい楽器となるよう、じょうずに適用されてきました。

さて、ここからはヴァイオリンがどういうふうに東アラブ地域に根づいてきたのか、について、音源をもちいながらお話しします。私は、ヴァイオリンが根づいていった過程を、現時点では、奏法別におおまかに四つの時代にわけて考えています。ひとつ目は、一九世紀後半からの「ヴァイオリン導入期」、ふたつ目は、一九世紀末からの「うた期」、みっつ目は、二〇世紀前半からの「完成期」、最後に二〇世紀半ばからの「オーケストラ期」です。これはかなりだいたんな分け方ですし、次の時代が来ると、昔の奏法がされなくなっていくわけではありません。むしろ前の時代の弾き方ものこされたうえで、あたらしい奏法や考え方がくわわるというように、ヴァリエーションがふえていくと考えてください。

ひとつ目のヴァイオリン導入期、これは先ほども申し上げた、ラバーブのかわりに使用された時代です。この時代には録音技術がなかったため、音として残されたものはありませんが、ラバーブは不安定な楽器で音域もせまく、音色もヴァイオリンほどたくさんはつくれないことを考慮すると、ヴァイオリンがいま現在のように多彩な役割をになっていたのではないと推定できます。また、カイロではヴァイオリンのタフトはまだ一般的でないなど、ごく一部の地域をのぞき、歌の伴奏としての使われ方がメインでした。

次のうた期、この時代からは音源がのこされています。この時代の録音の特徴は、スライドに示しました（補足：一、緩やかなヴィブラート、二、声楽に似た装飾のつけ方、三、比較的均一なあたたかみのある音色）。一九〇七年に録音された、ヴァイオリニスト、イブラヒーム・サーフルーン Ibrāhīm Sāhlūn の演奏をお聴きください。

CD イブラヒーム・サーフルーン（一八五八?～一九二〇）による《Taqsīm Nahāwand》

ここで、少々話が横道にそれるのですが、お許しください。

これは、アリー・ジハード・ラーシーの論文、*Maiking Music in the Arab World*（2004, New York: Cambridge University Press）の表紙にもつかわれている写真ですが、この左端に写っているのが、イブラヒーム・サーフルーンです。ここに書いてあるラーシーの説明によると、もっている楽器はストローヴァイオリン（Stroh violin）で、この録音のために特別にデザインされたもののようです。ストローヴァイオリンは、まだ高機能な録音機がなかったこの時代、蓄音機に録音するためには大きな音がし指向性のつよい楽器が必要だったため、イギリスで発明されました。この写真は、おそらくグラモフォンというレコード会社の宣伝のために、一九〇七年ごろ撮られたものではないかとおもうのですが、ストローヴァイオリンの製造がはじまったのは一九〇一年なので、最新の技術が録音のために用いられたといえます。

次に完成期です。どうして完成期とよぶことにしたかというと、ヴァイオリンが古典音楽アンサンブルの楽器として、そしてソロ楽器として、ひろく認知されたからです。そのきっかけとなったもっとも重要な人物は、一八八九年ごろ生まれたシリア出身の、サーミー・アッシャウワー Sāmī al-Shawwā です。写真の人物です。シャウワーは二〇世紀初頭にソロ、そして、彼のひきいるタフトとともにカイロでSP盤を録音し、またその後アラブ地域だけでなく、アメリカ、ヨーロッパにもツアーをし、ラジオにも登場するなどして、ヴァイオリンをソロ楽器として使うことをひろく知らせました。シャウワーはあらゆるアラブ地域、つまりエジプト、レバノン、シリアだけではなく、西アラブのチュニジアやモロッコ、イエメン、スーダン、イラク、パレスチナ、リビアなど、ひろい地域の奏法を勉強し、西洋音楽の理論にも精通していました。アラブ音楽と西洋音楽、両方の理論書の出版、音楽学校の設立、そして、一九三二年のアラブ音楽会議での演奏など、学術的にも活躍した人です。彼の演奏はうた的でありながらも、ひんぱんにオクターブを移動するなど、歌から逸脱していきます。そして、音色はなめらかなだけではなく、かわいたラバーブにちかい音もだしています。つまり、ヴァイオリンでだせるあらゆる音を、アラブ音楽の表現のために効果的にもちいています。ここで彼の一九二九年ごろの、録音をお聴きください。

CD サーミー・アッシャウワーによる《Taqsīm Rāst》

一九五三年の録音では、うたから逸脱する傾向がよりつよまり、ピッツィカート、トリル、ポルタメント、あと、いまからお聴かせする録音冒頭ではでてきませんが、曲が進み盛り上がるにつれて、トレモロやピッツィカートを多用します。また、うたでは息がもたないほどながく伸ばす音がでてきます。これらはもちろん、西洋音楽で使われるヴァイオリン奏法の一部でもありますが、録音を聴けば、西洋的でないことはすぐにおわかりいただけるとおもいます。

CD サーミー・アッシャウワーによる《NewYork Radio Performance 1953——Bayātī Nawā Improvisation》

ヴァイオリンのアラブ地域への導入は、西洋化の一部という側面ももっていますが、この録音を聴くと、むしろそれまでアラブ地域に存在していた楽器や声では表現しきれなかったものを、ヴァイオリンの導入が可能にした、つまりアラブ古典音楽を、よりアラブ古典音楽らしくしたともいえるでしょう。

次はオーケストラ期です。シャウワーによって、完成期の奏法が確立されるころ、じつはシャウワーの演奏は、カイロではふるくさいものとなっていました。当時、このように大きなホールがカイロに建設され、また、音楽中心の映画がさかんになったため、楽団はどんどん拡大化してきました。大編成の楽団になってくるとより大切なことは、個々人の演奏やオリジナリティというよりは、むしろ全体の盛り上がりによってタラブを生み出していく作業です。タラブとは、水野さんの論文から引用させていただきましたが、「アラブ近代歌謡にみなぎるアラブの情調」、もうすこし具体的にいうと、歌手や演奏者だけでなく、聴衆からのエネルギーもあわさって、コンサート会場の全体が生み出していく情感です。演奏時間も一曲あたり一時間とかそれ以上とか、何回も聴衆のもとめに応じてくりかえすことによってどんどんながくなっていきます。このような大楽団のなかに、シャウワーのように勝手に一オクターブ換えたり、トレモロをいれたりするヴィルトゥオーソがいるということは、楽団にとってメリットとはいえません。シャウワーの演奏を「古典音楽」とするならば、ウンム・クルスームは「新古典音楽」と呼ばれるでしょう。新古典音楽がめざしたのは、おおきな一体感をともなう雰囲気でした。そのなかではヴァイオリンはおもに響きを担当することになり、ストリングス的な効果をもとめられるようになってきたのです。もちろんこの時代にも、ソロのヴァイオリンも存在しつづけていましたが、一般的な聴衆の関心は、こういった大編成のものにありました。音楽学校も設立され、西洋音楽とアラブ音楽両方のヴァイオリンを弾く奏者がふえてくるなどし、教習の過程で楽譜をつかう、また西洋とアラブの調弦をうまくミックスし、下からソ－レ－ソ－レという調弦をつかう奏者もでてくるなど、西洋化にむかった時代でもありました。

以上、駆け足ではありますが、一九世紀後半以降の東アラブ地域におけるヴァイオリン奏法の変容をみてきました。ヴァイオリンは東アラブ地域のなかでその時代ごとに、彼らのめざす音楽を奏でるために、つかわれてきました。こんにち、楽器を音楽学校で学ぶ人がふえ、西洋音楽とアラブ音楽の両方をならった人たちが、アラブ古典楽器のための西洋的な協奏曲を作曲するなどといったこともおこなわれています。現在は、独奏楽器はウードが主ですが、今後は「ヴァイオリン」のための協奏曲が作曲される可能性もおおいにありうるとおもわれます。また、私のように、外国人がこういった奏法のヴァイオリンをアラブ地域以外で演奏するケースもよりふえていくとおもいます。今後もヴァイオリン奏法がどういうふうに変容していくのか、観察をつづけたいとおもいます。

演奏 **ヴァイオリン独奏　酒井、レク伴奏　飯野〈サマーイー・バヤーティー・カディーム〉**

水野　酒井さんのお話を聴いていて、私は、モロッコの音楽学校の人たちが、ヴァイオリンを、ちょうどラバーブのように膝にたてて弾いている光景を思い出しました。

アラベスクとインターアーツ

水野　それでは次の話題、「アラベスク」にうつります。「アラベスク」を辞典でひきますと、「アラブ風」とか、「アラブ風装飾模様」とでています。西洋音楽では、アラベスクというタイトルが、ブルグミュラー、シューマン、ドビュッシーらの作品にみられます。ここではインターアーツ（＝「芸術間」）から考察して、美術（中東）→音楽（西洋）という構図がうかびあがります。とくに、ドビュッシーとアラベスクについて、岡本尚子さんから、お話しいただきたいとおもいます。

岡本尚子（解説）「アラベスク」という言葉は、唐草模様を指すとされていますが、実際に何を示しているのかは、音楽を聴いただけではわかりにくいところです。「アラベスク」の模様は、一九世紀末にアールヌーヴォーの芸術家たちが作品にとりいれており、現在でもパリの地下鉄の入り口などで目にすることができます。ドビュッシーは、みずからが雑誌に寄せた文章のなかで、バッハの音楽をアラベスクの性質に例えて説明していますが、唐草模様のように、一つひとつは何かはっきりしたものを示しているわけではないけれども、それが組み合わさってひとつの模様を形成しているという、抽象的な性質を、アラベスクという言葉で表現していました。ドビュッシーが実際にそうした思い入れをこめて作曲したかどうかは定かではないのですが（ドビュッシーが評論を書いたのは、アラベスクが作曲されてからしばらくのちになります）、時代の風潮をよくあらわしている作品ということはできるのではないでしょうか。

演奏 ピアノ独奏　岡本祥子

ドビュッシー〈アラベスク〉第一番、第二番　　（拍手）

水野　岡本祥子さん、ありがとうございました。本日のラウンドテーブル「交錯する芸術——中東と西洋」一は、このへんで終わりといたします。

「交錯する芸術――中東と西洋」二

二〇一四・七・二六（土）一五：三〇～一七：三〇
於、神戸大学発達科学部C棟一〇一教室

ヤープ・クンスト著『民族音楽学』の巻頭詩

水野 本題にはいりますまえに、ヤープ・クンスト著『民族音楽学』の巻頭詩にふれておこうとおもいます。私たちは、こんにち、自身の学問領域を指すのに、「民族音楽学」というテクニカルタームをもちいます。しかしこの用語がごくふつうにつかわれだしたのは、じつはそんなにふるい話ではありません。

オランダの音楽学者、ヤープ・クンストが、みずからの新著を、“Ethnomusicology”と呼びました。それは一九五九年のことでした。これ以後、私たちはこの比較的あたらしい学問領域を、「民族音楽学」と呼ぶようになったのです。（それまでは、「比較音楽学」と呼称されていました）。

さて、その上記の新著に、クンストが次のようなゲーテの詩を、その巻頭詩として掲載していることは、みなさんは、もうとうにご存知でしょう。

己自身と他者を知るものは皆
ここに気づくであろう
東洋と西洋とが
分かちがたくなったことを

思索にふけってふたつの世界を揺れ動くこと、
それは私にとって価値あることだ
かくして、東と西のあいだを行きかうこと、
それが最上なのだ

ゲーテ『西東詩集』より

公務員（オランダの植民地、インドネシア配属）あがりの音楽学者クンストが、この詩を、みずからの、あの記念碑的著書の巻頭詩としてあげたのはよしとして、ただ、ひとつだけ問題があります。クンストはガムランには精通していたものの、ゲーテのここでいう東とは、オリエント、オスト、すなわちイランであり、

西とは、オクシデント、ヴェステン、すなわち西洋であります。いいかえれば、彼が語るスタンスは、この私たち自身のラウンドテーブルのテーマ、「中東と西洋」（副題）としても、さしてかわらないのです。

ゲーテは、当時、イランの詩人、ハーフィズに熱烈に傾倒し、ゲーテの指す「東」の世界は、せいぜいマルコ・ポーロまでで、いってみれば、コーランの世界の範囲内だったのです。当のクンストが、この詩の真髄を、どこまで感じとっていたかは、さだかではありません。

それでは、谷さん、次の話題提供をおねがいします。

サントゥールについて

谷　話題提供ということで、新型のサントゥールについてすこしお話ししたいとおもいます。二〇一三年の夏にロサンゼルスで現物を確認し、その後実際に購入しました。授業でも使用したところ素晴らしかったので、今回さらに一台、新しく買い足し、それを本日おもちしました。まずは、この楽器の何がどう新しいのかということから、お話しします。
サントゥールという楽器はもともと、一オクターブ内で七つの音しか出せません。Aフラット（♭）を出せばAナチュラルは出せませんので、演奏する旋法が変わればその都度調律を変えなければならず大変手間の掛かる楽器です。さらには手間が掛かるというだけではなくて、正しいピッチに調律しがたいという構造上の問題もあります。従来型のサントゥールでは、金属製のチューニングピンが木製ボディに直接差し込まれており、また金属弦それ自体も木製の胴体の一部に食い込むかたちになっており、その部分のフリクションはじつはかなりきついわけです。その部分の摩擦のせいで、正しい音に調律しようとおもっても、厳密な調整はまず不可能でした。

私は以前から、なぜこの点を改良するイラン人が現れないのだろうかと常々おもっておりましたが、イランでも近年、そしてイラン国外に住むイラン人たちからも新しい動きがようやくでてきました。この楽器は、カナダ・バンクーバー在住の楽器製作者Mohsen Behradと、アメリカ・ロサンゼルス在住のサントゥール奏者Kourosh Zolaniとの合作です。この楽器で卓越している点はまず、すべての構成音が、ナチュラル・コロン・フラットのあいだでレバーによってワンタッチで変えられること、そしてもうひとつは、金属ピンあるいは金属弦と、木製ボディとのあいだのフリクションが完全に解消されている点です。金属ピンを直接ボディに差し込むのではなくて、ボディ側面につけたアタッチメント上で、調律に関するすべてを処理しています。従来型のサントゥールだと、金属製調律ピンと木製ボディとのあいだのフリクションのせいで調律ピンが回しがたい、かつほんの僅かしか回せないという、とてもシビアな操作が要求されました。しかしこの新しいアタッチメント上ではそうした摩擦とは無縁ですので、非常に楽に素早く調律ができます。また一旦調律を終えれば、こんどはレバーの操作のみでどの旋法にも変えられる。これはサントゥール奏者にとっては革命的です。

楽器ごとに異なる身体性

谷 これまで私は、このサントゥールという楽器を通してイラン音楽に触れてきましたが、現在ではすこしそこから離れて、年二回ほど行っているイランでのフィールドワークでは、サントゥール以外の楽器のレッスンも可能なかぎり受けているところです。習得する楽器によって、いかに音楽に対する理解や認識が異なるのかという問題意識です。そういうわけで、現在の研究テーマは「手や指から感じ、理解するとは何か――声楽をも含めた各楽器によって大きく異なる、身体感覚の研究」ということになるでしょうか。

導入として、関係諸氏にお伺いしたいのですが、アラブ音楽では、各楽器はどのようなヒエラルキーに位置づけられているのでしょうか。サントゥールに対しては、どのような評判を聞いていますか。イランでは、これまで私は結構な悪口を聞かされています。アラブ音楽のなかでは、やはりウードが高い位置を占めているような気がするのですが、イランではサントゥールをメインの楽器として選んだ私に対して、――まあ彼らは私が外国人なので、言いたい放題なわけですが――「なんでサントゥールなんか選んだの？」と言ってきます。またあるイラン人サントゥール奏者からは、ある歌い手に「そんなものは燃やしてしまえ」と言われたと聞いたこともあります。イランの歌い手たちは常々音楽の感情表現においては当然自分たちが一番とおもっているわけですが、それでもタール奏者やセタール奏者に対しては、決してそういったことはいわないとおもいます。私はその理由について当初は、サントゥールがヴィブラートやポルタメントなどを出せないことにあるのではないかと考えていました。しかし先ほどお話したとおり、イランでさまざまな楽器を実際に弾くことによって、本当の理由は、まったく別のところにあるような気が最近しています。それは何かというと、楽器ごとに身体性が大きく異なるなかで、サントゥールの身体性は——誤解を恐れずに結論からいえば——音楽理解にほとんど役にたたない、ということです。しかし、ウードなりセタールなりの身体性は、音楽構造の理解にとても役にたつということが実感としてわかってきました。

それではまず、サントゥール奏者の身体性を考えてみましょう。サントゥールの音域はおおまかにいえば三オクターブありますが、楽器上の音階配置の観点からみると「ミ」と「ファ」間では隣り合った駒をもちいず、サントゥールの盤面上ではかなり離れた駒へ素早く移動する必要があります。この「断絶」は、サントゥール奏者に課せられたハードルであり、また根源的な身体性でもあります。初心者向け教則本では、常にこの技術的課題を克服するための練習曲が展開されています。しかしこれは、音楽理解そのものとはじつは何の関係もない問題なのです。一方他の楽器、たとえばセタールやタール、ウードやキャマンチェなどの身体性を考えていきますと、サントゥールとは違っていずれもみずからの手指で演奏の瞬間に何種類ものテトラコルドを意識的に作っていく楽器だということがまずいえます。

ダーリユーシュ・タラーイーによればイラン音楽の旋法は十二種類ありますが、結局のところ、それらは四種類のテトラコルドの組み合わせから成り立っている、といいます。つまり、自分がいまどのような種類のテトラコルドを生み出しているのかについて自然と自覚的になれるこれらの楽器は、その身体性そのものが音楽理解と密接にリンクしているのです。

一方、サントゥールでは、身体感覚から音階構造音は決して認識されません。テトラコルドの中身は身体性ではなく、演奏前の調律によってすでに作り上げられているのですから。すでにのべたとおり、イラン音楽は異なった四種類のテトラコルドから成りますが、サントゥール上ではどれもまったく同じ身体感覚で、音楽の理解には直結しません。このことは、旋法間の転調に対してもサントゥール奏者は鋭くなり難いということを意味しているとおもいます。なぜなら、十二種類あるイラン音楽の旋法内でテトラコルドが四つしかないということは、あるテトラコルドが複数の旋法に、共通してもちいられているということであり、つまり旋法間の転調という技法は、その共通してもちいられているテトラコルドを踏み台としておこなわれてゆくからなのです。それほどテトラコルドに対する深い理解というものはイラン音楽のなかで重要なのです。

サントゥールではテトラコルドの認知は聴覚のみになります。一方他の楽器ですと、聴覚のみならず指の感覚や手のかたちが、テトラコルドひいてはそれを擁する旋法を想起させるのです。この差は大変大きいとおもいます。

酒井　ヴァイオリンの場合、ウード以上に楽器が身体、とくに耳にちかいとおもいます。旋法を指が想起するというのは、ウードと同じですが、開放弦を使うかどうかは、ウード以上に自覚的であると考えます。指から気づく優位性転調をより容易にします。

小田　谷さんのお話にあった、楽器の改良という点に関連して興味深い話がふたつあります。そのひとつは、もうかなり前のことですが、ここにおられる水野さん、堀内さん、西尾さんも一緒だったので覚えてらっしゃるとおもいますが、一九九七年の年末ごろにカイロのショブラ地区にある、シュシャンギさんというカーヌーン制作者の工房に行ったときのことです。彼はそのときコントラ・カーヌーンを制作中だということでしたが、ほかにもサイズの異なるさまざまなカーヌーンを作ってアンサンブルができれば素晴らしいではないか、と話していました。もっとも、これが楽器の改良という範疇《はんちゅう》に入るかどうかは微妙ですが。ふたつ目は、昨年の八月に堀内さんとモロッコ南部のアガディールを訪ねたときに、水野さんも二〇〇六年に会われたハイヤーニーさんという、地元の音楽院でも教えているベルベル歌謡の吟遊詩人に会いました。ベルベルの吟遊詩人は単線の擦弦《さつげん》楽器であるリバーブを弾きながらうたうのですが，単線で、しかも指板がないので、よほど超絶的な技巧でも使わないと、使える音は開放弦の音を含めて通常は五つしかありません。彼はそのことを単純に、指が五本あるから音も五つだといっていたのですが、この一見素朴な説明は、じつは音楽構造の理解との関連で非常に深い洞察を含んでいるとおもいます。というのも、彼は単線のリバーブでは、せいぜいひとつのジンス jins（小音階）にくわえて上下どちらかひとつ程度の音しか使えないことをどうも理不尽に感じていたらしく、またソルフェージュと出会ったことをきっかけにだいたんなことを考えます。それは、すべての調性で演奏可能なリバーブを作るという構想で、その形状は最終的には自転車の車輪のようになり、スポークの一本一本が弦に相当するというわけで、彼はそれをルーレットやダイヤル錠から思いついたらしいです。つまり、リバーブは単線なので、ある旋法用に調弦された場合には別の旋法の曲は演奏できないわけで、谷さんのお話のように、調律をしやすくするような楽器の改良という次元を超えて、調弦の必要がないリバーブを作ろうとしたわけです。また、弦の数は九十六本だといっていましたが、これはたぶん、旋法を一オクターブでとって、なおかつ平均律の十二音をそれぞれ開始音とすると計算が合います。ただ、擦弦機構を具体的にどうするかという段階で計画が頓挫したとのことです。これ以上の説明はながくなるので、近刊、堀内正樹・西尾哲夫編『〈断〉と〈続〉の中東——非境界的世界を游《およ》ぐ』（悠書館）に詳しく書いたものをお読みください。

樋口　アラブでも、イラキ・マカームの楽団チャルギーで演奏されるように、サントゥールは、チャング（開放弦のみ）のようないまでは消失した楽器と同様に、演奏されていましたが、現代ではイラクでのみ演奏されています。

酒井　いや、レバノンでも使用されています。

樋口　それは、稀《まれ》なケースで一般的に演奏されていないのでは？　イラクでもサントゥールは、タクシームにおいて、ヴィルトゥオーソといった意味で人気があります。イラキマカームと共通したアゼルバイジャンのムガームでは、すべてタールの演奏で。サントゥールは演奏されていません。

堀内　歌（声）と楽器（指）について。音律をさだめるのは、歌か楽器か、どちらが先でしょうか？

斎藤　トルコの葦《あし》笛・ネイの例でいえば、歌が先ですね。ネイは、カーヌーンみたいにもとめられる音高を予《あらかじ》めセットすることができない楽器で、その都度、指孔の塞ぎ方や息の角度などを変えながら、微分音を含めたさまざまな音高を奏でていきます。つまり、まず歌うことによって正確な音程を把握し、それからそれを、楽器を通じた音に反映させるのです。付け加えますと、ネイは楽器の身体性が非常に高い楽器といえます。指のみならず息の角度、つまり唇や首によって、音を記憶しています。そして、マカームごとに違う動き、ここでいう動きとは指や唇のポジションの組み合わせ、ないしは一連の流れを指すのですが、この動きがマカームごとに異なっていて、演奏者はその動きによってマカームを把握しているのだ、とさえいえるでしょう。ちなみにこれは同じタイプの尺八に関しても当てはまります。もちろんマカームという旋法レベルではなく、音型とか頻出する旋律のパターンとかでの話になりますが。

樋口　イラクでは、カーヌーンは、女性の奏者も多いですが、イランはどうでしょうか。サントゥールの親類の楽器として、楊琴（中国）、ツィムバロム（ハンガリー）などがありますが、これらの楽器も含めて、身体の一部であるかどうかということは、バチとか、奏者のくせとか、個性に帰属するくらいでしょう。それにくらべて、ネイなどは極端に身体の一部といっていいでしょう。

小田　楽器が身体の一部であるという点で、すこし観点は違いますが、ピアニストのミケランジェリは自身のピアノを持って演奏旅行をしたことで有名ですね。彼は性格的に、音楽以外のことでも決して妥協せず、またものすごく耳のいい人だったので、そのあたりが理由かもしれません。日本公演の際に持ち込んだ二台のピアノがどうしても気に入らず、結局日本製のピアノで演奏したという逸話からも、そのこだわりは尋常ではなかったのでしょう。また、意外にも初見が苦手だったという話は、楽器＝身体が、分節的な記号の集合である楽譜とのあいだで、初期的には何らかの不具合があったということも考えられます。

岡本祥子　ミケランジェリの例はともかくとして、ヴァイオリンなどと違いピアノという楽器は、一般に自分の楽器を持ち運ぶのではないという点において、「楽器が身体の一部である」という表現は難しいような気がします。指の動き（身体の動き）によって、音にいろいろな表情、ニュアンスをつけていくため、楽器を、自分の身体の一部のように感じて、音楽を作っているという点については、ピアノも他の楽器と同じだとおもいます。一方、ピアニストが演奏会等で演奏をおこなうときには、作り上げてきた曲を、そのとき出会った、さまざまな個性（たとえば、音の響き方、音色の特徴等）をもった楽器を使ってどう表現するかが、重要な仕事になります。いろいろなピアノに出会い、その楽器と向かい合うこと、それもまた、ピアノ演奏の楽しみのひとつであるとおもいます。

アンダルシア音楽とオクシデント

※以下（　）内はＣＤ番号など

堀内　私に与えられたテーマについて、時間の関係で、手持ちのＣＤなどを紹介しながら、簡単に話をすすめます。まず、北ギリシアのテッサロニキで手に入れたＣＤ（NAXOS 8.557637）をご紹介します。これはそのタイトルからして『From Byzantium to Andalusia: Medieval Music and Poetry（ビザンチウムからアンダルシアへ――中世の音楽と詩）』というもので、本日のラウンドテーブルのテーマつまり西と東の融合にぴったりといってよいかもしれません。十五曲が収録されたこのＣＤを製作したのはオーニー・ヴィータルスという一九八三年に結成されたアンサンブルで、リーダーのマルコ・アンブロジーニはドイツ在住のイタリア人音楽家だそうです。アンサンブル結成に際してはもう一人、ペーター・ラバンザーというオーストリア人もいました。彼らは古楽（アーリー・ミュージック）の再現を図《はか》っていて、その目的とするところは〈日の昇る〉オリエントと〈日の沈む〉ヨーロッパのあいだに架け橋を作ることだと解説書に書いてあります。つまり、何世紀ものあいだ東（オリエント）と西（ヨーロッパ）は互いに影響を与え合い、豊かな音楽文化が発展を遂げてきたのだから、いまこそふたたび両者の伝統の統合を図らねばならない、それがこのアンサンブルのもとめる新しい道だというわけです。余談ですが、このＣＤを発売しているＮＡＸＯＳというのはドイツ人と日本人の夫婦が香港で設立した会社だということですから、そこでも東西融合がみられるのかもしれません。

収録曲を聴いてゆくと、なるほど西と東は複雑に絡み合ってきたのだなということに納得させられます。そのプロセスは結構複雑なので、ここではだいぶ単純化してそのいわんとするところをたどってみましょう。まずはイタリア中部トスカーナ地方のコルトーナ村に伝わるという一三世紀ごろの歌というものをお聴きください（曲一四）。これはその当時に成立した「ラウダリオ」というもので、有名なアッシジの聖フランチェスコ（一一八二〜一二二六）を慕って各地に結成された兄弟会（ラウデシ）がうたっていた歌で、グレゴリオ聖歌と地元の民謡が一緒になったものだそうです。アンサンブルのリーダー、マルコ・アンブロジーニと共同リーダーのペーター・ラバンザーは解説書のなかでいわく、間接的ではあるが、明らかにこれは同時代のアンダルシアの「ザジャル」の影響を受けたということです。それ以上の説明がないので私が補足しますと、当時のアンダルシアには三種類の歌が成立していて、ひとつは古典アラビア語の韻律詩「シウル」、二番目にはアンダルシアで新しく作られた韻律によるアラビア語詩「タウシーフ（またはムワッシャフ）」、三番目が地元の口語をとりいれた詩「ザジャル」です。こうしたアラビア語の詩による歌をのちに総称してアラブ＝アンダルシア音楽と呼ぶわけですが、この歌の伝統はイスラム教徒ばかりでなく、ユダヤ教徒も一緒に担っていました。それをカトリックの王様で、有名なカスティーリャ王国のアルフォンソ一〇世賢王（一二二一〜一二八四）がみずからの宮廷にとりいれました。トレドにアラビア語やヘブライ語からの翻訳学校を作ったことでも有名な王様です。アルフォンソ賢王はラテン語よりもカスティーリャ語を大事にしたといわれていますから、アンダルシアの口語詩による「ザジャル」は彼にとって都合のよい歌であったのではないかとおもわれます。こうしたイベリア半島の動きとイタリア半島の兄弟会（中世にイタリアやフランスなどで、庶民が共通の守護聖人への崇敬をもとにして結成した団体）の成立はほぼ同時代ですから、その両者のあいだにはたしかに影響関係はあったのでしょう。なにしろ世は十字軍の時代ですから、ふたつのカトリック世界は緊密に結びついていたでしょう。間接的な影響というのはそういうことだとおもいます。グレゴリオ聖歌のラテン語もシウルの古典アラビア語も、いずれも話し言葉ではないわけですから、自分たちの使っている言葉を歌にするという意味ではザジャルもラウダリオも一緒ということになるのだとおもいます。なおちなみにアルフォンソ賢王が編纂した『聖母マリアのカンティーガ集』も当然ザジャルの影響を受けていたわけです。

ともあれ、民衆の歌という意味でラウダリオに影響を与えたものとして、このCDではもうひとつレバント地方のキリスト教の巡礼教会の歌がとりあげられています（曲六）。聖フランチェスコ自身もレバントに赴いたことがあるそうですし、あえて十字軍という大袈裟なことをとりあげなくても、日常的に人びとの往来はあったものとおもいます。なにしろその千年以上も前から東地中海はローマ世界としてひとつながりだったわけですから。ともかくレバントあるいはパレスチナのいわゆる巡礼教会でうたわれていた歌がラウダリオと連続性をもつのだということをマルコ・アンブロジーニらはいうのです。そしてさらにそこに重ねられてくるのが、イベリア半島に起源をもつユダヤ教徒つまりセファルディームです。セファルディームが地中海一帯に拡散してゆくことによって、レバントのキリスト教会もその影響を受けたということなんです。これも解説書にはそれ以上のことは書いてないので補足しますと、たとえば当時の有名なユダヤ教徒の大学者マイモニデス（一一三五〜一二〇四）はコルドバに生まれてモロッコのフェズ、パレスチナ、そしてエジプトのカイロなどを渡り歩いた人だったわけですし、また逆にエルサレムのラビたちがひろく北アフリカやイベリア半島の隅々にまで行っていたことがわかっています。次にお聴きいただく曲（曲三）は一二世紀ごろにアンダルシアで歌われていたそうしたユダヤ教徒の伝統音楽だということです。また曲四は、そのちょっとのちの時代（時代は特定されていませんが、少なくとも一五世紀以前）のセファルディームの歌だそうです。こうやって聴くと、たしかにレバントの巡礼教会の歌とあまり区別がつきません。

　こうして話はふたたびこの時代のアンダルシアに戻ってゆくのです。次の曲（曲一）は当時（おそらく一二～一三世紀）の伝統的なアンダルシア音楽つまりイスラム教徒の歌を再現したものだそうで、また曲二は一四世紀のカタルーニャの音楽つまりキリスト教徒の歌だそうです。このように、歌は地中海をぐるっと一回りして、キリスト教、ユダヤ教、イスラム教の垣根を超えてつながっていたということになります。それだけでなく、さらにマルコ・アンブロジーニらはそのころのトルコ世界とも話をつなげます。曲七は一三世紀ごろ、トルコの文化英雄であるユーヌス・エムレの生きた時代に、ダルヴィーシュつまりイスラム神秘主義の修道者が歌っていたものだそうです。どうやらマルコ・アンブロジーニらは聖フランチェスコを基軸に、修道、隠棲《いんせい》、瞑想、民衆、生活、自然といったキーワードのもとにトルコまでを含む地中海世界の一体性を強調したいのだとおもいます。

　このＣＤを聴くかぎり、たしかにどの歌もつながっているようにおもえるわけです。そしてとくに単旋律の旋法音楽という点でどの曲も共通します。ですからこれらを聴いたあとグレゴリオ聖歌を聴くとほとんど違和感を覚えません。お聴きいただくのは数年前にフランスでグレゴリオ聖歌を伝えているソレム修道院で購入した十数枚あるグレゴリオ聖歌のＣＤの一枚ですが（SN14）、先ほどのマルコ・アンブロジーニらのＣＤの続きではないかとおもえるほどです。そして想像ですが、もしフランスに伝わるグレゴリオ聖歌を、バチカンのラテン的な本流の伝統がガリアの地方文化と合体したものだと考えれば、冒頭に挙げたトスカーナ地方に伝わるラウダリオとの相似性を認めてもよいのかもしれません。

いずれにしても、マルコ・アンブロジーニらのアンサンブルが考える意図のもとにいろいろなふるい歌が再現されたのなら、結果的にはどれも似たようなものになるだろうという意地の悪い見方も成り立つわけで、実際あとでお聴きいただく二〇世紀初頭のレコード録音による実際の音はたった百年前でしかないにもかかわらず、とてつもなく現代の音とは違うように聞こえますから、まして数百年前の音がマルコ・アンブロジーニのアンサンブルが再現したような「美しい」「音楽っぽい」歌だったと考えるのはちょっと無理があるでしょう。しかしひとついえるのは、おしなべてイタリアの音楽家たちのあいだに、こうした地中海的な旋法音楽の感覚がごく自然に継承されてきたのだろうという推測は成り立つようにおもいます。というのも、もう一枚CDをご紹介したいのですが、それはイスタンブールで購入したもので、『ユーロ＝オットマニーア――ヨーロッパとオスマンのオーケストラ音楽』というタイトルのアルバム（BC93613）です。一九世紀にイタリアの音楽家たちがイスタンブールのオスマン帝国のスルタンの宮廷に招かれたりして、オスマンのメロディーをヨーロッパ音楽、とくにピアノのために調整した楽曲がおさめられています。一曲だけ紹介すると、これはイタリアのパルマに生まれたC・グアテッリという音楽家がイスタンブールに招かれ、ムニール・スルタンという王女に献じたというオーケストラ曲です。いまでこそいかにも東洋趣味といったおもむきですが、旋法音楽のコツはしっかり捕らえているとおもいます。これは二〇〇四年ごろ、プラハ・シンフォニック・オーケストラがプラハで再演したものだそうですが、譜面が残っているでしょうから、おそらく一九世紀の雰囲気をかなり忠実に出しているのではないかとおもいます。先ほどとりあげたマルコ・アンブロジーニらのアンサンブルの曲にはトルコ的要素はほとんど入っていなかったので、このアルバムのようなトルコ音楽といいましょうか、あるいはオスマン音楽というのでしょうか、それとはかなり違っているのですが、イタリア人にとってはおそらくひとつながりの「東方音楽」の範疇に入るのでしょう。

その意をつよくしたのが、〈ゴッドファーザーのテーマ〉や〈太陽がいっぱい〉などで有名なニノ・ロータが作った一曲です。日本の映画会社の日活が創立六十周年を記念して一九七三年に公開した映画《陽は沈み陽は昇る》のテーマ曲です。日活が作曲をニノ・ロータに依頼したようです。この映画はいわゆるロードムービーの走りで、日本の若者とアメリカの青年がそれぞれオートバイにうちまたがり、オンボロのシトロエンに乗ったイタリアの田舎娘と三人でイスタンブールからインドまでを旅する映画です。私自身の青春時代とオーバーラップするので記憶に残っているのですが、映画自体は日活がカネと意気込みをかけて記念作品としてオール現地ロケで製作したにもかかわらず、ほとんどヒットしませんでした。ですのでＤＶＤもＣＤもカセットもなくて、当時のサントラ・レコードにしか音は残っていません。とにかくそれをお聴きいただきますと（レコード　M-3001）、先ほどお話しした一九世紀のオーケストラ曲の面影を見出すことができるとおもいます。映画の舞台がイスタンブールからインドということもあったのでしょうが、オリエントらしさを出すのに旋法音楽のコツを活かしています。いいかえれば「調子っぱずれ」の曲です。四分音も八分音も使わずにこの雰囲気を出すというのは、一九世紀以来のイタリアの伝統なのかもしれません。そしてオマケになりますが、面白いのが、この曲に日本語の歌詞をつけたものを布施明が歌っているのです（キング／BS-1680）。お聴きいただけばわかるように、ニノ・ロータの原曲をきちんとは再現できていません。ネット情報によると、布施明はふつうの曲は譜面をみただけで歌えるのにこの歌は一週間かかったそうです。それでもここまでですから、イタリア的音感といいましょうか、旋法音楽的音感といいましょうか、それが歌謡曲を含めたいわゆる近代西洋音楽の音感しか身につけていないわれわれには接近しがたい感覚なのだろうとおもいます。布施明がヘタだということではまったくなくて。そうすると日本という極東とイタリアという西洋のあいだに越えがたい溝がある、つまり西と東の乖離《かいり》というふうに考えるよりは、現代日本を含むアルプス以北の「西洋」とイタリアやスペインなどを含む地中海世界としての「東洋」のあいだの乖離を考えたほうがいいのではないかともおもうのです。オリエントとオクシデントというのはじつはアルプスを挟んだ「南」と「北」に対応するのではないか、とおもってしまうのです。

とはいえ地中海世界がマルコ・アンブロジーニらのいうように相互に結びついて一体となったものだったとするのには、私はまだすこし抵抗があります。それは一九世紀のイタリアのオーケストラにしても、またニノ・ロータはもちろん、のちのマルコ・アンブロジーニにしても、音そのものがいわゆる「音楽」なんです。ところが先ほどちょっと触れたように、二〇世紀前半の録音を聴くと、アンダルシア音楽にしてもシリアあたりの歌にしても、いわゆる「楽音」からはほど遠い雑音混じりのがなり声のようなものなんです。そうした猥雑《わいざつ》な歌と、歌声を雑音から遠ざけようとするイタリアなどの伝統とは、やはり根本的に違うのではないかとおもわざるを得ません。このことはパリのアラブ世界研究所にいたクリスティアン・ポシェという人の書いた『アラブ＝アンダルース音楽』という小冊子に付録としてついているCD（SASEM A4941）を聴いたときに感じたのです。そのCDにはおもに一九二〇年代から三〇年代にかけてのアラブ世界各地の歌の録音が十五曲と、同時代のセファルディー音楽とトルコ音楽がそれぞれ一曲ずつ収録されています。それらを聴いてみると、たとえば一九二六年録音のモロッコのヌーバ（アンダルシア音楽）などは現在のヌーバからはほど遠く、むしろ一九三〇年前後のモロッコ南部のベルベルの吟遊詩人のレコード録音を彷彿させます。実際、ポシェはベルベルの吟遊詩人の使うルバーブ（擦弦楽器）とアンダルシア音楽のリバーブの類似をこの本で触れていて、私としてはハッとさせられました。アンダルシア音楽といえばアラブの音楽とばかり思い込んでいましたが、よく考えれば、中世のアンダルシアにはムラービト朝とかムワッヒド朝といったベルベルのイスラム王朝が勢力を伸ばしていたわけですから、ベルベルの影響がアンダルシアの音楽のなかに入っていても決して不思議ではないはずです。一九三〇年前後のヌーバと、同時代のベルベル吟遊詩人の歌は、いずれも大声を張り上げて詩を吟ずるという風情がつよく、楽器は添え物の感がしますし、楽器の奏法自体それほど技術的に洗練されたものとはいえないとおもいます。同じことはシリアのアレッポで録音されたというムワッシャフの歌を聞いたときにも感じました。それは飯野さんのお師匠さんのダラール先生からアレッポでコピーしていただいたもので、音源は定かではありませんが、二〇世紀初頭のもののようです。これもやはり声高に詩を歌い上げる荒っぽいもので、最近のアレッポの洗練されたムワッシャフとはまったくおもむきが違います。

何がいいたいかといえば、おそらく中世のアンダルシアにはベルベルも含めて本当にさまざまな歌や音が雑然と同居していて、雑音のなかで詩を大声で歌うという点では、宗教とかジャンル関係なしに存在していた。きっと北アフリカでもエジプトでもレバントでもそうだったんじゃないかと。そしてそれはたぶんつい最近、二〇世紀初頭くらいまではそうだっただろうと想像すると、かつてシナイ半島で聞いたベドウィンの駱駝《らくだ》の歌（時間があればお聴かせできるのですが）と一九二六年録音のモロッコのヌーバに近しさを私は感じるのですが、それに納得がゆきます。もしかすると中世のイタリアの田舎もそうだったのかもしれませんが、それはいまとなってはもうわかりません。ともかくそれに対して、ヨーロッパとくにアルプスの北のほうではいつのころからか、雑音を嫌い、秩序だった音つまり音の理論化に重きを置いて、それにふさわしい機械的な音つまり楽器を声に優先させ、その楽器をついには教会のなかにまで持ち込む（ちなみにグレゴリオ聖歌でさえ楽器をもちいていません）というふうになっていった。これが「音楽」ということだと私は素人考えとしておもうのです。その「音楽」を武器として昔を照射すれば、マルコ・アンブロジーニのアンサンブルのような「きれいすぎる」古曲が再現されてしまう。オスマン音楽を再現しようとした一九世紀のイタリアのオーケストラも同じでしょう。「それっぽいんだけれど、やっぱりどこか違う」という違和感のよってきたる源のような気がします。余談ですが、いまモロッコの国歌となっている歌は、二〇世紀前半の植民地時代に、国王（スルタン）の宮廷の黒人近衛兵団の音楽顧問をしていたフランス人が、国王を讃えるために公募で選ばれた詩（もちろんアラビア語です）に曲をつけたものだそうで、一九世紀のイタリアのオーケストラ同様、一種、西と東のアマルガムのようなもので、初めて聞くとやはり「それっぽいんだけれど、やっぱりどこか違う」という感じを受けます。何度も聞かされていると違和感は消えてゆきますが。

そしてここで最後に一九三二年のカイロ音楽会議が登場します。これは水野さんの独壇場ですが、ちょっと割り込ませていただくと、ヨーロッパの音楽家たちが主導したこの会議を契機に、一方ではいま言ったような「音楽」から過去を照射し、他方「アラブ」も作り出してゆくことになったのだろうとおもいます。後者についてちょっと付け足しますと、先ほど触れたポシェがもうひとつハッとさせる意見をのべています。それは「ムワッシャフ」という言葉です。これはいわゆるアンダルシア音楽では新韻律に基づくアラビア語詩の歌ということになっているわけですが、エジプトやシリアではおそらくそうではなくて、この言葉は「トルコ音楽ではない歌」、つまり結果的には、残余カテゴリーになるのですが、「アラブの歌」全般をあらわしたのではないか、ということなんです。どこまで支持できる推論かわかりませんが、ある程度納得させられます。「アラブ」が必要になってきたときに便利だった言葉ということですから、たぶんレバントやシリアでは一九世紀後半くらいからなのでしょうが、それを決定的にしたのがカイロ会議だったのだとおもいます。

実際この会議以降、モロッコではいわゆる「アラブ」音楽の代表としてのアンダルシア音楽の理論化が進むわけですし、音楽ジャンルの弁別も進みます。同時に「楽音」化も進み、いかにも音楽らしい演奏ができあがります。これも時間があればお聞きいただけるのですが、カイロ会議に参加したときのモロッコのヌーバ音楽団の演奏録音があります。先ほどの一九二六年録音のヌーバと七年しか違わないのですが、雰囲気がまったく違うのです。もうすでに現在のヌーバ演奏にちかい音なのです。カイロに赴いたこの楽団は、モロッコに造詣の深かったフランス人の音楽学者ショッタンに同行するようなかたちで会議に参加して演奏し、その後、リーダーだったジュアーイディーという人はモロッコでアンダルシア音楽をフランス式に教育する推進役になってゆきます。

詳細は省略しますが、ともかくこうして「音楽」と「アラブ」ができあがってから過去を照射するとどうなるか。まず「音楽」とそうでないものを選り分け、次に「アラブ」の音楽とそうでないものを選り分ける。そうやって残ったものが「中世に成立したアンダルシア音楽」となってしまうのではないか。しかし実際にはそうした選り分けは当時はなかったと考えるほうが現実的だろうとおもいます。たとえば現在アンダルシア音楽を分析するときに使われている旋法とリズムの理論について、これは必ずしも「アンダルシア音楽」の専売特許ではなくて、いまでさえさまざまなほかのジャンルの音楽や歌にも共有されているわけですし、詩についても同様です。それどころか、一八世紀にはいろいろな詩があまりにも勝手に歌われるのを前にしてハーイクという人が業を煮やし、「これはヌーバ、これは違う」というふうに選り分けて、それが今日のヌーバの母胎になったわけです。音楽理論というのはたしかにアッバース朝の昔からあったのでしょうが、理論と実際の歌という現象とは違うと考えたほうが楽しいです。昔のコルドバやセビリアあたりでは、アラビア語であれベルベル語であれヘブライ語であれ、あるいはもしかしたらカスティーリャ語であれ、そういう言葉で、ときには語りと歌との境目もなく、人びとがいろいろな旋法を勝手に使ってあちこちで自由な詩をがなり立てた。とても楽しい情景です。

最後になりますが、もし「西」と「東」ということを考えるとしたら、それはヨーロッパと中東でもなく、ゲルマン世界と地中海世界でもなく、じつは「音楽」と「歌」の違いと考えればよいのかなとおもいます。終わりのほうは確たる根拠もない妄想の積み重ねになってしまいましたこと、お詫びいたします。

水野　堀内さんに、アンダルシア音楽について、ＣＤ音源をはさみながら、有意義なコメントをしていただきました。それでは、最後に、岡本祥子さんに本ラウンドテーブルの関連曲を演奏してもらいましょう。その前に、岡本尚子さんに、楽曲解説をおねがいします。

岡本尚子（解説）　アラベスク arabesque という単語は、フランス語の辞書をひくと、「アラビア風装飾様式、唐草模様」という意味のほかに、（ややふるい用法ではありますが）「アラビアの、アラビア風の」という意味もあります。本格的な楽曲のタイトルとして一番はじめにつけられたのは、シューマンの《アラベスク》で、この曲は一八三九年に作曲されました。この時期というのは、シューマンの名曲が生まれた時期で、たとえば、《クライスレリアーナ》とか、《幻想曲》などが作曲された時期です。ほかに、《アラベスク》というタイトルのついた曲としては、ドビュッシーやブルグミュラーなどのものがよく知られているとおもいます。先回（ラウンドテーブル一）では、ドビュッシーの《アラベスク》を聴いていただいたのですが、「アラベスク」という言葉については、ドビュッシーはいろいろとこの言葉に意味をこめて、自分の論文などに使っておりまして、たとえば、バッハの音楽で、人を感動させるのは旋律の性格ではなく、その曲線であり、さらには同時に動くいくつもの曲線の出会いであると述べていますが、そうしたバッハやそれ以前のパレストリーナなどの音楽家の多声音楽を、しばしば「アラベスク」という言葉を使って表現しています。ドビュッシーが《アラベスク》を作曲したのは、一八八八〜一八九一年ですが、これは、ちょうど象徴派の詩人であるマラルメの「火曜会」に参加していたのと同じころです。こうした《アラベスク》に関する考え方は、対象を「描写」するのではなく、「暗示」することを狙ったマラルメの思想と共通するものがあり、マラルメの影響があったのではないかと考えられます。また、ボードレールも「アラベスクの模様は、もっとも精神性に富んだものである。」と述べているのですが、ドビュッシーはボードレールの詩を愛読しており、そうした詩人たちからの影響があった可能性は高いとおもわれます。

シューマンのアラベスクは、どこがどうアラベスクかという話ですが、曲全体が、単純にエキゾチック、アラビア風ともいえるのですが、聴いてわかるように、最初のほうで、右手の符点のリズムと左手の流れが絡み合っています。とくにそれを表現して、アラベスクといったのかもしれません。

次に聴いていただくのがドビュッシーのエチュード（練習曲）ですが、ドビュッシーはオリエンタリスム、エクゾチスムを作曲にとりいれることがありました。たとえば《版画》の〈塔〉という曲は、ガムランの影響が顕著ですし、《映像》第二集の〈金魚〉は、ドビュッシーの家にあった漆塗りの、日本（あるいは中国）

の金色の魚の掛け軸からヒントを得て作曲されました。《アラベスク》もそうしたオリエンタリスムのひとつということができます。

エチュードはドビュッシーの最晩年の作曲ですが、この曲集の前にドビュッシーは《前奏曲集》を作曲しました。ここでは、ドビュッシーは各曲のタイトルをすこし変わったやり方で扱っています。通常タイトルは、楽譜の冒頭に置かれていますが、ドビュッシーはこの曲集で、タイトルを楽譜の最後に括弧と「…」をつけて、たとえば（…花火）のように置いています。これにはドビュッシーが、聴き手がタイトルに左右されることなく、音楽そのものを聴いてほしいという意図があったといわれています。その後「エチュード」においては、描写的なタイトルを捨てて、単に音色や響きを示すタイトルをつけることになります。ドビュッシーは、同世代の文人たちから大きな影響を受けたということはよく知られていますが、オリエンタリスム・エクゾチスム、そしてアラベスクを含む詩人たちからの影響を経て、最晩年に至って《エチュード》においで音色や動きそのものという、抽象的なものを追究することになります。

演奏 ピアノ独奏　岡本祥子
シューマン《アラベスク》
ドビュッシー《十二の練習曲集》より
〈第五番　オクターブのための〉〈第十一番　組み合わされたアルペジオのための〉

（拍手）

水野　岡本祥子さん、ありがとうございました。以上をもちまして、ラウンドテーブル二を閉じることにいたします。

あとがき

西尾哲夫・水野信男

本書は、編者がおこなってきた科学研究費補助金による基盤研究（B）「中東・北アフリカ地域における音文化の越境と変容に関する民族音楽学的研究」（平成二十四〜二十七年度、研究代表者・水野信男）および、同じく基盤研究（A）「アラブ世界の都市部中流層文化とアラビアンナイト――エジプト系伝承形成の謎を解く」（平成二十四〜二十八年度、研究代表者・西尾哲夫）の研究成果の一部である。

「まえがき」でもふれたように本書は、編者が『アラブの音文化――グローバル・コミュニケーションへのいざない』（西尾哲夫・堀内正樹・水野信男編、スタイルノート、二〇一〇、東洋音楽学会田邉尚雄賞）として世に問うた研究成果の延長線上にあり、「音文化」という視点から「音楽」を相対化することによって得られた知見をもとに、「音楽」そのものに分析対象を傾斜させたものである。中東地域の民族間に生成する音楽は、ひろく諸民族のなかでも特異な位置にあるといってよい。つまりそれは、世界の音楽文化の源流と密接にかかわっており、そこではぐくまれた芸術音楽は体系的な微小音程を内包する繊細な旋法に支えられているのである。

本書に掲載された諸論文は、イラン、トルコ、アラブ諸国一帯をカヴァーしており、先述したような特質に彩られた中東の音楽文化を具体的な研究対象としている。中東地域に住む人びとの大部分はイスラームを共通の基盤とする一方、イラン（ペルシア）、トルコ、アラブといった各民族の個性を発揮しつつも互いに影響しあいながら、豊かな音楽遺産をつちかってきた。一方、少数派（キリスト教東方教会を信ずる人びとなど）や先住民（ベルベル人など）も、独自の音楽文化を現代までしたたかにうけついできた。

このように中東地域の音楽は、東西に接する地域へと多元的に越境と拡散をくりかえし、世界の音楽文化の展開に深く寄与してきた（これと同時に、周辺地域から中東への逆流現象もみられる）。このような音楽は今日もなお、主に口頭によって生き生きと伝承されている、それゆえ現代の私たちは、うまれかわる伝統をつぶさに耳にし、受容することができる。

本書に収めた論文は、中東地域でのフィールドワークによる音楽文化の事例研究である。執筆者たちは音楽文化の原野から丹念に情報を収集し、自己を没入させてきた。本書では過去の音楽の歩みへとたちかえることもあるが、全体としては今現在も鳴り響いている多様な生の音楽のかたちに光があてられている。中東地域の音楽世界の全体像からすれば、本書で提示された研究成果は断片的で些細《ささい》なものにすぎないかもしれない。しかしながらこれらの成果は、現状の探究をとおして中東の音楽文化の一端を如実かつ鮮明に解き明かしている。

本書の刊行と相前後して、人間文化研究機構によるネットワーク型基幹研究プロジェクト「現代中東地域研究推進事業」が開始された。本事業の中心研究テーマは「地球規模の変動下における中東の人間と文化――多元的価値共創社会をめざして」である。同事業のキックオフ・国際シンポジウムが、「中東における『民衆文化』の編成と『民衆』概念の再検討」をテーマとして開催された（平成二十八年二月二十七日、於・国立民族学博物館）。同シンポジウムには本書の執筆者も参加して発表等をおこなうとともに、その議論の一部は本書の論考にもすくなからず反映されている。その意味でも、本書を貫く研究テーマは、新しい現代中東地域研究プロジェクトにうけつがれているだけでなく、本書は同プロジェクトの最初の成果とみなすこともできるだろう。

本書の刊行にあたっては、館外での出版を奨励する国立民族学博物館の制度を利用した。同館の研究出版委員会ならびに外部査読者には本書の原稿段階で貴重な意見をいただいた。また、スタイルノート社の池田茂樹さんは中東地域の文化に関する研究の重要性から本書の刊行の意義をみとめ、前著『アラブの音文化』につづいて編集にあたっていただいた。譜例など煩瑣《はんさ》をきわめる編集を今回も同社の冨山史真さんが応援してくださった。最後に、最初の原稿のとりまとめから改稿まで具体的な作業において、西尾研究室の椿原敦子さん（当時は民博外来研究員、現在は龍谷大学専任講師）の手をわずらわした。これらの関係機関、関係諸氏に深甚なる謝意を表したい。

二〇一六年　盛夏

※本書に掲載した図版等の中に、一部著作権者が不明のものがあります。著作権が現存するもので、著作権者の連絡先等をご存じの方がおられましたら、編集部までご連絡いただければ幸いです。

ン系映画』の交錯をめぐって」貫井万里・杉山隆一（編）『革命後イランにおける映画と社会』早稲田大学イスラーム地域研究機構　2014。“Putting ‘Tehrangeles’ on a Map: A Consideration of Space and Place for Migrants.” *Bulletin of the National Museum of Ethnology.* 37（3), 2013.

＊**西尾哲夫**（にしお・てつお）　人間文化研究機構国立民族学博物館教授／総合研究大学院大学文化科学研究科教授　言語人類学
最終学歴：京都大学大学院文学研究科博士課程修了
学　　位：博士（文学）
主要業績：「枠物語異聞――もうひとつのアラビアンナイト、ヴェツシュタイン写本試論」堀内正樹・西尾哲夫（編）『〈断〉と〈続〉の中東――非境界的世界を游《およ》ぐ』悠書館　2015。『ヴェニスの商人の異人論――人肉一ポンドと他者認識の民族学』みすず書房　2013。『世界史の中のアラビアンナイト』（ＮＨＫブックス）ＮＨＫ出版　2011。

樋口美治（ひぐち・よしはる）　民族音楽学
最終学歴：成蹊大学文学部卒
主要業績：「都市に伝わる歌唱形式『イラキマカーム』」西尾哲夫・堀内正樹・水野信男（編）『アラブの音文化――グローバル・コミュニケーションへのいざない』スタイルノート　2010。「独自の音楽世界」アジア読本『アラブ』河出書房新社　1998。

堀内正樹（ほりうち・まさき）　成蹊大学文学部教授　社会人類学
最終学歴：東京都立大学大学院社会科学研究科社会人類学専攻博士課程単位取得満期退学
学　　位：文学修士
主要業績：「小さなメロディーが開く世界――モロッコ」堀内正樹・西尾哲夫（編）『〈断〉と〈続〉の中東――非境界的世界を游《およ》ぐ』悠書館　2015。「世界のつながり方に関する覚え書き」『成蹊大学文学部紀要』49、2014。「アンダルシア音楽のしくみ」西尾哲夫・堀内正樹・水野信男（編）『アラブの音文化――グローバル・コミュニケーションへのいざない』スタイルノート　2010。

松田嘉子（まつだ・よしこ）　多摩美術大学美術学部教授　ウード奏者　ル・クラブ・バシュラフ主宰
最終学歴：国際基督教大学大学院比較文化研究科博士後期課程満期退学
学　　位：文学修士
主要業績：「アラブ音楽とマルーフ」､「夏の音楽フェスティバル」鷹木恵子（編著）『チュニジアを知るための60章』明石書店　2010。「アラブ音楽の見取り図――古典音楽」関口義人（編）『アラブ・ミュージック――その深遠なる魅力に迫る』東京堂出版　2008。サラーフ・アル・マハディ著・松田嘉子訳『アラブ音楽』Pastorale出版　1998。

＊**水野信男**（みずの・のぶお）　兵庫教育大学名誉教授　民族音楽学
最終学歴：東京藝術大学大学院音楽研究科音楽学専攻修士課程修了
学　　位：博士（文学）
主要業績：『音楽のアラベスク――ウンム・クルスームの歌のかたち』世界思想社　2004。（編著）『民族音楽学の課題と方法――音楽研究の未来をさぐる』世界思想社　2002。『ユダヤ音楽の歴史と現代』アカデミア・ミュージック　1997。

執筆者紹介（五十音順、＊は編者）

飯野りさ（いいの・りさ）　日本学術振興会特別研究員（ＰＤ）地域文化研究（音楽）
最終学歴：東京大学大学院総合文化研究科単位修得満期退学
学　　位：博士（学術）
主要業績：「『タラブ』と『ナガム』の文化内在的構造：アラブ文化における音楽と情緒の関係に着目して」『イスラム世界』82、2015。“Inheriting the Ghammāz-Oriented Tradition: d'Erlanger and Aleppine Maqām Practice Observed.” *Ethnomusicology Forum*. 18（2）, 2009。

小田淳一（おだ・じゅんいち）　東京外国語大学アジア・アフリカ言語文化研究所教授　計量文献学
最終学歴：筑波大学大学院文芸・言語研究科各国文学専攻博士課程単位取得退学
学　　位：文学修士
主要業績：「孤高の楽師――『数』を偏愛するベルベル吟遊詩人」堀内正樹・西尾哲夫（編）『〈断〉と〈続〉の中東――非境界的世界を游《およ》ぐ』悠書館　2015。『セーシェルの民話Ⅱ』、『コモロ諸島の民話Ⅰ・Ⅱ』東京外国語大学アジア・アフリカ言語文化研究所　2015。

斎藤完（さいとう・みつる）　山口大学教育学部准教授　民族音楽学
最終学歴：東京藝術大学大学院音楽研究科博士後期課程単位取得退学
学　　位：修士（音楽）
主要業績：「ウズベキスタン共和国における伝統文化の保護：ユネスコ無形文化遺産・ナウルーズの事例を中心に」『山口大学研究論叢第３部』65、2015。「古典トルコ音楽とは何か」西尾哲夫・堀内正樹・水野信男（編）『アラブの音文化――グローバル・コミュニケーションへのいざない』スタイルノート　2010。「近現代における“かの地”の音楽――オスマン帝国、そしてトルコ共和国」片山杜秀（編）『ラチオ　思想としての音楽』講談社　2010。

酒井絵美（さかい・えみ）　東京藝術大学演奏藝術センター教育研究助手　民族音楽学　ヴァイオリン奏者
最終学歴：東京藝術大学大学院音楽研究科音楽文化学専攻修士課程修了
学　　位：修士（音楽）

谷正人（たに・まさと）　神戸大学大学院人間発達環境学研究科表現系講座准教授　民族音楽学
最終学歴：大阪大学大学院文学研究科文化表現論専攻音楽学講座博士後期課程修了
学　　位：博士（文学）
主要業績：「聴こえるものと見えるもの」「音組織（音階）」徳丸吉彦（監）増野亜子（編）『民族音楽学12の視点』音楽之友社　2016。“Verbal Rhythm and Musical Rhythm: A Case Study of Iranian Traditional Music.” Nagasaki, Hiroko（ed.）*Indian and Persian Prosody and Recitation*. Saujanya Books. Delhi 2012。『イラン音楽――声の文化と即興』青土社　2007。

椿原敦子（つばきはら・あつこ）　龍谷大学社会学部専任講師　文化人類学
最終学歴：大阪大学大学院人間科学研究科博士課程修了
学　　位：博士（人間学）
主要業績：「在外イラン人コミュニティにおけるイラン映画：『イラン映画』と『イラ

中東《ちゅうとう》世界《せかい》の音楽文化《おんがくぶんか》
――うまれかわる伝統《でんとう》

発行日　2016年9月28日　第1刷発行

編　者　西尾哲夫《にしおてつお》　水野信男《みずののぶお》
著　者　飯野《いいの》りさ　小田淳一《おだじゅんいち》　斎藤完《さいとうみつる》　酒井絵美《さかいえみ》　谷正人《たにまさと》　椿原敦子《つばきはらあつこ》
西尾哲夫《にしおてつお》　樋口美治《ひぐちよしはる》　堀内正樹《ほりうちまさき》　松田嘉子《まつだよしこ》　水野信男《みずののぶお》

発行人　池田茂樹
発行所　株式会社スタイルノート
〒185-0021
東京都国分寺市南町2-17-9 ARTビル5F
電話 042-329-9288
E-Mail books@stylenote.co.jp
URL http://www.stylenote.co.jp/
装　幀　Malpu Design（清水良洋）
印　刷　シナノ印刷株式会社
製　本　シナノ印刷株式会社

ISBN978-4-7998-0154-3　C1073